Jacob Lodewijk Koenraad Schroeder von der Kolk

Seele und Leib in Wechselbeziehung zueinander

Jacob Lodewijk Koenraad Schroeder von der Kolk

Seele und Leib in Wechselbeziehung zueinander

ISBN/EAN: 9783743315310

Hergestellt in Europa, USA, Kanada, Australien, Japan

Cover: Foto ©Thomas Meinert / pixelio.de

Manufactured and distributed by brebook publishing software
(www.brebook.com)

Jacob Lodewijk Koenraad Schroeder von der Kolk

Seele und Leib in Wechselbeziehung zueinander

SEELE UND LEIB

IN

WECHSELBEZIEHUNG ZU EINANDER.

SECHS VORTRÄGE

IN DER

PHYSIKALISCHEN GESELLSCHAFT ZU UTRECHT

VOR

ÄRZTEN

GEHALTEN VON

J. L. C. SCHRÖDER VAN DER KOLK

Professor an der Universität Utrecht.

BRAUNSCHWEIG,

DRUCK UND VERLAG VON FRIEDRICH VIEWEG UND SOHN.

1865.

VORWORT.

Aus der Reihe populärer Vorträge, von dem vor
drei Jahren verstorbenen Schroeder van der Kolk
zu verschiedenen Zeiten gehalten, hat der Sohn des
Dahingeschiedenen, Dr. H. W. Schroeder van der
Kolk in Maastricht, jene, welche theils in engster
Beziehung, theils in etwas weiterer Fassung die Wechselbeziehung zwischen dem Somatischen und dem Geistigen
zum Gegenstande haben, zusammengestellt und unter
dem Collectivtitel Seele und Leib veröffentlicht. Es
sind diese gesammelte Vorträge insgesammt in der
physikalischen Gesellschaft zu Utrecht gehalten worden.
Der erste Vortrag über die Kräfte in der unbelebten und belebten Natur und über die Seele
ist bereits im Jahre 1835 gehalten worden; es erschienen noch in dem nämlichen Jahre zwei holländische Abdrücke desselben, und nach dem zweiten Abdrucke
wurde schon damals eine deutsche Uebersetzung besorgt:

*Ueber den Unterschied zwischen todten Natur-
kräften, Lebenskräften und Seele.* Bonn, 1836.

Die nächst folgenden drei Vorträge (Instinct
bei Pflanzen, bei Thieren und beim Menschen;
Verschiedenheit der psychischen Anlage bei
den Thieren und beim Menschen; Einfluss des
Körpers auf die Seele beim Menschen) erschienen
im Jahre 1843 in holländischer Sprache unter dem Ti-
tel: Vorlesungen über den Zusammenhang und
die Wechselwirkung zwischen somatischen
und seelischen Kräften.

Der fünfte Vortrag (Selbstständigkeit der
Seele) wurde 1852, der sechste (Mutterliebe in
der Natur) wurde 1858 in dem zu Haarlem erscheinenden *Album der Natuur* abgedruckt.

Der Herausgeber hat diesen Abhandlungen noch
die am 26. März 1837 gehaltene lateinische Rectoratsrede
über den verwahrlosten Zustand der Irren in
Holland vorangestellt, und zwar nach der im Jahre
1838 abgedruckten holländischen Uebertragung. Da
diese Abhandlung nur ein specifisch holländisches Interesse hat, oder vielmehr hatte, insofern seit jener Zeit
das holländische Irrenwesen gerade unter dem fördern-
den Einflusse Schroeder van der Kolk's sich so
sehr gehoben hat, so glaube ich genügend entschuldigt
zu sein, wenn ich diese Abhandlung fallen liess und somit nur sechs Abhandlungen bringe, während in der
holländischen Sammlung deren sieben zusammengestellt
wurden.

Zur richtigen Beurtheilung der vorliegenden Sammlung
nehme ich folgende Worte aus der Vorrede des holländischen Herausgebers auf: „Ich brauche wohl nicht besonders zu bemerken, dass einige der früher erschienenen Abhandlungen den jetzigen Forderungen der Wissenschaft
nicht mehr vollständig genügen. Die wissenschaftlichen
Resultate entsprechen also nur jenem Standpunkte, welchen der Verfasser zur Zeit der Veröffentlichung der einzelnen Abhandlungen einnahm. Dass der Verfasser die
gleiche Ansicht theilte, ist daraus zu entnehmen, dass er,
trotz mehrfacher Aufforderungen, die Abhandlung über
die Kräfte in der unbelebten und belebten Natur nicht
zum dritten Male abdrucken liess, weil dazu eine vollständige Umarbeitung erforderlich gewesen wäre. Anders, als mit den wissenschaftlichen Resultaten, verhält
es sich mit der allgemeinen Tendenz und mit den Grund-
anschauungen des Verfassers: diese haben sich im Ganzen wohl kaum geändert."

Das eigene Urtheil aber über diese, in Betreff der
Person sowohl als der Sache mit Liebe von mir über-
tragenen Abhandlungen, könnte ich nicht leicht besser abgeben, als es von Professor Harting in Utrecht
geschehen ist, der in Abwesenheit des Herausgebers
die Revision der Druckbogen übernommen hatte. Der
Vorrede des holländischen Herausgebers fügt nämlich
Harting die Schlussworte bei: „Die darauf verwen-
dete Zeit waren Stunden süsser, wehmüthiger Erinnerung. Mir war es, als ob ich noch, wie früher, mit
dem theuern vieljährigen Freunde spräche, dessen war-

ines Herz fast auf jeder Seite der folgenden Blätter sich eröffnet. Wer diese Blätter liest, wird darin Nahrung für Herz und Geist finden, und sollte auch sein kalter Verstand hier und da ein paar schwache Punkte ausfindig machen, er wird jene nicht hinlegen können, ohne den Verfasser lieb zu gewinnen und ohne sich in der Ueberzeugung zu stärken, dass, in der Natur ein reicher Quell fliesst, aus dem auch das Gemüth Labung schöpfen kann".

Weimar, den 21. März 1865.

F. W. Theile.

INHALT

I.

Die in der unbelebten wie in der belebten Natur wirkenden Kräfte und die Seele sind unter einander verschieden.

Richten wir unsere Aufmerksamkeit auf die endlose Natur mit ihren mannigfaltigen Aeusserungen und mit den Tausenden uns umgebender Gegenstände und versuchen wir, in die Ursachen dieser mannigfaltigen Erscheinungen Einsicht zu gewinnen, so erblicken wir zwar überall Kraftäusserungen, Veränderungen, Bewegung und Leben, aber vergebens forschen wir nach dem Grunde davon. Ein uns unbekanntes räthselhaftes Etwas, eine unsichtbare durch die ganze Natur verbreitete Macht tritt uns werkthätig entgegen und führt uns die wunderbarsten Ergebnisse vor Augen, aber — die Existenz dieses Etwas bleibt uns verborgen. Den Mond und die Planeten sehen wir den leeren Himmelsraum durchwandern, verborgen ist uns aber die Hand, welche sie forttreibt und in ihren Bahnen erhält; den Einfluss des Mondes auf unsere Erde erkennen wir in Ebbe und Fluth, begreifen aber die Ursache der Wasseranziehung nicht; das Gleichgewicht und die unwandelbare Stellung von Sonne und Sternen haben wir durch Beobachtung erforscht, nicht aber das unendliche Band, wodurch Alles zusammenhält.

Die gleiche Macht bewirkt, dass alle Körper der Erde zufallen; durch sie wird der Regentropfen aus der Wolke herabgezogen, durch sie stürzen verwüstende Lawinen und Bergmassen mit Donnergetöse in den Abgrund nieder. Als sollte aber durch scheinbaren Widerspruch der Untersucher abgeschreckt werden, so erheben sich durch dieselbe auch wieder, diesem Gesetz entgegen, Inseln ja selbst Berge aus der Tiefe.

Vergebens suchen wir nach einer sichtbaren oder erkennbaren Ursache. Der Mensch kann aber doch nicht umhin, für jeden Effect auch eine Ursache anzunehmen, und deshalb belegen wir jenes unbekannte X mit dem Namen Kraft. Darunter ist ein unsichtbares Vermögen zu verstehen, über dessen Beziehung zur Materie wir uns keine Vorstellung machen können, gleichwie uns Wörter und Vorstellungen fehlen, um über seine Natur oder sein Wesen eine gewisse Anschauung zu bekommen. Es bleibt uns deshalb kein anderer Grund dieses unbekannten Vermögens übrig, als unmittelbar die Gottheit selbst, durch welche diese unbekannten Kräfte nach feststehenden Gesetzen in die Natur eingefügt worden sind. Auf keinem anderen Standpunkte fühlen wir wohl so tief die Beschränktheit des menschlichen Verstandes und das Gebundensein an die Materie, als wenn wir in die Natur und in das Wesen dieser Kräfte eindringen wollen. Es bleibt uns nur übrig, den verschiedenen Erscheinungen nachzugehen und sie mit einander zu vergleichen.

Zu diesen Kräften zählen vor Allem aus jene, wodurch die Anziehung der Materie zu Stande kommt, wodurch also die Körper eben so gut zur Erde fallen, als wodurch auch wahrscheinlich der Zusammenhang der Materie selbst vermittelt wird: wir nennen sie die Grundkräfte der Natur, weil durch sie das Bestehen der materiellen Welt vermittelt wird. Hierher gehört die Anziehungskraft und die Repulsivkraft.

Es treten uns aber noch mancherlei Erscheinungen in der Natur entgegen, die aus den genannten Kräften nicht abzuleiten sind, und uns zur Annahme anderer von der Anziehungskraft virtuell verschiedener Kräfte nöthigen. Sind wir auch über deren Natur eben so sehr im Unklaren, so haben sie doch wenigstens das mit einander gemein, dass sie unsere Sinnesorgane bestimmter afficiren und deshalb auch deutlicher wahrgenommen werden; sie stehen so scheinbar der Materie näher, und heissen deshalb unwägbare Stoffe oder Imponderabilien. Dazu gehören Licht, Wärme, Elektricität, Galvanismus und Magnetismus.

Unserer Zeit war es vorbehalten, einen entschiedenen Zusammenhang zwischen diesen Kräften nachzuweisen, wie mein verehrter Freund, Professor Moll, mehrmals an dieser Stelle so schön es ausgesprochen und durch merkwürdige Versuche dargethan hat. Noch unlängst sahen wir, wie der Magnet Licht, Wärme, selbst ein Glühen von Metalldrähten und elektrische Schläge hervorbringt. Umgekehrt wirkt der Galvanismus auf den Magneten, oder er entwickelt magnetische Kräfte. Nicht minder werden durch Wärme elektrische und magnetische Erscheinungen hervorgerufen. Es kann somit kaum zweifelhaft sein, dass eine enge Verwandtschaft zwischen diesen Kräften besteht, wenn sich auch das Grundprincip für die Aeusserungen und Modificationen dieser Kräfte noch nicht ausfindig machen liess.

Noch andere Kräfte kommen in der Natur vor, die mehr oder weniger von den bisher genannten verschieden sind und nur unter besonderen Umständen in Körpern wahrnehmbar sind, jene Kräfte nämlich, die im organischen Reiche, in Pflanzen und Thieren walten, und die wir als Lebenskräfte bezeichnen, da das Leben nach allen Seiten hin sich dadurch manifestirt. Da diese Lebenskräfte in manchen Punkten den sogenannten Imponderabilien sehr nahe kommen, so haben sich manche Naturforscher, selbst noch heut zu Tage, verleiten lassen, sie für identische oder doch nur etwas modificirte Kräfte zu halten, und alle Lebenserscheinungen aus Galvanismus und Elektricität herzuleiten.

Da somit die neuere Naturforschung darauf gekommen ist, dass die sogenannten physischen Kräfte die grösste Ueber-

1*

einstimmung unter einander zeigen und nur Modificationen
eines Grundprincips sind, so erlaube ich mir für meinen heutigen Vortrag auf folgende Frage einzugehen: sind alle
Kräfte in der Natur nur Modificationen Einer Grund-
kraft, stimmen also auch die Lebenskräfte dergestalt
mit den sogenannten Imponderabilien, dass wir sie
für identisch halten dürfen, und stimmen dieselben
auch wieder dergestalt mit der Seele, dass wir mit
einigen Autoren der Gegenwart in der Seele nur eine
modificirte Lebenskraft anzunehmen haben, dass uns
also der menschliche Körper nur als eine complicir-
tere und kunstvollere galvanische Säule zu gelten
hat, worin sich die Einheit in der Natur darstellen
würde? oder sind sie dermaassen von einander ab-
weichend, dass wir besondere Kräfte und Vermögen
anzunehmen genöthigt sind? Die Erklärung mancher
Eigenschaften jener Kräfte kann uns zu einigen, vielleicht
nicht unerheblichen Folgerungen und Vergleichungen über
Kraft und Seele führen. Doch werde ich mich hierbei auf
Hauptpunkte beschränken.

Es ist eine bekannte Thatsache, dass die Imponderabilien
für die lebenden Organismen von grösster Bedeutung sein
können; ja einzelne sind zum Fortbestande des Lebens unerlässlich, z. B. ein gewisser Wärmegrad, desgleichen auch das
Licht bei den Pflanzen. Die Vorgänge in den lebenden Organismen scheinen aber in vielen Punkten mehr mit elektrischen
und zumal galvanischen Erscheinungen übereinzustimmen,
und mit letzteren, zumal mit dem Galvanismus, ist der lebende
Körper von vielen Naturforschern in Parallele gestellt worden.

Neben den Eigenthümlichkeiten des galvanischen Pro-
cesses gab hierzu auch der Umstand Veranlassung, dass man
aus ungleichartigen Bestandtheilen eine galvanische Säule
herzurichten vermag. Durch Aneinanderreihen verschiedener
Metalle sowohl, als auch sonst differenter Körper, wie Kohle,
Graphit. lässt sich eine galvanische Säule herstellen; ja
Buntzen baute sogar eine schwache galvanische Säule aus

abwechselnden Lagen von Muskelfleisch und Nerven [1]). Nun
besteht ja namentlich der Thierkörper aus vielen ungleichartigen Theilen, die alle mit Flüssigkeit durchtränkt sind, und
dadurch schienen alle Zweifel beseitigt zu sein. Die Nerven,
welche den Willensimpuls nach den Muskeln fortpflanzen oder
auch die Eindrücke der Aussenwelt unserem Bewusstsein zuführen, sollten die Conductoren einer galvanischen Kraft sein,
und das um so mehr, als die galvanische Reizung unwillkürliche Contraction der Muskeln hervorruft. Dieser Ansicht
diente es ausserdem zur Stütze, dass der Galvanismus im Auge
Lichterscheinungen. in der Zunge Geschmackswahrnehmungen,
im Ohr Geräusche hervorruft, und somit vollkommen mit der
Nervenkraft überein zu stimmen schien. Berücksichtigte man
nun noch die rasche Leitung, dass nämlich ein sensibeler Eindruck gleich schnell durch einen Nerven fortgeleitet zu werden
schien. wie die Elektricität oder der Galvanismus, so durfte
man glauben, die nöthigen Beweise dafür zu haben, dass unser
Körper eine Art galvanischer Säule ist.
Mit dieser Hypothese suchte man, wie es immer zu geschehen pflegt, alle Vorgänge im lebenden Körper zu erklären.
Alle Secretionsproducte sollten durch galvanische Einwirkung
entstehen. Sah man doch durch den Galvanismus, entgegen
den gültigen chemischen Gesetzen, neue Verbindungen sich
bilden und andere Körper zersetzt werden, und das Nämliche
beobachtete man im lebenden Organismus. Wenn der Galvanismus ein Salz in Säure und Alkali spaltete, so durfte man
dies auch auf den Organismus übertragen, worin ebenfalls hier
saure, dort alkalische Flüssigkeiten aus dem Blute ausge-
schieden werden. Unser Wille sollte dann dadurch auf die
Muskeln wirken, dass ein galvanischer Strom in den Nerven
erweckt wird. Aus den Muskeln machte man endlich Magnete,
deren Kraft durch die Galvano-Elektricität der Nerven in die
Erscheinung gerufen wird [2]); denn da die magnetische Kraft

---

[1]) Joh. Müller, Handbuch der Physiologie. 1833. Bd. I, S. 63.
[2]) Hildebrandt, Lehrbuch der Physiologie. 4. Ausg. §. 131.

sich auch am Kupfer und an andern Leitern äussert, so durfte auch wohl ihr Vorkommen in den Muskeln vorausgesetzt werden. Unter den heutigen Naturforschern (der eine steigt immer auf die Schultern des anderen) sind einige soweit gekommen, dass ihnen die Seele nichts anderes ist, als galvanische Kraft, der Gedanke nichts anderes, als ein Durchbruch des Galvanismus (s. Anm. 1). Durch das Zauberwort Polarität oder Galvano-Elektricität sollte alles, was man nicht begreifen konnte, sonnenklar dargelegt werden.

Es gab aber auch noch andere gewichtigere Beweise für jene Erklärung, nämlich das eigenthümliche Verhalten der elektrischen Fische. Bei diesen tritt wirklich eine elektrische Kraft auf, welche grosse Uebereinstimmung mit dem Galvanismus zeigt, und sie besitzen zu diesem Zwecke Apparate, die aus einer Menge dünner neben einander liegender Plättchen bestehen, wodurch dieselben grosse Aehnlichkeit mit unsern galvanischen Säulen bekommen. Sie ertheilen damit jenen, von denen sie berührt werden, willkürlich elektrische Schläge, die vom Schlage der galvanischen Säule nicht verschieden zu sein scheinen. Metalle und derartige Leiter des Galvanismus pflanzen ebenfalls die Schläge der elektrischen Fische fort, und durch Glas und andere Nichtleiter wird die Fortleitung unterbrochen. Der Schlag von einem solchen Fische pflanzt sich selbst durch mehrere Personen fort, die sich mit angefeuchteten Händen fassen, ganz wie die elektrischen und galvanischen Schläge. Im vorigen Jahrhundert wollen Welsh, Pringle, Ingenhouss und noch Andere auch den Austritt eines elektrischen Funkens dabei gesehen haben[1]), den man aber späterhin nicht weiter gesehen hat. Davy näherte mit Hülfe des Mikroskops die Leitungsdrähte einander bis auf $1/_{1000}$ Zoll, und sah doch keinen Funken, als ein sehr kräftiger Zitteraal Schläge austheilte; eben so wenig kam es dadurch zu einer Wasserzersetzung oder zu einer Wirkung auf das Elektrometer. Das Auffallendste indessen war, dass

---

[1]) Treviranus, Biologie. Bd. V, S. 150.

eine in eine Spirale eingeschlossene Nadel durch den Schlag
eines elektrischen Fisches augenblicklich magnetisch wurde[1].
wie unser hochgeachtetes Mitglied Prof. Moll es uns hier
mehrmals mit der galvanischen Säule vorgeführt hat.

Ich könnte noch manche bezügliche Versuche .beibringen,
das Vorstehende wird uns aber schon zur Genüge davon
überzeugen, dass Elektricität oder Galvanismus und die bei
solchen Fischen sich entwickelnde Kraft unter einander über-
einstimmend sind. Gleichwohl besteht insofern noch ein
Unterschied zwischen beiden, dass der elektrische Fisch den
Schlag in einer gewissen Richtung durch das Wasser hin ertheilen kann, während Elektricität und Galvanismus sich
mehr gleichmässig durch das Wasser verbreiten. Als von
Humboldt und Bonpland einen Zitteraal am Kopfe und am
Schwanz anfassten, erfolgte der Schlag nicht immer sogleich,
und es erhielten auch nicht immer Beide zugleich den Schlag[2].
Dabei ist es höchst auffallend, dass das Thier selbst nichts
vom Schlage empfindet, was bei der Elektricität und dem Gal-
vanismus nicht vorkommt. Noch viel weniger darf aus diesen
Erscheinungen ein Grund entnommen werden, um alle thierische Organismen ebenfalls für eine Art Zitteraal zu halten.
Der elektrische Fisch ist mit einem besonderen Apparate versehen. und mit der Durchschneidung der dafür bestimmten
Nerven ist die Kraft dieses Apparates gebrochen oder vielmehr der Wille, womit das Thier diese Kraft beherrschte.
Der elektrische Apparat ist eine Waffe, womit die Natur diese
Thiere zu ihrer Vertheidigung ausgerüstet hat. So kennen
wir auch Insecten, die phosphoresciren. und alle höhere Thiere
besitzen eine eigenthümliche Temperatur. Daraus folgt aber
noch nicht, dass Galvanismus. Licht oder Wärme mit der
Lebenskraft identisch sind.

Finden sich bereits Unterschiede zwischen dem elektrischen Fische und einer galvanischen Säule. so zeigt sich ein

[1] Froriep's Notizen. April 1832. Nr. 717.
[2] Joh. Müller, Handbuch der Physiologie. 1833. Bd. 1, S. 66.

noch grösserer Unterschied zwischen eigentlicher Nervenkraft
und Galvanismus, obwohl sich die meisten Naturforscher durch
die Aehnlichkeit der Erscheinungen beider haben täuschen
lassen. Galvanismus oder Elektricität ist für den Nerven nur
ein Reiz, gleichwie jeder andere Reiz, wodurch die Nervenkraft erregt werden kann, ohne dass aber die Nevenerschei-
nungen selbst dadurch bedingt oder begründet werden. Weil
durch galvanische Einwirkung ein Muskel sich contrahirt, so
sollte die Contraction das unmittelbare Product des Galvanismus sein, während doch in Wahrheit der Galvanismus nur
mittelst der Nervenkraft die Contraction des Muskels zu Wege
bringt, ganz eben so, wie jeder einfache Reiz oder die Berührung die Nervenkraft in Wirksamkeit versetzen kann. Hat
man einen Nerven durchschnitten und die Schnittenden an
einander gelegt, so kann man das obere Ende berühren oder
sonst mechanisch reizen, oder man kann auch einen elektrischen Strom quer durch dasselbe gehen lassen, ohne dass eine
Contraction des Muskels entsteht. Setzt man hingegen den
einen Pol auf den Muskel, den anderen Pol auf das obere
Ende des durchschnittenen Nerven auf, so erfolgt naturgemäss
ein Ueberspringen der Elektricität und damit Muskelcontraction. Das heisst also mit anderen Worten, ein in Stücke
zerschnittener Nerv, dessen Stücke an einander gelegt werden, ist zwar für Elektricität und Galvanismus, nicht aber für
die Nervenkraft ein guter Leiter, und somit gehorchen die
beiderlei Kräfte verschiedenen Gesetzen. Der Galvanismus
ruft nicht deshalb Lichterscheinungen im Auge hervor, weil er
mit der Nervenkraft identisch ist, sondern weil er als Reiz auf
das Auge einwirkt, wodurch wir eben so gut eine Lichtempfin-
dung bekommen, als durch einen Stoss oder Schlag auf das
Auge, wobei nach der gewöhnlichen Sprechweise Feuer aus
den Augen springt.

Eine nähere Betrachtung des Baues der Nerven führt
auch zu der Ueberzeugung, dass jene physischen Kräfte und
die Nervenkraft, wenn auch eine allgemeine Uebereinstimmung

derselben nachweisbar ist, gleichwohl ganz verschiedenen Gesetzen gehorchen.

Die vom Rückenmarke und vom Gehirne kommenden und
durch den ganzen Körper sich verbreitenden Nerven stellen
Bündel feiner Fasern dar, die sich allmälig immer mehr theilen, bis wir zuletzt auf ganz feine Fasern kommen, die nur
noch durch ein stark vergrösserndes Mikroskop zu erkennen
sind. Ohne auf die verschiedenen Messungen und Beschrei-
bungen dieser feinsten Fasern näher einzugehen, will ich bloss
hervorheben, dass nach Prevost und Dumas 16000 solche
Primitivfasern einen Nerven bilden, der noch nicht $1/_2$ Linie
dick ist[1]). Die einzelne Nervenfaser würde dann nur $1/_{128}$ Linie dick sein, also eine für Manche fast unglaubliche Feinheit
besitzen. Bei einer auch nur oberflächlichen weiteren Untersuchung werden wir aber die Ueberzeugung gewinnen müssen,
dass diese Feinheit zur Erklärung auch der einfachsten Erscheinungen noch kaum ausreicht. Es scheinen diese Fasern
ohne Unterbrechung vom Rückenmarke und Gehirne zu den
Theilen zu verlaufen, worin sie endigen, und so verlaufen die
Gefühlsfasern von dort zur äusseren Haut, die davon getrennt
entspringenden Bewegungsfasern zu den Muskeln. Jede noch
so feine Faser wird von einem zarten Häutchen umhüllt[2]),
wodurch sie von einander getrennt bleiben in gleicher Weise,
wie wir den zu galvano-magnetischen Versuchen dienenden
Draht mit Seide umwickeln. Durch diese Hülle wird die Nervenkraft mehr oder weniger isolirt, und so kann sich z. B.
eine einfache Reizung in der Bahn der betroffenen Nervenfaser zum Gehirne fortpflanzen, während andererseits unser

---

[1]) Journal de Physiologie (par Magendie). Vol. 3, p. 320 und
Weber-Hildebrandt's Anatomie. Bd. I, S. 261 bis 276, wo die verschiedenen Messungen zusammengestellt sind. Ferner sind zu vergleichen die späteren Untersuchungen von Ehrenberg (Poggendorff's
Annalen der Physik. 1833. Nr. 7, S. 449) und von Valentin (Müller's Archiv für Physiologie. 1834. Heft 3, S. 401).

[2]) Im Rückenmarke und Gehirne ist die Existenz einer solchen
Umhüllung oder Scheide bei der grossen Feinheit der Theile zweifelhaft; deutlicher unterscheidet man sie in den Nerven.

Wille die Contraction eines bestimmten Muskels hervorruft indem er die zu jenem Muskel verlaufenden Nervenfasern erregt. Reize ich mit einer Nadel einen Punkt der Haut, so wird also Eine Nervenfaser getroffen, und durch diese pflanzt sich der Reiz ohne Unterbrechung zum Gehirne fort. Bewirke ich die Reizung der Haut mittelst zweier einander genäherten Nadeln, so fühle ich diese Doppelreizung, und es müssen also zwei Nervenfasern gereizt worden sein, deren jede den sie treffenden Reiz ganz für sich zum Gehirne fortleitet. Vereinigten sich die beiden Nervenfasern zu Einer Faser, dann liesse sich nicht einsehen, wie diese zwei Reize unterscheidbar bleiben könnten, und damit steht es auch in Uebereinstimmung, dass nach neueren Beobachtungen diese feinen Fasern sich nirgends verästeln. sondern, soweit sie mit dem Mikroskope sich verfolgen lassen, überall einen ganz isolirten Verlauf einhalten [1]). So viele durch Reize afficirbare Punkte auf der Haut vorkommen, so viele von einander verschiedene Nervenfasern muss es geben, durch die alle jene Reize nach dem Gehirne hingeleitet werden. Die Anatomie lehrt aber, dass alle sensibelen Nervenfasern in der hintern Rückenmarkshälfte verlaufen, und so müssen also in dieser hintern Rückenmarkshälfte alle sensibele Nervenfasern, die in der Haut des ganzen Körpers enthalten sind, vereinigt sich vorfinden. Rechnet man auf jede Quadratlinie Haut nur Eine Nervenfaser, womit man aber wahrscheinlich sehr bedeutend unter der Wirklichkeit zurückbleibt [2]), und nimmt man die gesammte Hautoberfläche zu 12 Quadratfuss an [3]), so bekommt

---

[1]) Dies lehren nach mündlicher Mittheilung die Untersuchungen des Professors Joh. Müller in Berlin. Zu vergleichen ist auch Müller's Physiologie. Bd. I, S. 368, so wie Ehrenberg (Poggendorff's Annalen der Physik. 1833. Nr. 7, S. 449).

[2]) Wird ein noch so feines Härchen an der Hand berührt, so empfindet man auf der Stelle diesen so unbedeutenden Reiz, und ausser den Haarwurzeln ist doch auch die Haut selbst empfindlich.

[3]) Meistens rechnet man 13 bis 14 Quadratfuss, und um jeder Uebertreibung auszuweichen, habe ich nur 12 angenommen. Da der fünfte Hirnnerv, der Gefühlsnerv für den Kopf, auch im verlängerten Marke

man für den Quadratzoll 144, für den Quadratfuss 20736, und für die ganze Körperoberfläche 248832 Nervenfasern. Diese Fasern insgesammt müssen in der hintern Rückenmarkshälfte enthalten sein, die nicht leicht über 6 Quadratlinien dick sein wird. Auf dem Areal einer Quadratlinie muss also der sechste Theil jener 248832 Fasern, d. h. 41472 Fasern enthalten sein. Die Quadratwurzel der letztgenannten Zahl kommt so ziemlich 204 gleich, es müssten also die einzelnen Fasern $1/_{204}$ Linie oder $1/_{2400}$ Zoll dick sein, und das stimmt ganz gut mit der mikroskopischen Beobachtung, die je nach den verschiedenen Regionen $1/_{120}$ bis $1/_{400}$ Linie, ja selbst $1/_{640}$ Linie festgestellt hat [1]).

Hierbei habe ich nur die von der Haut ausgehenden sensibelen Nervenfasern in Rechnung gebracht, nicht aber jene, welche von inneren Theilen kommen: die Nervenfasern müssen daher sicherlich in noch grösserer Menge da sein, und es reicht jene ausserordentliche Feinheit noch nicht einmal aus, um alle Erscheinungen zu erklären. Bei Krampf in den Muskeln, bei rheumatischer und andersartiger Entzündung in inneren unter der Haut gelegenen Theilen empfinden wir auch einen Schmerz, den wir ganz gut vom Hautschmerz unterscheiden. und dieser muss durch andere sensibele Fasern zum Bewusstsein gelangen, die neben den vorerwähnten in der hintern Rückenmarkshälfte verlaufen, und ihnen in Menge wohl kaum nachstehen werden, wenngleich eine Abschätzung nicht möglich ist. Berücksichtigen wir überdies, dass im Rückenmarke auch noch Gefässe und Säfte enthalten sind, die keine Sensibilität besitzen, aber gleichwohl einen Platz einnehmen. den man bei der angenommenen Dicke von 6 Linien in Abzug zu bringen hat, so erhalten wir eine Feinheit der Organisation, die über unsere Berechnungen und Vorstellungen hinausgeht. Aber trotz aller Feinheit sind diese Leitungsbahnen des Gefühls doch so getreu, dass wir irgend einen Reiz,

---

endigt, so brauchte ich den Kopf bei dieser Berechnung nicht auszuschliessen.

[1]) Valentin in Müller's Archiv für Physiologie. 1834. S. 401.

wovon die grosse Zehe betroffen wird, niemals in der kleinen
Zehe fühlen, dass ein Irrthum dabei niemals vorkommt. Die
Nervenkraft wird also durch die Feuchtigkeiten des Rückenmarks nicht fortgeleitet oder zum Ueberspringen gebracht,
wie das bei der Elektricität und beim Galvanismus vorkommt.
Aus dieser kurzen Darstellung erhellt zu Genüge, dass
zwischen Galvanismus, Elektricität und Magnetismus einerseits
und der Nervenkraft andererseits eine merkliche Verschiedenheit besteht. Die feinen Fasern liegen zumal im Rückenmarke so dicht an einander, dass eine umhüllende Scheide
nicht mehr deutlich zu unterscheiden ist, und dennoch springt
die Nervenkraft nicht über: Elektricität und Galvanismus
werden eben sowohl durch Feuchtigkeiten als durch die Con-
tinuität der Theile fortgeleitet, und die magnetische Kraft
durchdringt alle Stoffe ohne Unterschied. In dem stets durch-
feuchteten Rückenmarke verlaufen durch einen Querschnitt
von 6 Quadratlinien mehr denn 250000 Fasern, und jede dieser
Fasern hat ihren isolirten Wirkungskreis, so dass der durch
eine Nadelspitze erzeugte Reiz längs Einer Faser sich fort-
pflanzt und auch auf diese Faser beschränkt bleibt. Würden
durch diesen Reiz mehrere Nervenfasern wie durch Ueberspringen afficirt, dann müsste der Reiz eines Nadelstiches die
Empfindung bringen, als ob der ganze Finger gereizt würde.
Das stellt sich z. B. ein, wenn durch Anstossen des Ellen-
bogens der zu den kleineren Fingern tretende Nervenstamm
getroffen wird. Es werden dann alle sensibelen Fasern, die von
den Fingern herkommen, afficirt, wir haben deshalb die Empfindung, als wären die Finger selbst von dem Stosse getroffen
worden, und da uns diese Empfindung längs der nämlichen
Bahn zugeführt wird, auf welcher die Reizung der Finger
selbst fortgepflanzt zu werden pflegt, so vermögen wir die
beiderlei Empfindungen nicht zu unterscheiden. Ganz ebenso
verhält es sich mit dem sogenannten Einschlafen des Beins,
wenn der zum Fusse verlaufende Nerv einem Drucke unterliegt: das ganze Bein scheint dann eine Reizung zu erfahren.
Reize ich den Daumen mit einer Nadel, so habe ich niemals

die Empfindung davon, als wenn ich mich in den Finger gestochen hätte. (s. Anm. 2).

Die Nervenkraft ist somit aufs Engste an das Nervenmark
oder an die Nervenfaser gebunden, durch Feuchtigkeit wird
sie nicht fortgeleitet, und sie kann auch nicht überspringen,
wie die Elektricität oder der Galvanismus. Ganz das Nämliche gilt aber auch von den Bewegungsnerven, aus deren
Wurzeln die vordere Rückenmarkshälfte hervorgeht. Ein
dahin wirkender Reiz, mag dies unser Wille oder ein anderes
ursächliches Moment sein, veranlasst Muskelcontraction, aber
keine Empfindung; die Nervenkraft nimmt jedoch eine andere
Richtung, nämlich vom Gehirne nach der Peripherie, d. h. nach
den Muskeln, und dabei treten uns die gleichen Erscheinungen
entgegen. Ich kann z. B. einen Finger ausstrecken, zu gleicher Zeit aber einen andern in der Ruhe lassen oder selbst
beugen. Diese verschiedenartige Wirkung beruht darauf, dass
sich ein Theil eines Muskels contrahirt, der alle Finger beugt,
oder aber alle Finger streckt, und der seine Nervenästchen
von einem gewissen Nervenstamme erhält, so dass demnach
der eine Theil eines Nerven oder der eine Nervenfaden sich
in Wirksamkeit befindet, der andere Theil dagegen in Ruhe,
und nur jener Nervenfaden, der durch unsern Willen gereizt
wird, ist in Wirksamkeit. Wir sehen hier keine Tendenz zur
Ausgleichung, wie bei der Elektricität und beim Galvanismus,
wo die einmal erweckte Kraft von einem Drahte auf den andern überspringt, denn die Thätigkeit der einen Nervenfaser
lässt die dicht daneben liegende Faser unberührt, und dies
nicht bloss für den Augenblick, sondern so lange es mein Wille
ist. Auch bildet die Nervenkraft eine bleibende oder immanente Eigenschaft des lebenden Nerven: nach Durchschneidung eines Nerven bewahrt der abgeschnittene Theil noch
längere Zeit seine Empfänglichkeit gegen einwirkende Reize,
und die Nervenkraft verbreitet oder verliert sich nicht wie
der Galvanismus, der überall von der Feuchtigkeit abgelenkt
wird. Ein galvanischer oder elektrischer Schlag dringt durch
die Haut und durch den ganzen Körper, ohne gerade dem

Laufe der Nerven zu folgen, wie man es sich gewöhnlich denkt;
er ist nur für die Nerven und nicht für andere Theile ein
starker Reiz, während dagegen eine Ader oder eine Sehne die
Elektricität gleich gut leiten, obwohl sie in geringerem Maasse
durch dieselbe afficirt werden. Mit anderen Worten, wir empfinden die Fortleitung der Elektricität in den Nerven und
nicht in anderen Theilen, wenn auch die letzteren gleich gute
Leiter sind.

Wir müssen somit wohl zu dem Schlusse kommen, dass
die Nervenkraft bloss durch das Nervenmark fortgeleitet wird
und seine Wirkung bis zum Gehirne ausbreitet, wo sie unserem
Wahrnehmungsvermögen, unserem Ich ·die Eindrücke der
Aussenwelt mittheilt, oder von wo sie die Befehle unseres
Willens nach den Muskeln hinträgt (s. Anm. 3). Die
Nervenkraft ist somit das Band, welches Seele und
Körper mit einander verknüpft. Schmerzempfindung ist
sonach eine Bethätigung der Nervenkraft in den Gefühlsfasern.
Dabei gehorcht aber diese Kraft anderen Gesetzen als die
Elektricität und der Galvanismus, wenngleich beim Zitteraale
eine gleichartige Kraft sich auch aus einem besonderen Apparate entwickelt. Eine ausführlichere Darstellung der Verschiedenheit zwischen galvanischer Kraft und Nervenkraft
würde mich hier zu weit abführen, und beschränke ich mich
auf diese allgemeine Hinweisung, um noch zwei wichtige Fragen einer kurzen Prüfung unterziehen zu können.

Das Gehirn, wissen wir, bildet den grossen Central-
punkt, worin alle Nervenfasern zusammenlaufen, auf den die
Nervenkraft einwirkt und von dem der Impuls zum Handeln
ausgeht. Da nun die Nervenkraft so eng an die Materie gebunden ist und bis zu solcher staunenswerthen Verfeinerung
fortschreitet, das Gehirn des Menschen aber im Allgemeinen
so viel grösser ist als das der Thiere, so tritt uns die wichtige
Frage entgegen: ist unsere Seele einerlei mit der Nervenkraft? ist das Denken, sind unsere höheren Geistesvermögen nur Aeusserungen einer der Gehirn-
substanz eigenthümlichen Kraft?

Mit unbegreiflicher Leichtfertigkeit hat man gégenwärtig
in Frankreich und iu Deutschland (s. Anm. 4) diese Frage
so entschieden bejaht, dass diese Lehre, welche jeden Glauben an Unsterblichkeit untergräbt, bereits in den Hand-
büchern der Naturkunde für die Jugend Eingang zu gewinnen
beginnt. Ich will nun diese so wichtige Frage einer genaueren
Prüfung unterwerfen, und werde mit möglichster Unparteilich-
keit den Maassstab einer einfachen Beurtheilung der That-
sachen dabei anlegen.

Wir können uns diese wichtige Frage auch in folgender
einfacher Form zur Beantwortung vorlegen: Kennen wir
Thätigkeiten des Gehirns, die von Aeusserungen der
Nervenkraft ganz verschieden sind, und daneben andere, die uns davon überzeugen, dass im Gehirne
Aeusserungen der Nervenkraft vorkommen, bei denen
die höheren seelischen Thätigkeiten in Wegfall kommen, und sind diese beiderlei Verrichtungen des Gehirns ganz verschieden von einander? Bejahenden
Falls müssen wir annehmen, dass neben der Nervenkraft im
Gehirne noch andere höher stehende Kräfte und Thätigkeiten
vorkommen, dass darin ein noch unbekanntes Princip oder
Vermögen waltet, dass eine Seele existirt, die von der Nervenkraft verschieden und den Gesetzen der letzteren nicht unterworfen ist.

Wird ein Muskelnerv durchschnitten, so geht die Macht
über den betreffenden Muskel verloren, oder es ensteht Lähmung desselben; wird aber das abgetrennte peripherische
Stück des Nerven gereizt, so erfolgt augenblicklich Contraction des Muskels. Wir entnehmen hieraus, dass der Nerv
durch jene Durchschneidung nicht seiner Kraft verlustig ging,
sondern nur dem Einflusse des Willens entrückt wurde. Selbst
wenn eine Lähmung Jahre lang bestanden hat, können durch
Reizung des zum gelähmten Muskel gehenden Nerven noch
Contractionen zu Stande kommen. Somit erhält sich die Nervenkraft, auch wenn der Einfluss des Gehirns abgeschnitten
ist; nur vermag sie nicht von sich aus zu wirken, sondern

bedarf eines Reizes, wodurch sie in die Erscheinung gerufen wird. Wären nun Seele und Nervenkraft identisch, dann wäre bei dem Experimente mit der Nervendurchschneidung ein Theil der Seele abgetrennt worden. Allein das abgeschnittene Nervenstück ist zwar noch mit Nervenkraft, nicht aber mit Willkür ausgestattet, da es nur in Folge eines ausserhalb liegenden Reizes in Thätigkeit kommen kann; ihm fehlt also das Höhere, welches niemals eine Eigenschaft der Nervenkraft ist, die Willkür und die Ueberlegung. Wäre die Nervenkraft dasselbe wie die Seele, dann würde ja jeder Nerv mit Willkür sich werkthätig äussern können, und in unserer stürmischen und aufrührerischen Zeit könnten wir auch im Menschenkörper die Fabel von Menenius Agrippa in Scene gesetzt sehen, dass nämlich die Gliedmaassen nach eigenem Gutdünken handelten und eine Verschwörung gegen den Magen anzettelten. Aber das Gegentheil findet statt: ein höheres Vermögen beherrscht sie insgesammt.

Aber, wendet man ein, im Gehirne haben wir eine übermässige Anhäufung von Nervensubstanz, dort ist das Centrum, von dem Alles ausgeht, dort sitzt unser Ich, durch die grössere Zusammensetzung des Gehirns erhebt sich die Nervenkraft hier zur Willkür oder Willenskraft. So haben denn Friedreich und andere neuere Autoren sich nicht gescheut, es unumwunden auszusprechen, dass Lebenskraft und Seele einerlei seien. Nach Friedreich [1] ist es eine und dieselbe Kraft, die im Magen die Speisen auflöst, in der Leber die Galle absondert, im Gehirn denkt, und so wird sie auch mit dem Tode vernichtet. Und finden wir denn nicht auch um so vollkommnere Gehirnformen, je mehr die geistigen Vermögen in der Thierreihe bis zum Menschen hinauf zu nehmen? (s. Anm. 5). Versuchen wir eine kurze Widerlegung dieser verderblichen und verführerischen Lehre.

Was von den Nerven dargethan worden ist, das gilt eben

---

[1] Allgemeine Diagnostik der psychischen Krankheiten. 2. Aufl. 1832. S. 313.

so vom Gehirne bei Gehirnverletzungen; so treten z. B. beim
Blutaustritte von einem apoplektischen Anfalle oder in Folge
einer Wunde unwillkürliche Contractionen auf, d. h. ein
fremder Reiz wirkt auf die Hirnfasern, und die dadurch in
Wirksamkeit gerufene Nervenkraft im Gehirne veranlasst Zu-
sammenziehungen der Muskeln, diese aber treten unwillkürlich ein, ja selbst bei vollkommener Bewusstlosigkeit des
Kranken. Wäre nun die Nervenkraft im Gehirne Eins mit
der Seele, so wirkte die Seele nach aussen ohne Willkür und
ohne Bewusstsein, was ein offenbarer Widerspruch ist. Wir
haben hier den nämlichen Fall, wie beim durchschnittenen
Nerven. Die Hirnfasern sind mit Nervenkraft ausgerüstet,
und diese Nervenkraft wird durch unsere Seele in Wirksamkeit versetzt; tritt aber ein fremder Reiz auf, so kommt es
ebenfalls zu einer Aeusserung der im Gehirne weilenden Nervenkraft, aber ohne Bewusstsein und Willkür, d. h. unabhängig von der Seele. Im Gehirne kommt also eine Kraft vor,
die auf Reize reagirt und der höheren Vermögen des Denkens und Wollens und der Verständigkeit ermangelt, d. h.
eine Nervenkraft, die nicht von sich aus, sondern auf passive
Weise zum Wirken bestimmt wird; daneben aber findet sich
im Gehirne auch ein von dieser Nervenkraft verschiedenes
höheres Vermögen, ausgestattet mit Selbstbewusstsein, Urtheil,
Vernunft, Willen und anderen Eigenschaften, welche nach
eigenem Gutdünken erregend auf die Nervenkraft einwirken
und dieselbe gleich jedem andern Reize in Wirksamkeit versetzen.

Derartige Eigenschaften treten uns in keiner Naturkraft
entgegen: sie alle werden erst durch gewisse äussere Ursachen
in Bewegung oder in Wirksamkeit versetzt, wie wir an der
galvanischen Säule und an dem gestörten Gleichgewicht der
Natur selbst sehen. Damit stimmt auch die Nervenkraft
überein, da sie nur dann wirkt, wenn sie durch einen Reiz
oder irgend einen Eindruck getroffen wird. Unsere Seele ent-
hält in sich selbst das Princip ihres Wirkens und den Anreiz
zu diesem Wirken, sie wirkt also willkürlich, und dadurch

unterscheidet sich die Seele von allen Naturkräften (s. Anm. 6).
Dies finden wir schon bei Cicero [1]) ausgesprochen, indem er
sagt: da die Seele immer in Bewegung ist, und nicht durch
ein äusserliches Princip, sondern durch sich selbst bewegt
wird, so kann auch kein Aufhören dieser Bewegung eintreten,
weil die Seele sich nicht selbst verlassen oder aufgeben kann.

Ich brauche kaum zu bemerken, dass aus der Gall'schen
Lehre, worin manche neuere Autoren einen Beweis für die
vollkommene Abhängigkeit der Seele vom Körper haben finden wollen, kein Widerspruch zu entnehmen ist, was übrigens
Niemand besser und ausführlicher dargethan hat als Gall
selbst [2]). Die Hirnorgane sind nur Apparate, durch die unserem Geiste ein Eindruck oder in Folge dieses Eindrucks
sogar eine Neigung zu Theil werden kann, wobei es aber
immer von uns abhängt, ob wir Folge leisten wollen. Der
Geschlechtstrieb erweckt wohl die geschlechtliche Begierde,
aber die Seele empfindet diese Begierde und braucht ihr nicht
nachzugeben. Es handelt sich hierbei offenbar um somatische
Producte, die wohl an gewisse Lebensperioden geknüpft sind.
Alle Eindrücke und Aeusserungen der Hirnorgane nehmen
ihren Ursprung aus dem Körper und werden der Seele zugeführt, ohne selbst die Seele zu sein. Unserem Willen, unserem
Verstande, unserem Ich steht es frei, ihnen zu folgen oder
sich ihnen zu widersetzen, und hierauf beruht unsere sittliche
Kraft und Würde, deren die Thiere ermangeln.

Es lassen sich noch schlagendere Gründe für die Ver-
schiedenheit der Seele und der Nervenkraft beibringen. In
Krankheiten ist uns bei dem gestörten Gleichgewicht der
Kräfte nicht selten ein tieferer Einblick ins Verborgene ge-

---

[1]) De Senectute, Cap. 21.
[2]) Sur les fonctions du cerveau, Vol. 1, p. 220. Manche, die in
Gall's Lehre einen Beweis gegen die Immaterialität und Unsterblichkeit der Seele finden, haben wohl das Gall'sche Werk nicht selbst
gelesen; denn sie hätten darin eine überzeugende Widerlegung ihrer
eigenen Argumente finden müssen.

stattet, und mit Recht sagt der treffliche Herder[1]), jener tiefe
Denker, dass sie uns schon Wunderdinge entdeckt haben von
dem verborgenen Schatz, der in menschlichen Seelen ruhet.
Das gilt auch von den Irrsinnigen. Diese Unglücklichen, die
man mit Recht als Irrsinnige oder Wahnsinnige bezeichnet, sind nicht einer Geistes- oder Seelenkrankheit verfallen,
wie man sich gewöhnlich denkt und wie selbst viele Gelehrte
annehmen, sondern die Nervenkraft ist bei ihnen erkrankt.
Diese bringt der Seele falsche und verkehrte Eindrücke, welche von der Seele den Urtheilen zu Grunde gelegt werden:
die Seele wird daher in Irrthum geführt, den zu erkennen ihr
die Mittel fehlen, so lange jenes pathologische Moment obwaltet. Wenn die Sinnesorgane mich dergestalt täuschen, dass
ich Stimmen zu hören glaube, die in Wirklichkeit nicht existiren, und wenn dadurch Bilder oder Personen auftauchen,
die nicht vorhanden sind, dabei aber der Eindruck ganz der
nämliche ist, als ob ich, etwa wie im Traume, die Person sähe
oder hörte, so werde ich zuletzt allen Gründen, die überzeugen könnten, mich verschliessen, und nur gemäss den empfangenen falschen Eindrücken urtheilen. Das Urtheil selbst und
die Folgerungen können ganz richtig sein, und würden wir
unter den gleichen Umständen ganz eben so urtheilen, wie
der Irrsinnige. Tritt eine weisse Blume mit rother Farbe auf,
so liegt eben kein Grund vor, warum dieselbe als weiss gelten
soll, und das Urtheil lautet natürlich dahin, dass sie roth ist.
Hier liegt keine Seelenkrankheit vor, sondern eine Krankheit
der Nervenkraft, die uns irreführt, was wir als Sinnestäu-
schung bezeichnen. Durch sorgfältige Untersuchungen Irrsinniger hat sich bei mir die Ueberzeugung befestigt, dass die
Seele durch Aufnahme verkehrter Eindrücke irregeführt werden kann und zu falschen Begriffen und Schlüssen kommt,
dass aber ihre höheren Kräfte, das Urtheilsvermögen und das
vernunftmässige Abwägen, zwar unterdrückt werden aber doch

---

[1]) Ideen zur Geschichte der Menschheit. (Sämmtliche Werke. Stuttgart und Tübingen, 1827. Thl. 4, S. 244).

2*

nicht ganz verloren gehen können. Die Seele selbst erkrankt
nicht wie der Körper; das wäre ein Beweis für ihre materielle
Grundlage (s. Anm. 7).

Bei manchen Blödsinnigen, entgegnet man, bleibt aber
fast keine Spur der höheren Geisteskraft übrig, es werden
durch die Gehirnkrankheit auch die höheren Geistesvermögen
vernichtet. Wenn die Gehirnkrankheit die höheren Seelenvermögen ausfallen macht, so kann man die Seele doch wohl
nur für eine einfache Gehirnkraft ansehen, die mit dem Eintritte des Todes zerstört wird.

Dieses Bedenken könnte auf den ersten Blick Manchen
schwankend machen; meines Erachtens ist es aber gerade
geeignet, die Wahrheit nur um so heller zu Tage zu bringen.
Allerdings sehen wir viele Idioten, bei denen das Denkvermögen kaum noch spurweise vorhanden ist. Hier müssen wir
zuvörderst jene ausscheiden, die von Geburt an blödsinnig
waren, bei denen die Seele niemals gehörige Eindrücke empfangen konnte, weil die Werkzeuge dazu mangelten, und wo
sie auch nicht thätig hervorzutreten vermochte. Erfahrung,
Erziehung und Entwickelung blieben hier ausgeschlossen.
Wir bleiben indessen bei jenen stehen, die ihre früher vorhandenen Geistesvermögen ganz eingebüsst haben und auf be-
klagenswerthe Weise dem Blödsinne verfallen sind. Bei solchen Unglücklichen beobachten wir eine sehr beachtenswerthe
Erscheinung: kurze Zeit vor dem Tode werden sie
manchmal wieder verständig. Mit dem Schwinden der
Lebenskräfte, durch deren pathologisches Wirken die Seele
gehemmt wurde, hören die nachtheiligen Einwirkungen auf,
und deshalb tritt die Seele manchmal mit ausnehmender Klarheit und Ruhe aus ihrer einstürzenden Wohnung heraus. Ich
könnte mehrere Fälle der Art aus meinem Beobachtungskreise
beibringen, will mich aber auf den folgenden beschränken.
Ein wissenschaftlich gebildeter und gelehrter Mann war innerhalb 7 bis 8 Jahren durch Gehirnwassersucht im höchsten
Grade blödsinnig geworden; nur das ohne allen Zusammenhang
oftmals wiederholte Wort Domine war noch ein trauriges

Ueberbleibsel, welches auf die frühere Kraft und Klarheit des Geistes hinwies. Der Mann wurde immer schwächer und erschien zuletzt ganz abgezehrt; aber in dem Maasse, als die Körperkräfte sanken und die Energie dahin schwand, hob sich wieder die Klarheit des Geistes. Sich selbst zurückgegeben und seinen Zustand klar überschend, blickte er mit freudiger Unterwerfung auf sein bevorstehendes Ende; ohne über das zu murren, was er erduldet hatte, ja unter Anerkennung des vielen Guten in früheren Tagen, ging er verlangend und geistesklar dem letzten Stündlein entgegen, wo er die Erde verlassen sollte, die ihm nichts mehr bieten konnte. Bei der Section fand sich das Gehirn durch Wasser sehr ausgedehnt, und theilweise dadurch zerstört. Kann hier die Seele mit der Nervenkraft verwechselt werden, wo der Apparat gestört war und beim Entschwinden der Nerven- und Lebenskraft die Klarheit des Geistes sich steigerte? (s. Anm. 8).

So berichtet auch Zimmermann [1]) von einer zuletzt in Irrsinn verfallenen Frau, die einige Stunden vor dem Tode wieder vollkommen zu sich kam und nun mit solcher Inbrunst und in so erhabener Sprache zu Gott betete, dass bei der Grösse ihrer Bilder und bei der Kraft ihres Ausdrucks die ganze Erde zum Sandkorne zusammen zu schrumpfen schien. Am Ende dieser Herzensäusserung neigte sie das Haupt und war nicht mehr.

Kommt auch diese Erhellung nicht bei jenen Unglücklichen insgesammt vor, so lässt sie sich doch nicht wegleugnen. Nur zu häufig sind die Apparate zu sehr gelähmt, als dass die Seele ihre Empfindungen noch zu äussern vermöchte. Wer aber mit Bedachtsamkeit mehrfach am Sterbebette gestanden hat, der wird, gleich mir, aus einem Winke des Auges, aus einem letzten sanften Drucke der Hand einen bedeutungsvolleren Abschied entnommen haben, als sich in einer wohlgesetzten Rede kund geben könnte.

---

[1]) Von der Erfahrung in der Arzneikunst. Zürich, 1763. Bd. 1, S. 464.

Auch bei anderen Krankheiten, namentlich bei Brustkranken, kommt eine solche Erhellung und Klarheit in den letzten Augenblicken vor, und der Geist bewährt dabei nicht selten eine solche erhabene Ruhe, als wäre er bereits aus dem Irdischen geschieden. So lesen wir bei Burdach[1]), dass Herder einige Augenblicke vor seinem Tode sagte: „wie wird mir jetzt Alles so klar! dass ich nur bedauere, es nicht mittheilen zu können." Es kommt dann bisweilen zu höheren Vorahnungen, und nicht bloss über das Herannahen des Todes. So gedenkt Burdach auch eines Freundes, der im Sterben von den unbeschreiblich beseligenden und erhebenden Gefühlen sprach, die seine Seele durchbebten. Aehnliche Zeugnisse haben wir auch von Ertrinkenden, die wieder zum Leben gebracht wurden. Zimmermann führt an, dass Kinder, die schwer darniederliegen, manchmal eine Menge von Kenntnissen, die sonst nur die Frucht des Studiums und der Erfahrung sind, und eine Geisteskraft und eine Beredtsamkeit an den Tag legen, die weit über ihre Jahre hinausgehen; das, setzt er hinzu, sei ein sicherer Vorbote des herrannahenden Todes. Die bei den ältesten Völkern und selbst bei den Erzvätern vorkommende Sitte des letzten Segens, wovon uns bezeichnende Fälle erhalten sind, darf auch wohl als ein Beweis dafür angezogen werden, dass der menschliche Geist in den letzten Augenblicken sich zu höherer Klarheit erhebt.

Kann ich nun nach dem Angeführten noch glauben, dass die zur Klarheit sich erhebende Seele einerlei ist mit der schwindenden Nerven- und Lebenskraft? Das Denken, das Bewusstsein, eine edle That vollbracht zu haben, das Erschauen des künftigen und ewigen Lebens, oder aber den überwältigenden Aufschwung so vieler Geister sollte ich nicht für etwas Höheres erachten, als den elektrischen oder galvanischen Funken, der aus einem künstlichen Werkzeuge hervorbricht und mit dessen Zerstörung aufhört, oder verschwindend in den

---

[1]) Die Physiologie als Erfahrungswissenschaft. Bd. III, S. 614. Leipzig, 1830.

allgemeinen Kräften sich auflöst? Nein! Soll der Offenbarung
kein Ohr geliehen werden, so bekehre ich mich lieber zu dem
allgemein verbreiteten, fast angebornen Volksglauben, oder
ich halte mich an Cicero, der die beseligenden Aussichten
des sterbenden Cyrus in unerreichbarer Weise beschreibt, als
dass ich mich dieser neuen Lehre anschliesse, die mir Alles
raubt.

Ich könnte hier schliessen, ohne Ihre Nachsicht noch länger in Anspruch zu nehmen. Doch sei es mir vergönnt,
schliesslich noch mit einem Worte die Frage zu berühren, die
Ihrer Theilnahme nicht ganz unwerth sein dürfte: Was ist
das Sterben? ist es so peinigend und qualvoll, als
Manche denken? Nach meinem Dafürhalten ganz und gar
nicht. Die Nervenkraft, haben wir gesehen, bildet die Ver-
mittelung zwischen Seele und Körper. Sie bewirkt die Empfindung von Angst und Wehe, wenn der Geist durch starke oder
fremdartige Eindrücke berührt wird; aber in dem Maasse, als
die Wirksamkeit der Nervenkraft abnimmt, mindert sich auch
jene Empfindung, die Eindrücke werden nicht mehr zur Seele
hingeleitet und starke Reize werden zuletzt nicht mehr empfunden, sind also auch wirkungslos. Das Gebäude stürzt
zusammen, die Saiten hören auf zu schwingen und springen,
der sich befreiende Insasse fühlt nicht mehr die beengenden
Banden, nicht mehr den Streit der Kräfte im absterbenden
Körper. Nicht selten werden wir am Todesbette durch heftige Convulsionen erschüttert, bei denen die trauernden
Freunde an schwere Todesangst denken. Die Seele hat aber
keinen Antheil an diesen unwillkürlichen Convulsionen, die
den letzten Kampf zwischen den sinkenden Naturkräften und
dem sterbenden Organismus darstellen; das ist das einstim-
mige Zeugniss derer, die von diesem letzten Ufer wiederum
zurückkehrten, oder die doch auf kurze Zeit ihr volles Bewusstsein zurückerhielten und von Allem nichts wussten.
Das spricht laut für die Verschiedenheit einer einschlummern-
den Seele und convulsivischer Naturkräfte, zu einer Zeit, wo
die Bänder und Fäden, die sie verbinden, sich zu lösen be-

ginnen. Der Tod, sagt der treffliche Zimmermann drei
Seiten früher. hat nichts so Erschreckendes. als das Leben
jener, die sich den Tod so schrecklich denken.

Da uns überall in der Schöpfung liebende Sorgfalt und
Zweckmässigkeit entgegentritt, so dürfen wir nicht glauben,
dass der Schöpfer in diesen letzten Momenten zwecklos Mar-
tern auferlegen wollte: er entrückte der Seele das Bewusst-
werden des Streites der Kräfte, der beim Zusammenstürzen
ihrer Behausung ausbricht. Den Tod mit dem Schlafe der
Puppe vergleichend, welcher der höheren Schmetterlingsform
vorausgeht, sagt Herder [1] so schön: „Und so zeigt uns die
Natur auch (hier), warum sie den Todesschlummer in ihr Reich
der Gestalten einwebte. Er ist die wohlthätige Betäubung,
die ein Wesen umhüllet, in dem jetzt die organischen Kräfte
zur neuen Ausbildung streben. Das Geschöpf selbst mit seinem
weuigern oder mehrern Bewusstsein ist nicht stark genug,
ihren Kampf zu überschen oder zu regieren; es entschlummert
also und erwacht nur, wenn es ausgebildet da ist. Auch der
Todesschlaf ist also eine väterliche milde Schonung; er ist ein
heilsames Opium, unter dessen Wirkung die Natur ihre Kräfte
sammelt und der entschlummerte Kranke geneset."

---

[1] Ideen zur Geschichte der Menschheit. (Sämmtliche Werke, Thl. I,
S. 237).

Anmerkungen.

1.

S. 6: Der Gedanke nichts anderes, als ein Durchbruch des Galvanismus.

Dass ich damit nicht zu viel sage, ist, um von Anderen zu schweigen, zur Genüge aus der hypothesenreichen Schrift A. Fourcault's (Lois de l'organisme vivant. Paris 1829) zu entnehmen. Hier heisst es Vol. 2, p. 94 ausdrücklich: Les sensations et les actions cérébrales qui en dépendent, telles que les idées, les souvenirs, l'imagination, le raisonnement et la volonté elle même, ne sont qu'un résultat d'actions physiques, ou des mouvements electro-moléculaires excités primitivement par le spectacle de la nature, par l'action des sens externes et internes.

2.

S. 13: Als wenn ich mich in die Finger gestochen hätte.

Hieraus ist auch ersichtlich, dass jene Ansicht unbegründet ist, wonach die Wahrnehmung in den peripherischen Enden der Nerven vor sich gehen soll und so vielfache Wege für die Leitung dieser Wahrnehmungen nicht angenommen zu werden brauchen. Wäre dies der Fall, so könnten wir von einem Stosse auf den Ellenbogen niemals ein Prikkeln in den Fingern bekommen; denn so lange die Finger selbst nicht gereizt werden, würden wir durch einen Stoss auf den Ellenbogennerven auch keine Empfindung darin bekommen können. Eben so verhält es sich auch mit den Schmerzen, die von Kranken in den bereits amputirten Gliedmaassen gefühlt werden: eine pathologische Reizung im Nervenstamme verursacht hier die gleiche Empfindung, als wären die noch vorhandenen Nervenenden gereizt worden.

3.

S. 14: Von wo sie die Befehle unseres Willens nach den Muskeln trägt.

Da die primitiven Nervenfasern so ausnehmend fein sind und so
nahe bei einander liegen, dass sie im Rückenmarke und Gehirne kaum
häutig von einander getrennt zu werden scheinen, die thätige Nervenkraft aber gleichwohl sich immer in der Bahn des Marks hält, so er-
achte ich es für wahrscheinlicher, dass man an eine gewisse Veränderung oder Umsetzung der Nervenkraft, statt an eine Bewegung derselben zu denken hat, mag man nun diese Veränderung etwa mit den
schallerzeugenden Luftschwingungen, wobei die Luft nur schwingt und
nicht fortbewegt wird, oder mit den Schwingungen des Lichts nach
Euler's Theorie analog erachten, oder wie sonst erklären. Gegen die
Fortbewegung der Nervenkraft scheint auch das zu streiten, dass das
abgetrennte Stück eines durchschnittenen Nerven immer noch auf
Reize reagirt. Wird das peripherische Ende eines durchschnittenen
Muskelnerven gereizt, so erfolgt eine Contraction des Muskels, wobei
die Nervenkraft des abgeschnittenen Stücks dem Muskel zuströmen
müsste, und ein späterer Reiz würde dann nicht mehr wirken können,
weil die Nervenkraft entströmt und das Nervenstück also machtlos
wäre. Das ist aber keineswegs der Fall, denn die wiederholte und
nochmals wiederholte Reizung hat eine gleich starke Contraction zur
Folge. Hierin finde ich aber wieder einen wesentlichen Unterschied
zwischen Elektricität und Nervenkraft. Die Nervenkraft ist an das
Nervenmark gebunden und demselben eigenthümlich, und sie wird nur,
so lange sie wirkt, auf eine nicht näher bekannte Weise erregt oder
verändert, ohne nach Art der Elektricität vom Gehirne zu den Muskeln
und umgekehrt zu strömen. So erklärt es sich von selbst, warum ein
angebrachter Reiz stets dem Laufe auch des feinsten Nervenfadens folgt
und niemals überspringt, weil ja die Nervenkraft, da sie an das Nervenmark gebunden ist und keine Bewegung, sondern nur eine Umänderung
erfährt, dieses Nervenmark nicht verlassen kann.

4.

S. 15: In Frankreich und in Deutschland.

Unbegreiflich ist die Oberflächlichkeit und Leichtfertigkeit, womit
viele Autoren bei dieser die Menschheit so tief berührenden Frage über
die Seele ihre Stimme in so entschiedener Weise abgeben. Dass ich
mir hierbei keine Uebertreibung erlaubt habe, will ich durch ein Paar

Citate aus neueren Schriften, die zum Theil von der studirenden Jugend als Handbücher benutzt werden, darlegen, welche Citate aber leicht noch vermehrt werden könnten.

In dem sonst viel Scharfsinniges enthaltenden Buche von Raspail[1]) lesen wir zunächst über die Zusammensetzung der Nerven (p. 221): Il résulte évidemment de toutes ces observations, que les nerfs sont imperforés, et que les canaux, par lesquels circule le fluide qui alimente la pensée et détermine la volonté, ne sont pas abordables à nos moyens, même les plus délicats, de dissection. Dann fährt er (p. 228) fort: La volonté est le résultat d'une combinaison atomistique entre deux éléments subtils et impondérables: je veux dire la perception extérieure ou l'impression d'un coté, et la propension intérieure ou le penchant instinctif de l'autre. Les mots idée, jugement et raisonnement n'ont été créés que pour faciliter le langage; car il n'y a pas plus de jugement sans raisonnement que d'idée sans jugement; ces trois operations existent indivisiblement dans l'impression. — Les propensions ou penchans instinctifs sont le produit de l'élaboration de l'un de ces organes cellulaires, dont nous avons dit que les grands lobes cérébraux sont la réunion. Les impressions sont le produit d'une excitation extérieure. Zuletzt aber schliesst Raspail sein Wort mit einer Art Glaubensbekenntniss (p. 550): J'ai dit ailleurs par quel mécanisme nous pensions; je viens de dire par quel mobile nous agissions. Quant aux doctrines contraires fondées sur les dogmes religieux, je les respecte sans les partager. Si des illusions sont capables de rendre les hommes heureux, ce serait se montrer bien peu vertueux que de les repousser avec intolérance, par cela seul qu'on est heureux soi-même au moyen d'une réalité. Combattre les erreurs avec des passions, ce n'est pas chercher à convaincre. — Plus de guerre aux intérêts matériels, encore moins aux intérêts immatériels: c'est la devise de la génération qui s'élève du sein du bourbier de la civilisation où nous vivons.

Unter den Deutschen schreibt Dr. Ferdinand Jahn[2]) in Meiningen: Die Naturwissenschaft, die ernste kalte Richterin, zerstört die kindlichen Träume, so hold sie auch seien, und so sehr sie die Gläubigen erfreuen und beseligen mögen. Wahrheit ist es, dass das, was Seele heisst, nichts ist, als die Thätigkeit des Gehirns und überhaupt der höheren Gebilde des Nervensystems, und dass das Hirn denkt, wie der Magen verdaut und das Ohr den Schall, und das Auge das Licht assimilirt, dass es somit mit einem eigenen freien Seelenwesen nichts ist, nichts mit seinem Freiwerden im Tode, und nichts mit dem Jenseits, jener transcendenten Schäferwelt, um mit Jean Paul zu reden, von der wir weder ein Ab- noch Vorbild kennen, einer Welt, der nichts

---

1) Nouveau Système de Chimie organique. Paris 1833.

2) Friedreich's Magazin für philosophische. medicinische und gerichtliche Seelenkunde. 1830. Drittes Heft, S. 75.

geringeres, als Gestalt, Name und Atlas und Planiglob, und ein Welt-
umsegler Vespucius Americus abgeht, für die uns weder Chemie
noch Astronomie die Bestand- und Welttheile liefern wollen, einem
Dunst-Universum, auf dem aus der entlaubten, verdorrten Seele ein
neuer Leib ausschlagen soll. Es gibt eine Fortdauer nach dem Tode,
in welcher, um mit einem grossen Arzte zu reden, der Mensch die per-
sönliche Auflösung überlebt und eine stete Auferstehung feiert, aber
nur so, dass die organische Masse und Thätigkeit, die Individualität
aufopfernd, wieder in andere Wesen und neue Gestaltungen übergeht
und sich umbildet, dann eine geistige Fortdauer des Individiums in der
Art, dass die Handlungen des Menschen in der Geschichte fortleben,
und nach ihrem höheren oder niederen Werthe mehr oder weniger auf
die Nachkommen übergehen, endlich eine leibliche Fortdauer, welche in
den Kindern das Andenken des Menschen erhält, und den Stammvater
in seinen spätesten Nachkommen fortleben lässt.

Friedreich aber geht so weit, dass er diese ganze Jahn'sche
Expectoration, die man nicht ohne Entrüstung und Mitleiden lesen kann,
in seine Allgemeine Diagnostik der psychischen Krankheiten
2. Aufl. 1832. S. 365 aufnimmt, mit der Bemerkung, dass man der
Sache keinen besseren Ausdruck geben könne, als es von Jahn geschehen sei.

5.

S. 16: Je mehr die geistigen Vermögen in dem Thierreiche
bis zum Menschen hinauf zunehmen.

Die relative Grösse des Gehirns haben Manche zum Maassstabe für
die höheren Geistesvermögen machen wollen, aber ohne Grund, wie
man aus der von Tiedemann[1]) angestellten Vergleichung des Hirn-
gewichts mit den Nerven, worin man allgemein den zumeist zutreffen-
den Maassstab findet, entnehmen kann. Oben an steht der Mensch,
dann kommt der Orang-Utang, und nach diesem der Delphin, der nach
jenen beiden verhältnissmässig das grösste Gehirn hat, ohne dass wir
doch bei diesem Thiere etwas von der Ueberlegung und Klugheit des
Elephanten, des Hundes oder des Pferdes kennten. „Wir wissen nur,"
sagt Tiedemann, „zufolge der von Schiffern mitgetheilten Nachrichten,
dass der Delphin, wie die Wallfische, gern in kleinen Gesellschaften
beisammen leben, dass sie grosse Wanderungen anstellen, dass sie eine
grosse Zuneigung zu ihren Jungen haben und dieselben bei Angriffen
muthig vertheidigen." Da nun aber diese Thiere mehr an der Oberfläche des Wassers leben und somit der Beobachtung leicht zugänglich

---

[1]) Tiedemann und Treviranus, Zeitschrift für die Physiologie. 1827.
Bd. 2, S. 251 — 263 und Tab. XII.

sind, so wäre es doch zu verwundern, wenn es sich der Wahrnehmung entzogen haben sollte, dass der grossen Gehirnmasse auch eine höhere Entwickelung entspricht.

6.

S. 18: Dadurch unterscheidet sich die Seele von allen Naturkräften.

Wie die Eigenschaften der Seele von den Naturkräften und wie sehr sie von allen Eigenschaften der Materie abweichen, das tritt uns in überzeugender Weise bei einem anderen einfachen Vergleiche entgegen.

Die Erfüllung von Raum und Zeit pflegt man zu den Eigenschaften der Materie zu zählen, das will sagen, jeder Körper erfüllt einen gewissen Raum und bedarf einer gewissen Zeit, um von einem Punkte zu einem andern zu gelangen; somit erfüllt er in einem gegebenen Momente nur einen bestimmten Raum in Folge der Undurchdringlichkeit. und er hat in diesem Momente auch eine bestimmte Bewegung. Diese beiderlei Eigenschaften sind bei den Imponderabilien in Abnahme begriffen. Für die magnetische Kraft ist keine Materie ein Hinderniss. denn sie dringt durch alle Körper hindurch: die Wirkung des Nordlichts auf die Magnetnadel nahm Arago alsbald in Paris wahr, sobald dasselbe nur im hohen Norden stärker hervortrat. Das Licht durchsetzt die dicksten Krystalle, und wenn es nur durch die Poren dränge, so müsste der ganze Krystall eine einzige Pore, d. h. Nichts sein. Immer bedarf dasselbe noch eines freilich sehr kleinen Zeitraums von 8 Minuten, um die 21 Millionen Meilen von der Sonne bis zu unserer Erde zu durchlaufen, und man darf daher wohl sagen, dass es an der Grenze der Materialität steht.

Vom Wesen der verschiedenen Kräfte wissen wir eigentlich Nichts; wir nehmen nur wahr, dass in den Körpern eine bestimmte Wirkung stattfindet, die durch die eine oder die andere äussere Ursache eine Veränderung erfahren kann: die Elektricität und der Galvanismus bewegen sich in der Richtung der Conductoren, um ein zerstörtes Gleichgewicht herzustellen, die Lichtstrahlen folgen einer bestimmten Richtung, die Nervenkraft wirkt nach dem Verlaufe der Nervenfasern. So offenbart sich also in ihnen allen in einem bestimmten Momente nur eine einzige unwillkürliche Wirkung. In unserer Seele dagegen laufen gleichzeitig tausend Thätigkeiten mit Willkür ab, mit so unbegreiflicher Raschheit und Ruhe, als ob es sich nur um eine einzige Aeusserung handelte. Ich will nicht reden von der Raschheit der Willensimpulse und der Muskelbewegungen bei solchen, die rasch auf dem Pianoforte spielen, sondern nur der tausend verschiedenartigen Wirkungen gedenken, die in der Seele vor sich gehen, wenn zwei Freunde, in einer lieblichen Landschaft wandelnd, in ein Gespräch vertieft sind.

An jedem Beine zählt man etwa 60 Muskeln. Bei jedem regelmässigen Schritte, also etwa im Zeitraume einer Secunde, empfangen davon etwa 20 Beuger und 15 Strecker an jedem Beine den Eindruck unseres Willens, zusammen also 70, da während des Gehens keine der Muskelgruppen vollständig erschlafft. Dazu kommen noch gut und gern 20 andere, durch deren Wirkung der Körper aufgerichtet erhalten wird. Dabei wird noch eine Bewegung mit den Armen ausgeführt, oder die Hand hält einen Stock gefasst, wobei auch wieder wenigstens 25 Muskeln jederseits, auf beiden Seiten also 50 wirken, und somit haben wir zusammen etwa 140 Muskeln, die bei jedem Tritte mehr oder weniger durch unsern Willen in Contraction versetzt werden müssen. Ich weiss wohl, dass der Mechanismus dieser Muskeln so kunstvoll ist, dass unser Wille viele Muskeln gleichzeitig anspannt. Allein jede kleine Modification der Bewegung verlangt eine veränderte Spannung des einen oder des andern Muskels, also einen besonderen Willensimpuls, und die geringste Aenderung des Willens hat alsogleich eine Aenderung des Ganges oder der Haltung zur Folge. Ich kann somit diese Bewegungen für keine rein automatischen halten, als würden sie durch einen Apparat ausgeführt, der einmal aufgezogen in gleichmässiger Weise abläuft, wenngleich alle jene Befehle scheinbar unwillkürlich, und ohne dass wir daran denken, ausgeführt werden.

Beim Sprechen finden in der Kehle, an der Zunge, am Munde oder an den Lippen zahllose schnelle Bewegungen statt, ja Haller[1] berechnete sogar, dass bloss beim Ertönen von r in dem einen Muskel, nämlich im Styloglossus, in der Minute 30000 Bewegungen vor sich gehen müssten. Dürfen wir auch diese Berechnung durchaus nicht als eine ganz richtige ansehen, so ist doch wenigstens die Anzahl der gleichzeitigen Bewegungen aller Muskeln des Kehlkopfs, des Schlundes, des Gaumens, der Zunge und der Lippen bei einem schnellen Gespräche eine unberechenbare und bleibt vielleicht nicht hinter der Haller'schen Zahl zurück, und dabei muss jede Bewegung durch unsern Willen regulirt werden, um die erforderliche Erhebung des Tons, die nöthige Artikulation und das verlangte Wort heraus zu bringen. Diese Befehle insgesammt werden mit der nämlichen Ruhe und gleich rasch ausgeführt, wie wir einen einzelnen Finger ausstrecken. Es macht aber gar keinen Unterschied, ob wir bei allen diesen Befehlen, die zum Sprechen nöthig sind, auch noch die erwähnten 170 Muskeln durch unsern Willen beeinflussen oder nicht, ob wir also sprechend einhergehen oder dabei sitzen. Der dabei in Betracht kommende Apparat ist so grossartig und zusammengesetzt, dass es uns unbegreiflich vorkommt, wie nichts als der Willensimpuls nöthig ist, um denselben in Thätigkeit zu versetzen.

Alle diese befehlenden Aeusserungen des Willens wirken aber nicht beschränkend auf unsern Geist, denn wir vermögen gleichzeitig auch noch Eindrücke und Wahrnehmungen in Masse demselben zuzuführen.

---

[1] Elementa Physiologiae. T. IV, p. 483.

Wir fühlen den Boden, worauf wir wandeln, und dessen Unebenheiten, wir empfinden die erwärmenden Strahlen der Sonne, den Wind und jeglichen Reiz, der den Körper trifft. Trotz aller Willensäusserungen und Gefühlsausdrücke erkennen wir auch noch durchs Gesicht mit gleicher Leichtigkeit die Tausende von Gegenständen, welche uns umgeben, die Färbung und die Entfernung derselben, die raschen Bewegungen des fliegenden Vogels, die bekannten Plätze und die zahllosen Objecte, die durch Millionen Strahlen in unseren Augen sich abbilden, hören wir nicht nur unsere eigene Stimme, sondern zugleich auch ohne Störung den Gesang der Lerche, das Brüllen der Rinder, den Zuruf des Landmanns, riechen wir die Ausdünstungen und Düfte der Blumen. Diese zahllosen Eindrücke und Befehle, welche gleichzeitig den einen Mittelpunkt, die Seele treffen oder von derselben ausgehen, hindern uns aber auch nicht, unsere Gedanken auszusprechen, ja wir denken während dem noch mehr, als wir in Worten aussprechen können. Dazu kommen noch die Millionen Wörter, Gedanken, Sachen, Personen, Ereignisse, Bilder und was sonst nicht Alles, was wir im Gedächtniss herumtragen. Alles aber geschieht mit solcher Ordnung und Ruhe, als würde nur ein einziger Befehl vom Willen ertheilt, als würde nur Ein Finger gebogen oder nur Ein Eindruck wahrgenommen! Wem schwindelt es nicht bei dem Gedanken an diese zahllosen und complicirten Wirkungen, die in einem Momente ohne die geringste Störung von einem und demselben Principe ausgehen? Wo finden wir in der ganzen Natur, in der Anziehungskraft, im Galvanismus, selbst in der Nervenkraft, welche die Eindrücke isolirt zuführt, etwas Gleiches oder nur etwas Analoges mit dieser simultanen unbegreiflichen Wirksamkeit der Seele? Die Nervenkraft, aus der die genannten Autoren die Seele ableiten wollen, participirt nicht an dieser Mannigfaltigkeit, denn die Nervenfasern, welche der Seele das Fühlbare zuführen, sind von jenen gesondert, welche die Befehle der Seele den Muskeln überbringen; es ist heut zu Tage auf die überzeugendste Weise dargethan worden, dass jene Nervenfaser, welche Muskelzusammenziehung vermittelt, unempfindlich ist, also nicht gleichzeitig von der Seele weg- und nach der Seele hinzuleiten vermag. Man kann eine solche Faser quetschen oder durchschneiden, ohne dass es empfunden wird. Weil die einzelne Nervenfaser nur Eine Wirkung hervorbringen kann, so waren eben zweierlei Fasern nöthig für das Gefühl und für die Bewegung. Wie dürftig hätte die Natur für uns gesorgt, wenn gemäss den Eigenschaften der Nervenkraft, sobald eine bestimmte Thätigkeit, z. B. das Beugen eines Fingers stattfindet, andere Wirkungen, wie das Denken, das Wahrnehmen, aufhören müssten?

Muss nicht jeder anerkennen, dass unsere immaterielle Seele hier einzig dasteht und mit nichts in der Natur verglichen werden kann? Wer vermag hier noch Eigenschaften der Materie in Zeit und Raum zu finden, oder wer will damit die zahllosen simultanen Wirkungen erklären, die mit blitzartiger Schnelligkeit überall nach und von diesem

Mittelpunkte strahlen? Was spricht z. B. entschiedener gegen alle materiellen Vorstellungen, als die Thatsache, dass mit der Anhäufung von
Sachen und Vorstellungen in unserem Gedächtnisse die Unterbringung
derselben nur um so leichter von Statten geht, was man als Lernen
oder Uebung zu bezeichnen pflegt? Nein! die da meinen, die trockne
Naturkunde trete den Vorstellungen von einer immateriellen und unsterblichen Seele spottend entgegen, sie werden durch ihre eigene Richterin widerlegt und verurtheilt; auf sie passt jener Ausspruch von Baco
de Verulam: Philosophia obiter libata a Deo abducit, profundius
hausta ad eum reducit.

7.

S. 20: Die Seele selbst erkrankt nicht wie der Körper; das
wäre ein Beweis für ihre materielle Grundlage.

Das Wort Seelenstörung gebraucht man gewöhnlich in einer dop-
pelten Bedeutung. Im moralischen Sinne verstehen wir darunter jenen
Zustand, wo die höheren Geistesvermögen, der Verstand, die niedrigen
nicht zu beherrschen vermögen und wir die Sclaven unserer Neigungen
sind; davon ist hier nicht die Rede. Zweitens versteht man auch jenen
Zustand darunter, wo die Seelenvermögen unregelmässig wirken oder
herabgestimmt sind, wie beim Irrsein. Im letztern Falle hat man es
meines Erachtens bloss mit einer Einwirkung des Körpers auf die Seele
zu thun.

Manchen Autoren ist der Irrsinn eine Seelenstörung. Nach Hein-
roth[1] ist jeder Irrsinn nur die Folge der Schlechtigkeit und der Sünde,
und er scheut sich nicht, diese Unglücklichen, die schon beklagenswerth
genug sind, auch noch zu beschimpfen und zu Verbrechern zu stempeln.
Man gründet diese Meinung[2] mit darauf, dass die Leidenschaften in
der Aetiologie des Irrsinns eine Rolle spielen, und dass heftige Leidenschaften und manche Arten des Irrsinns einander ähneln. Warum folgt
dann aber nicht jeder Leidenschaft der Irrsinn nach? Wer den Einfluss
heftiger Leidenschaften auf den Körper kennt, der wird sich dahin aussprechen, dass dadurch pathologische Zustände im Körper auftreten
können, die nach dem Verschwinden der Leidenschaften fortbestehen
und ihrerseits der Seele fremdartige Eindrücke zuführen. Die verschiedenen Constitutionen sind nicht gleich empfänglich für diese pathologischen Umänderungen und daher rührt es, dass der Irrsinn so häufig
erblich auftritt. Entwickelte sich der Irrsinn nur aus Leidenschaft,
dann müssten die heftigsten Menschen, die am meisten jähzornigen auch

---

[1] Lehrbuch der Seelenstörungen. Th. I, S. 23 — 31. S. 179 und anderwärts.

[2] S. unter andern T. Ermerins, Diss. de animi pathematibus morborum
mentalium causis praecipuis. Lugd. Bat. 1829.

zuerst in Irrsinn verfallen, was keineswegs so der Fall ist. Entwickelt sich in einem vollblutigen starken Organismus nach einer heftigen Leidenschaft Irrsinn, der in Tobsucht übergeht, so kann man bisweilen beobachten, dass durch ein paar Blutegel am Kopfe der ganze Irrsinn auf einmal verschwindet. Haben diese Blutegel die Seele selbst verändern können? Haben sie die Seelenstörung weggenommen oder die Leidenschaft weggesaugt? Sie haben nichts gethan, als das überflüssige und nachtheilig aufs Gehirn wirkende Blut fortgeschafft und dadurch die somatische Ursache des Irrsinns beseitigt.

Aus den Krankheitserscheinungen ergiebt es sich ebenfalls deutlich, dass beim Irrsinn ein fremdartiger Eindruck die Seele bestürmt, nicht aber eine eigentliche Seelenstörung besteht. Die fremdartigen Eindrücke, welche aus einem pathologisch veränderten Körper hervorgehen, können die Vorstellungen verwirren oder verkehrte Wahrnehmungen hervorrufen, oder durch den krankhaften Zustand der Werkzeuge, d. h. des Gehirns, kann das Wirken des Geistes behindert oder unterdrückt werden. Eine verkehrte Empfindung kann irre leiten und es kann dann eine Hauptvorstellung alle anderen unterdrücken, so dass der Kranke wie durch eine gefärbte Brille sieht, und wie im Traume zu verkehrten Schlüssen hingeführt wird. Das Urtheil selbst verharrt aber in seiner Thätigkeit, und die Irren fühlen es meistens, dass sie, wenn sie nicht aufmerksam wären, in Widerspruch gerathen würden. Einen Irren, der sich für den Heiland ausgab und behauptete, er sei schon vor Adam da gewesen, fragte ich nach seinem Berufe, und er gab hierauf die Antwort, er sei Kutscher gewesen, in Utrecht geboren und 52 Jahre alt. Bei meiner Frage, wie er denn vor Adam habe sein können, trat ihm alsbald der Widerspruch entgegen, und er suchte sich dadurch heraus zu helfen, dass er damals schon als Geist bestanden haben wollte.

Manchmal kommt hierdurch die volle Genesung zu Stande. Ist die Ursache der Krankheit aus dem Körper entfernt worden, so bleibt der zur Gewohnheit gewordene tiefe Eindruck noch im Geiste zurück, und dann kann der Irre auf psychischem Wege durch einen stärkeren Eindruck oder durch ableitende Mittel und dergleichen der Genesung entgegengeführt werden, was beim Beginn der Krankheit niemals gelingt, wo alles Zureden vergeblich ist, ja selbst Misstrauen erweckt, da sich eben das körperliche Leiden nicht ausreden lässt. Ein Irrsinniger, der sich für den Heiland hielt und dem ich schon mancherlei verordnet hatte, verlangte aufs Bestimmteste seine Freilassung von mir. Ich erwiederte ihm eben so entschieden, ich würde ihn nicht freilassen, so lange er sich als den Heiland betrachtete, denn da sei ja seine Entlassung unnöthig, weil er hinreichend Macht besitzen müsse, durch die Mauern zu entweichen. Das machte auf ihn einen tiefen Eindruck, und er empfand seine Unmacht so tief, dass er voller Bestürzung gestand, er sähe jetzt ein, dass er nicht mehr sei als andere, und damit war er hergestellt. Wären das Urtheil und die höheren Geistesvermögen bei

ihm nicht bloss irre geleitet, sondern wirklich erkrankt gewesen, so
würden meine Worte wenig gefruchtet haben.

Wenn somatische Ursachen die Seele krank machen können, wo
sind dann die Grenzen? Dann kann ich durch ein paar Grane Opium
eine Seelenstörung herbeiführen. Und müsste dann nicht durch eine
grössere vergiftende Menge diese Störung in der Weise zunehmen, dass
zugleich mit dem Leben auch die Seele erliegt und vernichtet wird?
Dies scheint schon Cicero [1]) gefühlt zu haben, wenn er sagt: Sunt
enim ignorantis, quum de aeternitate animorum dicatur, de mente dici,
quae omni turbido motu semper vacet, non de partibus iis, in quibus
aegritudines, irae, libidinesque versentur; quas is, contra quem haec
dicuntur, semotas a mente et disclusas putat.

8.

S. 21: Beim Entschwinden der Nerven- und Lebenskraft die
Klarheit des Geistes sich steigerte?

Dieses nach meinem Dafürhalten so überzeugende Beweisstück für
die Nichtidentität von Seele und Nervenkraft hat man auch wegdispu-
tiren wollen. Jahn und Friedreich an den vorhin angeführten Stellen, aber auch Andere, suchen diese Erscheinung so zu erklären, als
entstände in einem Theile des Gehirns eine vorübergehende pathologische Erregung der Nervenkraft; sie stellen dieselbe auf gleiche Stufe
mit jenen dem Tode vorausgehenden Convulsionen, wobei eine pathologische Einwirkung in einem andern Gehirntheile statt hat. Es würde
dann nur auf die zufällige Affection dieser oder jener Hirnpartie an-
kommen, ob ein Kranker vor seinem Ende noch erst wieder in den
Besitz seiner Geisteskräfte kommt oder in Krämpfe verfällt. Jeder Un-
parteiische, der mit der Sache vertraut ist, wird dem aber nicht beistimmen können, und es muss ihm gewiss als eine gezwungene Erklärung erscheinen. Die krankhafte Erregung des Gehirns, wie sie etwa
im Fieber vorkommt, zeigt uns wohl Phantasien, wilde und verwirrte
Vorstellungen, niemals aber jene anhaltende ruhige Erhebung des Geistes, wie bei denjenigen, die vor dem Tode des Verstandes wiederum
mächtig werden, niemals jene Steigerung und Veredelung der sittlichen
Eigenschaften, jene inbrünstige Liebe zu den Verwandten, die wenige
Augenblicke früher im wilden Delirium mit Hast verfolgt wurden, und
ein Vergeben alles in Wahrheit oder nur in der Vorstellung erlittenen
Unrechts, niemals jene vollkommene Unterwerfung unter die Leitung
der Vorsicht, die Geringschätzung der irdischen Begierden, die früherhin manchmal so mächtig hervortraten, den Hinblick auf eine glück-
liche Erlösung, wie ich es mehrmals zu bewundern Gelegenheit hatte.

---

[1]) Tusculanae Quaestiones. Lib. I, Cap. 33.

Die daneben auftretende Ruhe endlich, die sich manchmal auf mehrere
Tage erstreckte, und die nur immer mehr sich steigernde Klarheit, je
tiefer die somatischen Functionen sinken, widersprechen doch der localen krankhaften Erregung und dem Kampfe der Kräfte vor dem Sterben, da ja den Convulsionen, womit Jahn diese Aufhellung des Geistes
in Parallele stellt, ein unruhiges Benehmen oder auch eine Verwirrung
der Vorstellungen und ein Phantasiren zur Seite zu gehen pflegt, d. h.
die unwillkürlichen physischen Effecte treten ohne Bewusstsein der Seele
ein und die Apparate gerathen dermaassen in Unordnung, dass die Seele
keine Eindrücke empfängt oder mitzutheilen im Stande ist. Ist das
nicht etwas ganz anderes, als die besprochene erhabene Geistesruhe und
die Steigerung der edelsten Empfindungen, wo keine falschen und phan-
tastischen Vorstellungen mit unterlaufen, vielmehr eine Klarheit und
Zunahme der geistigen Kräfte eintritt, wie sie in den gesunden Tagen
solcher Individuen kaum zu erwarten gewesen wäre. Nicht etwa einzelne Richtungen der geistigen Thätigkeit treten mit erhöhter Energie
hervor, z. B. das Gedächtniss ohne gleichzeitiges Urtheil, sondern die
gesammten geistigen Kräfte, weil die höheren Vermögen nicht ohne
die niedrigeren zu wirken vermögen, das Urtheil nicht ohne das Gedächtniss.

Eine andere Erklärung sucht Jahn am angeführten Orte noch
darin, dass bei bestehender Gehirnwassersucht das Wasser kurz vor dem
Tode durch einen febrilischen Zustand resorbirt und fortgeschafft würde
und dadurch die Aufhellung des Geistes sich einstellte. Aber bei jenem
Manne, dessen ich vorhin gedachte, fand sich das Gehirn bei der Section durch ungemein viel Wasser ausgedehnt; es waren mehrere Pfunde
da, wodurch die Gehirnhöhlen ganz angefüllt und ausgedehnt waren.
Diesem Einwurfe Jahn's steht ausserdem noch die Beobachtung entgegen, dass eine solche Aufhellung des Geistes auch bei organischen
Gehirnaffectionen, bei Erweichung, Verhärtung, Krebsgeschwülsten und
dergleichen vorkommt, von deren Verschwinden vor dem Tode doch
nicht die Rede sein kann. Mir selbst sind solche Fälle vorgekommen,
und auch andere Autoren [1] gedenken derselben.

Diese Aufhellung und Klärung des Geistes steigert sich manchmal
bis zur Ahnung, namentlich bis zur Ahnung des eigenen Todes, obwohl
die Krankheitserscheinungen dabei sich weit günstiger zu gestalten
pflegen, und die Schmerzen nachlassen oder auch ganz aufhören. Aber
auch andere schwer zu erklärende Ahnungserscheinungen kommen vor,
die an die höheren magnetischen Erscheinungen erinnern [2]. Das giebt
auch Jahn zu, sucht es aber aus einer stärkeren Aufwallung des thierischen Instincts herzuleiten. Wäre dem so, dann müsste ich die
Aeusserungen des Instincts über jene der freien Seele stellen, und das

---

[1] Burdach, Bau und Leben des Gehirns. Bd. III, S. 185 und Physiologie. 1830. Bd. III, S. 614.
[2] Burdach, Physiologie. Bd. III, S. 614.

Thier über den Menschen. Nur wer ohne Vorurtheil bei Sterbenden diese Erscheinungen wahrnimmt und den hohen Schwung des Geistes schaut, kann entscheiden, ob hierbei der Instinct, das Thier oder die frei werdende Seele das denkende, fühlende und handelnde Princip ist, welches, der untergehenden Sonne gleich, seine letzten Strahlen entsendet.

Das Lebensalter übt keinen Einfluss auf den Eintritt dieser Aufhellung des Geistes. Nach Romberg[1]) berichtet Scheuchzer von einem 109 Jahre zählenden Greise, der in den letzten Jahren seines Lebens blödsinnig geworden war und ein paar Tage vor dem Tode wieder vollständig zu sich kam: nach Eröffnung des Schädels fand man die Gehirnhäute verdichtet, das Gehirn sowohl von aussen als in den Gehirnhöhlen mit Wasser erfüllt und weicher als gewöhnlich.

Eben so sind Zeit und Localität dabei ohne Einfluss. Bei den ältesten Erzvätern geschieht bereits dieses Vorkommens Erwähnung; Cicero[2]) spricht davon, und bei den neueren Autoren findet man vielfach Fälle verzeichnet. Meine Erfahrung geht dahin, dass bei chronischem Irrsinn, wenn eine langsame Auszehrung eintritt, und die pathologischen Erscheinungen im Körper mehr einen chronischen nicht gerade intensiven Charakter zeigen, diese auffallende Erscheinung nur selten vermisst wird, und das kommt auch häufig bei anderen Krankheiten vor. Es lässt diese interessante Erscheinung höhere Kräfte der Seele durchschimmern, und dem aufmerksamen Beobachter eröffnet sie die wichtigsten Aussichten in die Zukunft. Wir entdecken aber hier sicherlich nur die kleinste Seite davon, und können mit Jean Paul[3]) ausrufen: Es giebt eine wichtige ungeheure Weltgeschichte, die der Sterbenden; aber hier auf der Erde werden uns ihre Blätter nicht aufgeschlagen.

---

[1]) A. Marshall, Untersuchungen des Gehirns im Wahnsinne und in der Wasserscheu. Aus dem Englischen übersetzt von Romberg. Berlin 1819. S. 100. Anm.

[2]) De divinatione. Lib. I, Cap. 30.

[3]) Erinnerungen aus den schönsten Stunden meines Lebens.

II.

Der Instinct bei Pflanzen, bei Thieren und beim Menschen.

Untersuchen und vergleichen wir die verschiedenen Reiche der Natur, so tritt uns ein Hauptunterschied zwischen den todten anorganischen und zwischen den belebten organischen Körpern entgegen, der darin besteht, dass die anorganischen nur ein Apparat von Theilen sind, deren keiner zur Erhaltung und Vollkommenheit des Ganzen unerlässlich ist, da vielmehr ein jeder für sich selbst besteht, wogegen bei den organischen Körpern jeder Theil dem Ganzen dienstbar und nach einem bestimmten Plane gelagert und organisirt ist, damit er seinen Zweck vollständig zu erfüllen vermag. Betrachten wir daher einen Organismus, sei es Pflanze oder Thier, genauer und lernen wir seine zusammensetzenden Theile, sowie die Art der Zusammensetzung kennen, so staunen wir zumeist über die hohe Zweckmässigkeit seiner Organisation, wodurch er zu allen jenen Verrichtungen, die zum Leben der Pflanze oder des Thiers gehören, ganz geschickt wird.

Jeder Mensch überzeugt sich ohne Mühe von der hohen Zweckmässigkeit des eigenen Körpers, des Auges z. B., dieses unbegreiflichen Kunstwerks, wodurch wir in die genaueste Ver-

bindung mit der umgebenden Welt treten, deren Abdrücke
uns durch das Auge gleichsam in die Seele hinein dringen,
oder des Ohres, welches die feinsten Schwingungen der Luft
aufnimmt und als Schall unserem Ich mittheilt. Oder soll
ich auf die Fertigkeit und auf die Kraft unserer Hände hinweisen, auf die so zweckmässige Festigkeit und Schnelligkeit
unserer Beine? Wo würde ich ein Ende finden, wollte ich in
Einzelheiten eingehen!

Diese Vollkommenheit des Körpers kommt dem ganzen
organischen Reiche zu; bei jeder Pflanze, bei jedem Thiere
ist dem Bedürfnisse ganz und gar Rechnung getragen, und
eine gleich grosse Vollkommenheit findet sich in beiden Reichen. Wenn wir z. B. unsere Hand das vollkommenste Instrument nennen, welches bei keinem Thiere nach Form und leichter Bewegung, nach Fertigkeit und Kraft in gleicher Vollkommenheit angetroffen wird, so passt diese Hand doch nur für
unsern Körper und für unsere Lebensweise. Das Pferd z. B.
hat an seinen Hufen die geeignetsten Instrumente, um sich
auf festem Boden zu bewegen, und unsere Hände würden dem
Pferde keinen Nutzen bringen. Des Pferdes Hufe sowohl als
unsere Hände würden nicht für den Löwen passen, der dann
der Krallen, dieser wichtigsten Apparate zum Erhaschen der
Beute und zur Erhaltung des Lebens, beraubt sein würde.
Wir sehen daraus, dass jedem Thiere gerade dasjenige zu
Theil geworden ist, wessen es zu seiner Lebensweise bedarf
und was für dasselbe das Vollkommenste ist.

Wollte ich weiter ausführen, wie das Alles zusammen-
hängt, dass jeder Knochen, jeder Muskel im Fusse des Löwen
ganz zum Greifen und zur Entfaltung grosser Kraft eingerichtet ist, dass jeder einzelne Theil im Fusse des Pferdes das
Seinige mit dazu beiträgt, um Festigkeit und Schnelligkeit
herbeizuführen, dass jeder Theil am Arme und an der Hand
des Menschen auf Fertigkeit und Vollkommenheit berechnet
ist, so würde ich damit erst die würdige Vorstellung von dem
vollkommenen und kunstvollen Bau der thierischen Organismen hervorrufen. Alles steht in so genauem Zusammenhange,

dass ein Cuvier nur ein kleines Knöchelchen eines ihm unbekannten Thieres verlangte, um in Gemässheit der feststehenden allgemeinen Gesetze und der harmonischen Bildung aller Theile ein Urtheil über die Gesammtform des Thieres und über dessen Wesen abgeben zu können. Neue später gefundene Ueberreste eines solchen unbekannten Thieres haben dann auch mehrmals die Richtigkeit jener Ermittelungen aufs Glänzendste bestätigt. Die Tatze des Löwen z. B. weist auf ein fleischfressendes Thier hin, dieses verlangt aber ein besonderes Gebiss und einen Körper, dessen Theile insgesammt für die erforderliche Schnelligkeit zum Verfolgen und für die nöthige Kraft zum Erfassen der Beute eingerichtet sein müssen, während mit den Sinnesorganen die Beute erspäht werden soll. Nicht bloss das Gebiss und die Tatzen müssen kräftig gebaut sein, um die Beute erfassen zu können, sondern in gleicher Weise auch der Kopf und der Nacken, um die Beute fortzutragen, und das Alles ist von der Form der Knochen und Muskeln abhängig; daher dann, wenn nur ein einzelner Knochen bekannt ist, auf die übrigen ein Schluss gemacht werden kann. Alles im Organismus steht in Harmonie zu einander, und das Ganze ist ein vollendetes Kunstwerk, wie es nur der vollkommenste Schöpfer zu schaffen vermochte, worin nichts mangelhaft, sondern alles vollkommen ist.

Müssen wir die Allmacht und Weisheit des Schöpfers bewundern, der Alles so vollkommen machte und unsere Erde mit so vielen sprechenden Beweisen seiner unendlichen Weisheit erfüllte, so wird unser Erstaunen nur um so höher steigen, wenn wir bedenken, dass jegliches solches Kunstwerk, dass die Pflanze wie das Thier, aus einem kleinen Punkte, gleichsam aus einem Tüpfelchen hervorgeht, worin noch nichts von der Vortrefflichkeit des künftigen thierischen oder pflanzlichen Organismus sich offenbart. Ein wunderbares Schöpfungsvermögen führt uns die Meisterwerke des Allmächtigen täglich in Tausenden von Organismen vor, die aus einem kaum wahrnehmbaren Punkte mit solcher Vollkommenheit sich entwickeln. Vermag auch der Mensch nicht in die tiefsten Ge-

heimnisse der Natur einzudringen, so sind wir doch ausreichend
mit Kräften ausgestattet, die Wunderwerke der Schöpfung,
wenn auch nur aus der Ferne, zu schauen und zu bewundern,
und uns eine gewisse Vorstellung von der Allmacht und Weisheit ihres grossen Urhebers zu machen.

Es sei mir gestattet, die Zweckmässigkeit im Wirken der
Lebenskraft bei der Formation des Organismus sowohl, als
auch in Beziehung zur Psyche, das heisst als Instinct, der Betrachtung zu unterziehen, und den Unterschied zwischen Instinct und sittlichem Principe darzuthun.

Im frischen Ei, z. B. vom Huhne, finden wir das Eiweiss
und den gelben Dotter, und daneben noch einige zarte Häutchen und andere Theile, auf deren Beschreibung ich mich hier
nicht einlassen will. Vergleichen wir damit das Ei vom Pfau,
von der Gans, vom Schwane, so bemerken wir wohl Verschiedenheiten in der Grösse und auch in der Beschaffenheit der
Schale, die innere Anordnung dagegen und selbst die Masse
ist bei allen fast die nämliche, denn der Geschmack, der die
Bestandtheile auf so feine Weise zu unterscheiden im Stande
ist, lässt uns nur ganz geringe Unterschiede auffinden. Werden
diese Eier der natürlichen oder auch der künstlichen Wärme
ausgesetzt, so entwickelt sich in jedem ein Küchlein, dessen
sämmtliche Theile genau mit der Form des besonderen Thieres
harmoniren. Wie verschieden nimmt sich aber das Gänschen,
der Pfau, das Hühnchen, der Schwan aus, wenn wir die Füss-
chen oder wenn wir die ganze Körperform in Betrachtung
ziehen. Von diesen Verschiedenheiten war im Ei selbst nichts
wahrzunehmen, und Niemand würde darin den Grund der
späteren Differenz auffinden können [1]. Es kommt also auf

---

[1] Als ich Froscheier bei sehr starker Vergrösserung mikroskopisch
untersuchte, war ich erstaunt, dieselben ganz eben so gestaltet zu finden, wie in der gekrönten Abhandlung Bischoff's (Entwickelungsge-
schichte des Kaninchencies. Braunschweig, 1842) die Kanincheneier so
schön abgebildet sind. Wollte ich Abbildungen von Froscheiern geben,
Schöneres und Genaueres könnte ich nicht bringen, als jene Abbildungen des Kaninchencies.

die zur Wirksamkeit gelangten Lebenskräfte an, die im Ei
schlummerten, und nicht bloss das Küchlein und den Vogel
hervorbrachten, sondern auch in jedem der verschiedenen Eier
die besondere Vogelart mit der entsprechenden Form setzten,
so dass sich im ferneren Wachsthume die specifische Gestaltung, die Kräfte und Triebe entwickeln, die zur Lebensweise
einer jeden Vogelart erforderlich sind.

Vergleichen wir ferner ein unbefruchtetes Ei mit einem
befruchteten des nämlichen Vogels, so finden wir zuerst ganz
und gar keine Verschiedenheit in der Masse, und doch entsteht aus dem letztern ein vollkommenes Thier, aus dem
ersteren dagegen geht nur Verwesung und Zerstörung hervor.
Es liegt also nicht sowohl eine verschiedenartige Materie zu
Grunde, wenn verschiedene Formen und Kräfte herauskommen, sondern eine verschiedenartige Lebenskraft waltet ob, die
für jede Thierart so berechnet ist, dass sie, nach unwandelbaren einstmals von der Allmacht festgestellten Gesetzen wir-
kend, diese grossartigen Producte, diese Meisterwerke einer
vollkommenen Organisation hervorbringt. Im Eiweiss oder
im Dotter ist noch nichts vorhanden, was mit Knochen, Muskeln, Gefässen, Nerven, Hirnsubstanz und was sonst im künftigen Thiere vorkommt, Aehnlichkeit hätte. Die Lebenskraft
producirt dies Alles aus jenen einfachen Materien, ohne ein
sichtbares Modell zu benutzen, und dabei wirkt sie so zweck-
voll, dass Alles nach jenem unsichtbaren vollendeten Plane
in der Entwickelung fortschreitet, und alle Theile nicht nur
die richtige Form bekommen, sondern auch, wie nach höherer
mathematischer Berechnung, die rechte Stelle einnehmen.
Ich überlasse es dem strengen Materialisten, die hierbei in
einander greifenden Ursachen und Wirkungen in ihrer Reihenfolge festzustellen und ihren wechselseitigen Zusammenhang
nachzuweisen. Aber vergeblich wird er den Versuch wagen,
aus verschiedenen Arten von Eiweiss oder Dottersubstanz, aus
Elektricität oder Galvanismus den Grund heraus zu finden.
warum das junge Entchen alsbald im Wasser schwimmt, das
Küchlein dagegen das Wasser meidet.

Bedenken wir nun, dass bei jeder Thierart diese specifische Wirkungs- und Gestaltungsweise in der nämlichen Art
sich wiederholt im Wachsthum des Körpers, in der Entwickelung seiner Eigenschaften und Fähigkeiten, sowie in der Erweckung des Vermögens, diese Lebenskraft durch Reihen von
Individuen hindurch fortzupflanzen und zu verewigen, erwägen
wir, dass bei den auf einander folgenden Gliedern diese
Schaffungsgesetze unabänderlich fortbestehen, und niemals
aus einem Pfau eine Gans, aus einem Huhn ein Schwan wird,
so müssen wir wohl zu dem Schlusse kommen, dass die Lebenskraft jeder Thierart bei der ursprünglichen Erschaffung einer
unwandelbaren Gesetzmässigkeit unterworfen wurde, und dass
derselben eine sichere und zweckmässige Wirkungsweise zu
Theil wurde, kraft deren das einzelne Individuum immer nach
seinem besonderen Bedürfnisse sich gestaltet. Ohne eine sichtbare Ursache pflanzt sich die entsprechende Form des Körpers,
pflanzen sich dessen Eigenschaften und Triebe von einem Ge-
schlechte zum anderen fort, ohne dass im Verlaufe der Jahrhunderte eine allgemeine Veränderung oder Modification vorgekommen ist. Dadurch erhalten sich bestimmte Arten im
Verlaufe der Zeit durch Fortpflanzung und die Ordnung der
Natur bleibt unverändert.

Was von einer einzelnen Art gilt, das gilt auch von allen
übrigen Arten, nicht bloss des Thierreichs, sondern auch des
Pflanzenreichs; denn auch bei den Pflanzen theilen sich die
Eigenschaften und Formen aufs Genaueste den nachfolgenden
Geschlechtern mit. Nun berechnen die Botaniker die Zahl
der über unsere Erde verbreiteten Pflanzen gegenwärtig etwa
auf 200000 Arten; und wer zählt die Thierarten, von den
kleinsten das Wasser des Meeres und der Flüsse Bewohnen-
den bis hinauf zum Menschen! Der Ursprung aller geht in
einem aufsteigenden Stammbaume oder in einer Stammlinie
bis zur ersten Schöpfung zurück, wo sie als solche auftraten.
Also mehrere Hunderttausende Arten von Pflanzen und Thieren, gleich viele verschiedenartige Aeusserungen der Lebenskraft, gleich viele zweckentsprechende eigenthümliche Gesetze

derselben, die aufs Genaueste für jede Art berechnet und auch
der Form und den Eigenschaften des späteren Organismus
angepasst sind, obwohl diese Eigenschaften keineswegs immer
sogleich auftreten, sondern vielfältig in einer späteren Lebensperiode des individuellen Organismus, je nach den specifischen
Eigenthümlichkeiten, sich entwickeln. Und nun denke man
sich, dass der erhabene Wille des Allmächtigen diese millionen-
fach modificirte, für jede Art des organischen Reichs nach genau berechneten Gesetzen wirkende Lebenskraft durch sein
Machtwort: es werde, in die Erscheinung gerufen und durch
alle folgende Jahrhunderte unverändert erhalten hat. — Keines
Menschen angestrengter Fleiss, kein Menschenleben reicht aus,
alle Vollkommenheiten unseres eigenen Körpers zu ergründen.
Wie gross ist nicht der Abstand zwischen dem Menschen und
Ihm, der dies alles mit Voraussicht aus dem Nichts erschuf,
das Gesetz des Waltens vorschrieb und so die Erde zum Ab-
bilde seiner Vollkommenheit machte.

Diese erhabene Auffassung, wird man vielleicht einwenden,
ist aber nicht in der Wahrheit begründet, denn die Materie
variirt in verschiedenen Körpern und deren Theilen, und sie
ist doch die Ursache der verschiedenen Kraftäusserungen. Es
erzeugt die Lebenskraft im Eie noch keine Erscheinungen von
Muskelbewegung, vielmehr verlangt Muskelkraft das Vorhan-
densein von Muskeln und Nervenkraft verlangt Nerven; somit
ist die Materie Bedingung der Kraft, und eins entwickelt sich
aus dem andern. Ist es denn aber nicht die Lebenskraft, welche in den verschiedenen Theilen verschiedene Materie schafft
und die specifisch eigenthümliche Entwickelung jedes bestimmten thierischen oder pflanzlichen Organismus herbeiführt? und erfolgt diese Entwickelung nicht für jede Art
auf eine besondere, von der Allmacht vorgeschriebene Weise?
Ist es anderer Seits nicht die gleiche Frucht, der gleiche Apfel,
von der sich die Wespe und der Affe, ja auch der Mensch ernähren kann? oder können wir im Grase unserer Wiesen die verschiedenen Bestandtheile finden, die im Pferde, in der Kuh, im
Schafe, in der Ziege, in der Gans angetroffen werden? Werden

nicht durch das gesetzmässige Walten der den verschiedenen Individuen zugewiesenen Kräfte die verschiedenen Körper aus dem nämlichen Stoffe geformt, genährt und erhalten? Bleibt nicht der menschliche Körper nach Form und Bestandtheilen unverändert, wenngleich der Eskimo Fische und Thran, der Hindu Früchte verzehrt, der Arme mit Kartoffeln, Brot und Wasser sein Leben fristet, während der Reiche die gewähltesten Speisen zu sich nimmt?

Kommt es zu Modificationen der Kraft, nicht aber der Materie, so gewahren wir auch alsbald eine veränderte Wirkung. Durch Vereinigung des Pferdes mit dem Esel wird die Lebenskraft umgeändert und es tritt im Maulesel eine neue Form hervor. Soll man sich denken, dass bei dieser Vereinigung die materielle Grundlage der Ohren vom Esel ans Pferd übergeht? Ist dies möglich, nachdem die Untersuchungen der Naturforscher dargelegt haben, dass der erste Keim, woraus das Pferd sich entwickelt, ein mit blossem Auge kaum sichtbares Bläschen ist? Dieses Bläschen aber hat bei allen Thieren die nämliche Grösse, ist beim Pferde und beim Menschen nicht grösser als beim Insecte, so dass die individuellen Verschiedenheiten nicht aus der Materie herzuleiten sind, sondern nur aus der individuellen Lebenskraft, welche die Materie bearbeitet, umsetzt und zu einem gleichartigen Individuum umwandelt.

So viele Thier- und Pflanzenarten unsere Erde bewohnen, eben so viele different wirkende Lebenskräfte wurden bei der Schöpfung durch die Allmacht ins Dasein gerufen. Will man darin nur Modificationen Einer Kraft finden, so sind doch diese Modificationen eben so unveränderlich, wie die unterschiedenen Gattungen und Arten der Thiere, die ja nur Produote jener Lebenskräfte sind: wir wären dann gleichberechtigt, das Pferd als eine Modification der Kuh anzusehen. Die Unveränderlichkeit der individuellen Lebenskräfte, die sich seit der Schöpfung bis auf unsere Tage von einem Individuum aufs andere fortgepflanzt hat, sichert die Ordnung in der Natur, so dass noch immer aus einem kaum sichtbaren Punkte, aus einem mikroskopischen Bläschen ein Product sich entwickelt, welches gleich vollkommen ist, wie das aus der Hand des Allmächtigen unmittelbar hervorgegangene. Hat sich auch die Materie tausend Male umgeändert, so hat doch die Kraft, welche vom Unendlichen an diese Materie gebunden wurde, im Laufe der Jahrhunderte mit unveränderter Gesetzmässigkeit ihr Schaffen fortgesetzt.

Die ehrfurchtsvolle Bewunderung, zu der wir hierdurch aufgefordert werden, muss nur immer mehr zunehmen, wenn wir der Vollkommenheit und höchsten Zweckmässigkeit jener Gesetze, wonach die Lebenskraft in jeder organischen Art sich bethätigt, näher nachforschen und sie in der aufsteigenden Reihe der organischen Wesen einer Vergleichung unterziehen.

Die Pflanzen, diese niedrigeren organischen Wesen, sind gewiss ganz vollkommene Bildungen; jede Pflanze erreicht ihr Ziel, und sie besitzt Alles, was hierzu nöthig ist. Aber die Pflanzen zeigen noch keine Kunsttriebe, die wir bei den Thieren in der Form des Instincts so sehr bewundern; ihnen fehlt das Bewusstsein, die Willkür. Mit den beiden letzteren tritt uns ein neues Vermögen, ein psychisches Princip entgegen, welches von der eigentlichen Lebenskraft verschieden ist und zuerst bei den Thieren im Reiche der Schöpfung auftritt. Bei den Pflanzen haben wir also nur die Lebenskraft, welche bewusstlos nach immanenten Gesetzen in der Materie wirkt und formt, und in deren Wirkung allerdings keine geringere Zweckmässigkeit und eine gleich unbegreifliche Weisheit sich kund giebt, wie im Instincte der Thiere.

Spalten wir eine Erbse oder eine Bohne, so finden wir darin einen kleinen kaum sichtbaren Keim, woraus sich die künftige Pflanze entwickeln soll. Erbse und Bohne sind nicht selbst der Same, sondern nur eine Mitgift des kleinen Keimes, woraus dieser seine erste Nahrung bekommt, bevor noch das Würzelchen getrieben hat; deshalb führen alle Samen und Früchte so vielen Nährstoff, gleichwie auch das Vogelei die zur Entwickelung des Jungen nöthige Menge von Nährstoffen umschliesst. In diesem kleinen Pflanzenkeime ruht die

Lebenskraft und wird unter günstigen Einflüssen in Thätigkeit versetzt, so dass das Wachsen und die fernere Ausbildung der Pflanze nach einem für diese Art höchst zweckmässigen Plane vor sich geht. Diese Lebenskraft begreift auch die Anlage, um aus den aufgesaugten Substanzen Wurzeln und Stengel, Blätter und Blumen zu formen, gleichwie nach einem unsichtbaren inneren Modell, von dem wir im Keime noch keine Spur finden. Jede Pflanzenart erlangt aber die Form, die ihrer Bestimmung angemessen ist, ein Theil nach dem andern entwickelt sich zur Vollkommenheit. Der Stengel wächst in die Höhe, in Festigkeit und Länge auf die Last berechnet, die er zu tragen hat, und ist diese zu gross, dann kommt ihm die Natur zu Hülfe durch besondere für diesen Zweck bestimmte Organe, wie wir denn z. B. an unseren Erbspflanzen oder an den jungen noch nicht hinlänglich festen Trieben des Weinstockes rankende Fäden auftreten sehen, womit sich die Pflanze an anderen Gegenständen anheften und befestigen kann. In den Blättern lagert sich die Materie in grösster Breite ab, um Luft, Licht und Feuchtigkeit aufzunehmen. Wo sollte ich aber aufhören, wollte ich die unerschöpfliche Mannigfaltigkeit und Pracht der Blumen und die zum Behufe der Befruchtung getroffenen Einrichtungen hervorheben, so wie die schützenden Vorkehrungen gegen Kälte und schädliche Einflüsse, oder wollte ich die kunstreichen Organisationen an den Samen aufzählen, die bald durch eine harte Schale, bald durch ein stacheliges oder, wie der Mohn, durch ein gifthaltiges Samengehäuse geschützt werden, so dass die Samen nach der Reife bald wie durch kleine Flügel oder Federn vom Winde fortgeführt oder durch elastische Samenkapseln fortgeschleudert und ausgebreitet werden und in den Boden eindringen. Im Keime kann man von den späteren zweckmässigen Formen der Stengel, der Blätter, der Blumen, der Samen eben so wenig eine Spur entdecken, als sich im Keimbläschen des thierischen Eies die späteren Eigenschaften und Triebe des Thieres kund geben.

Also auch bei den Pflanzen, gleichwie bei den Thieren,

wird es nicht durch die Verschiedenartigkeit der Materie, sondern durch die ungleichartige Lebenskraft bedingt, dass jedes Individuum seinem Charakter und seiner Art entsprechend sich entwickelt, selbst auch in einem fremden Boden, dass verschiedenartige Pflanzen in dem nämlichen Wasser wachsen, dass der Birnbaum seinen Charakter nicht verliert, wenn er auch auf den Weissdorn geimpft wurde, der ihm seine Säfte zuschickt. Die Lebenskraft schreitet somit auch bei den Pflanzen auf der einmal vorgeschriebenen Bahn fort, und bei jeder folgenden Generation wiederholt sie den nämlichen Kreis von Wirksamkeiten mit der nämlichen Genauigkeit und Ordnung, wie die Erde ihre jährliche Bahn um die Sonne vollendet. Bei jeder Pflanzenart ist das Walten der Lebenskraft mit soviel Weisheit und Umsicht geordnet, dass der natürliche Einfluss von Klima, Himmelsstrich, Kälte, Hitze und Jahreszeiten, ja selbst zufällige schädliche Ursachen, nicht vergessen sind, und wir dürfen mit dem scharfsinnigen Autenrieth [1]) einen organischen oder vegetativen Instinct darin finden, der sich vom thierischen Instincte darin unterscheidet, dass die Willkür und das psychische Vermögen dabei nicht mit im Spiele sind. Das Zweckdienliche der Wirksamkeit tritt in beiderlei Fällen in gleicher Weise hervor.

Diesen organischen Instinct finden wir auch bei den Thieren; denn bei ihnen äussert sich die Lebenskraft mit gleicher Pünktlichkeit und Vollkommenheit in der Ausbildung des Körpers, und zwar vom ersten Beginnen der Frucht an bis zum höchsten Alter. Diesem zweckdienlichen Wirken der Lebenskraft, dem organischen Instincte, verdanken wir die Aufnahme von Nahrung, das Athmen, den Blutumlauf, das Wachsthum, und alle diese Functionen gehen, wir mögen wollen oder nicht, auf die vollkommenste Weise von Statten. Dieses organische Walten der Lebenskraft ist eben so sehr

---

[1]) Joh. Heinr. Ferdinand Autenrieth, Ansichten über Natur- und Seelenleben, herausgegeben von Hermann Friedr. Autenrieth. Stuttgart und Augsburg. 1836. S. 222.

für die Zukunft berechnet, wie manche thierische Instincte,
und für jede Thierart ganz zweckentsprechend. Ich will
nur Ein Beispiel auswählen, worin der Zweck nicht zu verkennen ist. Die Bildung des Eies beim Vogel ist lediglich das Product
der Lebenskraft, Bewusstsein und Wille vermögen dabei weder
etwas wegzunehmen noch anzufügen. Diese Eier sind bei
manchen Vögeln im Verhältniss zum gesammten Körper
grösser, bei anderen wieder kleiner, und bei einer oberflächlichen Betrachtung lässt sich in diesem scheinbar zufälligen
Unterschiede kein besonderer Zweck vermuthen. Allein je
grösser das Ei ist, je mehr Nährstoff für das Küchlein es ent-
hält, desto länger muss es gebrütet werden, und um so vollkommener ausgebildet verlässt dann auch das Küchlein das
Ei. Dabei macht sich noch die sorgliche Bestimmung geltend,
dass die Jungen von allen jenen Vögeln, die auf dem ebenen
Boden nisten, von Huhn, Gans, Schwan, Kibitz, gleich nach
dem Ausschlüpfen aus dem Eie das Nest verlassen und laufen
und schwimmen können, wogegen die Jungen jener, die auf
Felsen, Bäumen und Dächern nisten, also die Raub- und Singvögel, die Tauben u. s. w., nackt und blind zur Welt kommen
und noch nicht stehen können. Vermöchten die letztern gleich
nach dem Auskriechen zu laufen, sie würden, wenn sie das
Nest verliessen, herunter fallen und zerschmettert werden; sie
können aber erst dann, wenn sie fliegen können, von ihren
Beinen Gebrauch machen. Der einfache Grund dieser so bedeutungsvollen Verschiedenheit ist der, dass die erstgenannten
Vögel grössere Eier legen, weshalb ihre Jungen bei der grösseren Menge von Nährstoff und bei einem längeren Brüten das
Ei im vollkommneren Zustande verlassen, dass dagegen die
in Höhen nistenden kleinere Eier legen. Die Taube ist zwar
grösser als der Kibitz, legt aber doch ein kleineres Ei. Lässt
sich hierbei die vorsichtige Sorge für die Zukunft verkennen,
wenn bei jeder Vogelart die Lebenskraft als organischer Instinct die Eier grösser oder kleiner formt, je nachdem die
Lebensweise des Vogels und seine Nistungsstelle eine mehr

oder weniger weit vorgeschrittene Entwickelung der Jungen
verlangt! Den Thieren, die sich bewegen, die ihr Futter suchen und
sich schützen müssen und für die Nachkommenschaft Sorge
zu tragen haben, konnte ein organischer blindlings wirkender
Instinct nicht mehr unter allen Umständen genügen; bei
ihnen machte sich ein mehr selbständiges, specifisches Wirken
nöthig, eine psychische Thätigkeit, wodurch die Lebenskraft
oder der Instinct mehr oder weniger nach den besonderen
Umständen sich regeln liess. Die Pflanze findet ihre Nahrung
immer im Boden, aus dem die Wurzeln sie aufzusaugen vermögen; beim Thiere reichte es nicht aus, wenn die Lebenskraft das Hungergefühl erweckt, vielmehr musste ihm auch
das Vermögen zukommen, die Nahrung oder die Beute aufzusuchen, zu verfolgen und zu ergreifen, das Thier musste, nicht
gebunden an eine blinde Führung, mit einer gewissen Auswahl
nach den besonderen Umständen sich einrichten können. So
wird die psychische Thätigkeit ein unerlässliches Hülfsmittel
für das instinctive Handeln der Thiere, steht ganz und gar im
Dienste dieses Instincts und hat die Erhaltung des individuellen Lebens und die Fortpflanzung zum Zwecke. Wenn die
Schwalbe durch den Instinct zum Bauen eines kunstvollen
Nestes getrieben wird, so weiss sie durch ihr psychisches Vermögen den besten Platz dafür ausfindig zu machen, und durch
ihr Gedächtniss ist sie in den Stand gesetzt, das Nest, welches
sie verliess, wieder aufzufinden.

Beim thierischen Instincte haben wir es aber nicht bloss
mit bestimmten Neigungen zu thun, die im psychischen Principe durch die Lebenskraft hervorgerufen werden, sondern das
psychische Princip scheint auch zugleich die Fähigkeit mit
zu begreifen, Kunstproducte hervorzubringen, — wie denn die
Biene ihre Zellen baut, der Biber seine Wohnung. Eine Einwirkung der Lebenskraft auf das psychische Princip scheint
hierzu den Anstoss zu geben; die Ausführung dagegen, sowie
deren Modificationen je nach den Umständen, setzt eine eigenthümliche Befähigung des psychischen Princips voraus. Die

Bienen bauen nicht fortwährend Zellen, die Vögel nicht fortwährend Nester, sondern nur dann, wenn ein innerer Reiz sie
dazu antreibt.

Es beruht der organische Instinct in der durch immanente
Gesetze bedingten zweckdienlichen Einwirkung der Lebenskraft auf die Materie und auf den Körper, wodurch letzterer
seine entsprechende Form bekommt, wächst und lebt; beim
thierischen Instincte dagegen haben wir eine zweckdienliche und
wohl berechnete Einwirkung der nämlichen Lebenskraft auf den
Geist oder auf das psychische Vermögen, damit den Bedürfnissen des lebenden Geschöpfs Genüge geschieht. So besitzen
denn die Thiere den eingebornen, unwillkürlichen Trieb oder
die Fertigkeit, zum eigenen Besten oder auch zum Nutzen der
Nachkommenschaft bestimmte Handlungen vorzunehmen oder
Kunstwerke hervor zu bringen. Der Instinct ist kein Product
des thierischen Verstandes, er ist nicht aus Ueberlegung hervorgegangen, er ist keine durch mancherlei misslungene Versuche gewonnene Erfahrung. Das Thier nimmt keine Versuche
vor, um die Natur zu erforschen oder um Wissenschaft und
Kenntnisse zu fördern, — das ist Menschenart; unwillkürlich
und ohne weiter die Zweckmässigkeit zu prüfen, oder in der
Wahl der Mittel stutzig zu sein, folgt es dem Plane, der ihm
durch seine Natur gleichsam im Voraus entworfen wurde, und
dadurch ist es in den Stand gesetzt, mit einfachen Hülfsmit-
mitteln Kunstwerke zu produciren, mit denen es der Men-
schenverstand und menschlicher Kunstsinn nicht aufzunehmen
vermag. Dabei hat aber die umfassende und vorschauende
Weisheit des Schöpfers den Instinct so zweckdienlich eingerichtet, dass er, auch ohne Eingreifen des psychischen Vermögens der Thiere, den Umständen sich anpasst und sich mehr
oder weniger modificirt.

Das psychische Vermögen der Thiere ist übrigens, gleich
dem Instincte, ganz und gar für ihre Bedürfnisse und ihre
Lebensweise berechnet, und in diesem engen Kreise ist es ein
mächtiges Unterstützungsmittel des Instincts. Der Instinct
dient den Thieren als unfehlbarer Führer bei ihren Verrrich-

tungen, und in diesem engen Kreise verräth ihr psychisches
Wirken manchmal grosse Schärfe und Feinheit, während in
dem, was ausser diesem instinctiven Bereiche liegt, auffallender Stumpfsinn, Dummheit und unverständiges Gebahren sich
kund giebt. Die Gluckhenne erkennt den Raubvogel, wenn er
auch noch so hoch in der Luft fliegt und nur einem Punkte
gleicht, und mit ängstlichem Rufe warnt sie die Küchlein;
legt man ihr aber ein rundliches, wenn auch nur roh bear-
beitetes Stück Kreide ins Nest, so brütet sie gleich sorgsam
darauf, wie auf ihren eigenen Eiern. Im Naturzustande wird
ihr eine solche Täuschung nicht leicht vorkommen können,
und ihr Instinct und ihre Lebensweise sind nicht darauf berechnet; den Raubvogel dagegen hat sie in jenem Naturzustande tagtäglich zu fürchten. Desgleichen legen unsere
Schmeissfliegen (Musca vomitoria und carnaria) die Eier in
faulendes Fleisch und auf Aeser, worin die auskommenden
Jungen eine mehr als ausreichende Nahrung finden. Durch
den aashaften Geruch mancher in unseren Glashäusern ge-
zogenen Pflanzen, der Stapelia variegata, Stapelia hirsuta und
anderer, werden sie aber dazu verführt, ihre Eier auch in
deren Blumen zu legen, und so müssen dann die Jungen aus
Mangel an Nahrung insgesammt umkommen. Jene Pflanzen
sind eben am Kap zu Hause, und der Instinct dieser Fliegen
ist nur für unser Klima berechnet, wo sie keinen derartigen
Missgriff in der Natur zu fürchten haben. Neben dem Ge-
ruche besitzen also diese Thiere so geringes Wahrnehmungsvermögen und Urtheil, dass sie nicht im Stande sind, nach
dem ganzen Habitus und nach der Farbe ein Stück fauliges
Fleisch von einer Blume zu unterscheiden.

Verstehen wir also unter Instinct ein unwillkürliches und
zweckmässiges Handeln, welches nicht durch den Verstand
hervorgerufen wird, sondern durch Eigenschaften und Aeusserungen der Lebenskraft, deren Zutheilung der Schöpfer gemäss dem Bedürfniss jeder organischen Art mit höchster Weisheit besorgte, so dürfen wir auch den Pflanzen den Instinct
im weitesten Sinne nicht absprechen. Die Verschiedenheit

4 *

des Instincts in beiden organischen Reichen beruht nur auf
der verschiedenartigen Ausführung und auf der Verschiedenartigkeit der hierzu benutzten Mittel. Bei den Pflanzen wirkt
der organische Instinct unmittelbar auf die Materie, bei den
Thieren trifft er auch das psychische Vermögen, gelangt somit
zum Bewusstsein, und treibt die Thiere zur Ausführung bestimmter Handlungen an. Das tritt noch deutlicher hervor,
wenn wir die beiderlei Wirkungsweisen mit einander vergleichen, und ich entnehme hierzu einige Beispiele aus der bereits
erwähnten vortrefflichen Schrift von Autenrieth, worin die
Wahrheit dieses Satzes nach meinem Dafürhalten auf überzeugende Weise dargethan wurde.

Bei mehreren Pflanzen finden sich Einrichtungen, um
Wasser zu sammeln und Insecten zu fangen, fast ganz so, wie
wir es bei Thieren kennen. Bei der gemeinen Weberdistel
(Dipsacus fullonum) bilden um den Stamm herab die verwach-
senen Blätter eine Art von Becken, welches sich mit Regen-
wasser füllt. Noch entschiedener kommt das bei den in den
nordamerikanischen Sümpfen wachsenden Sarracenia-Arten
vor, so wie bei der Ceylonischen Nepenthes destillatoria. Hier
finden sich eigenthümliche Behälter, worin in reichlicher Menge
ein süssliches Wasser abgesondert wird, und dieses scheint
viele Insecten anzulocken, die in Massen darin ertrinken.
Diese Behälter haben bewegliche Deckel, welche sich beim
Regen und des Nachts beim Thauen schliessen, also zu Zeiten,
wo die Insecten weniger umher fliegen; auch haben manche
im Inneren Haare, die so gestellt sind, dass die Insecten zwar
bequem in die verführerischen Behälter hineinkriechen, nicht
leicht aber wieder herauskommen können. Reisende ver-
sichern, dass durch die Fäulniss der solchergestalt ertrinkenden Insecten oftmals ein Gestank sich entwickelt, der die
ganze Umgebung erfüllt. Wie förderlich eine solche mit thierischen Zersetzungsproducten erfüllte Luft dem Wachsen der
Pflanzen ist, weiss man hinlänglich.

Bei anderen Pflanzen tritt der Zweck, Insecten zu fangen.
in besonderen Apparaten noch entschiedener zu Tage, z. B.

bei Dionaea muscipula, einer Sumpfpflanze in Carolina. An
dieser Pflanze kommen eigenthümlich geformte, reizbare Blätt-
chen vor, die mit Zähnen besetzt sind und durch ihre rothe
Färbung sich auszeichnen, so dass sie schon von fern in die
Augen fallen, und zum Ueberfluss sondern sie noch einen Saft
ab, dem die Insecten eifrig nachzugehen scheinen. Wagt sich
aber ein Insect auf ein solches Blatt, so klappt letzteres zusammen und hält das Insect mit den kleinen Zähnen fest, und
wohl um so fester, je mehr das Thierchen zappelt, um loszu-
kommen, bis endlich das Blatt sich wieder öffnet, wenn das
todte Thierchen sich nicht mehr bewegt. Dass es sich hierbei nicht um etwas Zufälliges, sondern um einen bestimmten
Zweck handelt, davon hat man sich durch eigene Versuche
überzeugt, deren bei Kirby und Spence[1] Erwähnung geschieht. Eine Pflanze, auf deren Blätter feine Fleischfasern
gelegt wurden, war viel üppiger im Wachsthum, als andere
nicht so behandelte, sonst aber ganz gleich gehaltene. Die
Zersetzungsproducte der Insecten dringen wahrscheinlich mit
dem Regen in den Boden, oder werden auch wohl ohne Weiteres aufgesaugt, und so düngen und nähren diese Pflanzen
sich durch eigene Kraft.

Etwas Aehnliches scheint auch bei dem hierländischen
Sonnenthau (Drosera rotundifolia und longifolia) vorzukom-
men. Diese Pflanze besitzt auch eigenthümliche rothe Blätter,
die mit borstenartigen Haaren besetzt sind und einen klebri-
gen Saft absondern. In der Wärme und im Sonnenschein
krümmen sich diese Blätter, sobald sich ein Insect darauf
setzt, und zuletzt hat sich das ganze Blatt umgeschlagen. Da
aber ein darauf gesetztes Thierchen, z. B. eine Ameise, rascher
zu Grunde geht, als es durch mechanische Verhältnisse geschehen könnte, so vermuthet Autenrieth (a. a. O. S. 231).
dass hier eine giftige Einwirkung mit im Spiele sein dürfte.

Wir haben also an Pflanzen Vorrichtungen, womit diese
durch organischen Instinct das Nämliche erreichen, was wir

---

auch bei Thieren wahrnehmen; wäre Willkür dabei, so würden
wir einen ganz thierischen Instinct darin finden dürfen. Denken wir uns z. B. einen Behälter oder eine Art Futteral mit
Fäden, die reizbar sind und ein Gift enthalten, wodurch Insecten getödtet werden, so haben wir einen Polypen, worin
die Blattform von Sarracenia oder Nepenthes, die Reizbarkeit
der Dionaea muscipula und das Gift der Drosera sich vereinigt haben, mit dem Unterschiede indessen, dass der Polyp
nicht bloss reizbar ist, sondern auch mit Willkür handelt. Er
unterscheidet lebende Thierchen von todten und von organischen Körperchen, und die letzteren rührt er nicht an, während die Blätter der Dionaea sich schliessen, mag ein Holz-
splitter oder ein lebendes Insect darauf kommen.

Das Ansammeln von Feuchtigkeit, namentlich bei der in
den heissen Zonen lebenden Nepenthes destillatoria, mag dem
Gewächse selbst zum Vortheil gereichen. Dieser Zweck wird
aber weit augenfälliger bei einigen Fischen durch den organischen Instinct erreicht. Während nämlich die durch Kiemen
athmenden Fische schnell absterben, wenn die Kiemen ein-
trocknen und dadurch die Respiration ausfällt, findet sich im
Osten der sogenannte kletternde Barsch (Anabas, Perca scan-
dens), der nicht nur längere Zeit (bis zu 4 und 5 Tagen)
ausserhalb des Wassers zu leben vermag, sondern selbst, nach
der Versicherung mancher Reisender, mittelst beweglicher
Stacheln auf Palmen hinauf klettert, namentlich auf solche, die
in ihren futteralartigen Blättern Wasser anhäufen. Ueber den
Kiemen dieses Fisches sind wasserhaltige Blasen angebracht,
deren Wasser langsam austritt und die Kiemen befeuchtet[1].
Dergleichen Wasserbehälter finden sich auch beim Kameele im
Magen, und dadurch wird das Thier befähigt, in den heissen
Sandwüsten Afrikas das Wasser längere Zeit entbehren zu
können. Bei dem Allem bleibt das Bewusstsein ausser Spiel;

---

[1] Milne Edwards, Elements de Zoologie. Bruxelles, 1837.
p. 397. Fig. 274. — Autenrieth, Natur- und Seelenleben. S. 240.

wir haben es nur mit Producten des organischen Instincts zu
thun.

In Paraguay in Südamerika leben auf thonigem Boden,
wohin die Ueberschwemmungen nicht reichen, Krebse, die sich
bis 12 Fuss tiefe, nach unten immer weiter werdende Höhlen
ausgraben, worin sich das Wasser selbst in der heissen Jahreszeit erhält, weshalb sie ein ganz geeigneter Aufenthaltsort
für diese Thiere sind (Autenrieth, S. 241). Der amerikanische
Biber arbeitet seine Wasserkammern mit noch mehr Geschick
aus. In diesen Fällen sehen wir also den thierischen Instinct
dasjenige ausführen, was in den vorher beigebrachten Beispielen durch den organischen Instinct allein. ohne Mitwirkung
des Willens, zu Stande kam.

Die Uebereinstimmung des organischen Instincts mit dem
thierischen giebt sich noch entschiedener in den Vorkehrungen gegen Hitze und Kälte kund, die bei Pflanzen wie bei
Thieren vorkommen. Wenn viele Nachtschmetterlinge ihre
Eier mit Haaren bedecken, die sie dem eigenen Körper entnehmen, wenn manche Raupen bei der Verpuppung ihr Pup-
pengehäuse innen oder aussen mit Wolle oder Seide füttern,
um sich gegen die Winterkälte zu schützen, obwohl der Winter
mit seinen Schneeschauern noch nicht da ist, so leistet der
thierische Instinct hier nur dasselbe, was der organische Instinct an den Knospen unserer Bäume zu Stande bringt, deren
spätere Sprossen durch dicke Schutzblätter bedeckt und ein-
gehüllt werden. Bei der Buche liegen dieselben in grösserer
Anzahl dicht auf einander und sind inwendig mit einer feinen
Wolle gefüttert; bei der wilden Kastanie wird die Blattknospe
und die künftige Blüthe von einer feinen Wolle umschlossen,
und ausserdem sind auch die Schutzblätter noch mit einer
harzigen Substanz bedeckt, wodurch die Knospe gegen das
Eindringen von Wasser und gegen das Erfrieren geschützt
wird. Den Zweck, durch dergleichen Vorrichtungen gegen
die Winterkälte einen Schutz zu gewähren, kann man auch
deutlich daraus entnehmen, dass bei den Gewächsen der

heissen Landstriche, wo kein Frost einwirken kann, dergleichen
Schutzmittel der Knospen gar nicht vorkommen.

Wie aber der organische Instinct bei der Kastanie sich
kund giebt, so der thierische Instinct beim nordischen Kreuzschnabel (Loxia curvirostra). Ganz gegen die Gewohnheit anderer Vögel legt dieser im Januar, wenn die Erde mit Schnee
bedeckt ist, seine Eier, weil jetzt die Samen der Tannenzapfen,
womit die Jungen gefüttert werden, zu haben sind. Er bedeckt aber auch das Nest von aussen mit Harz, so dass kein
Wasser eindringen kann, und darin ist ihm so wenig, wie der
Kastanie, die Erfahrung zu Hülfe gekommen. Den Kreuzschnabel bestimmt der eingeborne Drang der Lebenskraft, und
durch sein psychisches Vermögen wird er veranlasst, sich einer
fremden Substanz dabei zu bedienen, bei der Kastanie dagegen bewirkt die Lebenskraft unmittelbar die Ausscheidung
des Harzes aus den Säften und Knospen. Der Effect ist aber
in beiden Fällen gleich zweckentsprechend und der besonderen
Organisation angemessen.

Die bekannte Weinbergsschnecke zieht sich im Herbste in
ihre Schaale zurück, und aus ihrem Körper wird dann ein eigener Deckel, das sogenannte Epiphragma, abgesondert, welches
die Oeffnung des Schneckenhauses deckt und das Thier während des Winterschlafes gegen Kälte und Feinde schützt.
Darin zeigt sich in gleicher Weise, wie bei der Kastanie, ein
organisches und bewusstloses Wirken der Lebenskraft. Ist
das nicht eben so bewundernswerth, und ist das nicht eben so
gut Instinct, als wenn die Raupe vor ihrem Puppenschlafe das
Nämliche vollführt, oder wenn sich eine in Frankreich vorkommende Spinnenart aus Lehm und Spinnegewebe einen
Deckel oder eine Art Fallthür vor ihrem Loche anbringt und
ihn mit Fäden, gleichwie an einem Henkel aufhängt?

In allen angeführten Fällen offenbart sich uns ein besonderes unerklärbares Verhalten der Lebenskraft, mag diese nun
im pflanzlichen und thierischen Organismus unmittelbar auf
die Materie einwirken, oder mag dadurch beim Thiere im Psychischen die angeborne Kunstfertigkeit angeregt und in Wirk-

samkeit versetzt werden. Dieses eigenthümliche Verhalten
der Lebenskraft wurde durch den Allmächtigen einmal eingepflanzt, und bei allen folgenden Geschlechtern erhält es sich
ohne alle Abänderung.

Der Instinct der Thiere, wendet man ein, ist aber doch
sehr verschieden von dem organischen, wenn auch noch so
zweckmässigem Wirken der Pflanzen. Die Thiere sind ja nicht
blosse Automaten, sie besitzen ein psychisches Vermögen und
sind mit Willkür ausgestattet, so dass sie mit Bewusstsein den
Umständen sich anschmiegen können, und das fehlt der organischen Lebenskraft der Pflanzen wie der Thiere, deren Wirken ein unwandelbares durch die eingebornen Gesetze bestimmtes ist.

Ich kann dem nicht durchaus beistimmen. Wenn irgend
wo, so müssen wir hier wieder die unerforschliche Weisheit
und Vorsicht in der Natur bewundern. Der Schöpfer hat
nicht nur jede organische Art mit einer zweckdienlichen
Aeusserungsweise der Lebenskraft ausgestattet, sondern jener
Lebenskraft auch noch die unbegreifliche Eigenschaft zuertheilt, je nach den Umständen und je nach den wechselnden
Eindrücken die Aeusserungsweise auf zweckentsprechende
Weise zu modificiren. Ich habe z. B. vorhin darauf hinge-
wiesen, dass manche Pflanzen, deren Stengel nicht hinreichende
Kraft besitzen, um das ganze Gewächs zu tragen, mit Ranken
oder Cirrhen versehen sind, damit sie sich an der Umgebung
anheften oder anklammern können. Wir lesen aber bei van
Hall[1]), dass die nämlichen Gewächse, welche tiefer in den
Thälern an hohen Gegenständen sich emporranken, in höheren
Gegenden, z. B. in den Alpen, jene Ranken verlieren, weil sie
bei einem üppigen hochgehenden Wuchse weit mehr von der
Kälte und vom Winde zu leiden haben würden. Sie halten sich
hier mehr am Boden, und aus den Ranken werden Blätter.
die durch ihre grössere Oberfläche und ein gedrängteres Zu-

---

[1]) Redevoeringen over het plantenryk. Groningen, 1827. p. 16.

sammenwachsen der Pflanze selbst Schutz bringen, was auf
der Höhe sehr wünschenswerth, ja fast unentbehrlich ist.
Es ist allgemein bekannt, dass eine höhere Temperatur
das Wachsthum bei Pflanzen, bei Thieren und auch beim Menschen befördert, und brauche ich dies nicht durch besondere
Beispiele zu belegen. Müssen wir es nun nicht als eine weise
Fügung bewundern, dass, entgegen dieser allgemeinen Regel,
das Haar, die Wolle und die Federn nicht in der Wärme, sondern in der Kälte besser gedeihen, so dass die Thiere eine
um so dichtere und mehr erwärmende Schutzhülle bekommen,
je mehr sie der stärkeren Kälte wegen eines solchen Schutzes
bedürftig sind?
Wir wissen ferner durch Versuche der Physiker, dass
keine Farbe dem Durchtritte der Wärme so viele Hindernisse
entgegenstellt, als die weisse, weshalb denn auch im Winter
der weisse Schnee die Wärme des Bodens zurückhält, und
weshalb auch weisse Kleider die Körperwärme am besten bewahren, weil sie dem Ausstrahlen der Wärme hindernd entgegen treten. Müssen wir da nicht von Neuem die unergründ-
liche Zweckmässigkeit und feine Vorsorge darin bewundern,
dass die Lebensäusserungen der Thiere durch die Kälte eine
vollständige Umänderung erleiden, und im Norden das Haar
bei den Säugethieren und die Federn bei vielen Vögeln nicht
nur gedrängter und kräftiger wachsen, sondern auch die som-
merliche Färbung verlieren und weiss werden? Hasen, Füchse
und andere Säugethiere, gleichwie viele Vögel haben im Norden zur Winterszeit ein weisses Kleid, und während der Land-
bär schwarz oder braun erscheint, ist der fortwährend auf
dem kalten Eise lebende Eisbär ebenfalls immer weiss.
Der Instinct, ein Product der Lebenskraft, kann sich nach
Zeit und Umständen ganz ändern, wovon Burdach[1]) ein Beispiel beibringt. Das Schaf nämlich trägt 5 Monate, und es
paart sich bei uns im October und November, so dass die
Jungen im März und April junges Gras finden. Im südlichen

---

[1]) Die Physiologie als Erfahrungswissenschaft. 1828. Bd. II, S. 149.

Europa dagegen taugt das Gras im November und December am besten zur Weide, und demgemäss paart sich das Schaf auch im Juni und Juli, obwohl es doch sicherlich die Zweckmässigkeit hiervon nicht einsieht. Ein anderes Beispiel berichtet ebenfalls Burdach[1]) vom Schmetterlinge einer unserer Blattraupen. Derselbe hängt zu Anfang des Sommers seine Eier nur ganz locker an die Blätter der Bäume, und es kriechen bald Räupchen aus, die sich im August einspinnen und auch wieder in Schmetterlinge verwandeln. Die neue Zucht legt später die Eier auch wohl wieder auf Blätter, die aber natürlich im Herbste abfallen. Deshalb umspinnt jetzt der Schmetterling das ganze Blatt nebst dem Stiele, so dass es nicht abfallen, ja selbst nicht durch einen starken Sturm abgeweht werden kann, weshalb auch manche Blätter den ganzen Winter hindurch hängen bleiben. Der Schmetterling verfährt also im Herbst anders, als seine Vorfahren im Frühjahre. Dieses Abfallen der Blätter konnte aber der Schmetterling doch nicht voraussehen, da er es noch nicht erlebt hat, und das Umspinnen kann er auch nicht von seinen Eltern erlernt haben, denn diese haben im Frühjahre nichts Aehnliches gethan. — Hat der Vogel seine bestimmte Anzahl Eier gelegt, so · beginnt er zu brüten und legt keine Eier weiter; nimmt man ihm aber die Eier weg, so fängt er von Neuem an zu legen, obwohl die Bildung, das Wachsen und das Legen der Eier ganz und gar das Werk der Lebenskraft sind, worauf des Vogels Wille nicht hindernd einwirken kann.

Dieses wunderbare Vermögen der Lebenskraft, unter ungewöhnlichen Verhältnissen eine zweckentsprechende Veränderung zu erleiden, tritt aber nirgends mit grösserer Intensität hervor, als im sogenannten Reproductionsvermögen, wofür ich nur zweierlei aus Autenrieth[2]) anführen will. Wird der Weinbergsschnecke der Kopf mit Schonung des sogenannten Gehirns weggeschnitten, so kann dieser Kopf

---

[1]) Die Physiologie als Erfahrungswissenschaft. 1828. Bd. II, S. 39.
[2]) Ansichten über Natur- und Seelenleben. 1836. · S. 244 und 268.

wieder wachsen mitsammt den Fühlhörnern, den Augen und
den anderen Apparaten, und zwar so vollkommen, dass
man denselben vom Kopfe einer gewöhnlichen Schnecke nur
durch die hellere Färbung zu unterscheiden vermag. Der
Kopf bildet sich also hier nach dem Muster des früheren, der
doch nicht mehr vorhanden ist. Wenn aber die Lebenskraft
kein materielles Modell zu Grunde legen kann, so muss ihr ein
dynamisches Modell zu Gebote stehen, d. h. es muss der Lebenskraft dieser Thiere die Eigenschaft zuertheilt sein, einen
zweiten Kopf nach dem Modell des ersten zu reproduciren,
aber nur erst dann, wenn jener verloren gegangen ist; denn
sonst müsste die Schnecke zwei Köpfe bekommen. Wenn
ferner einem Krebse die Füsse und Scheeren, oder auch nur
Theile davon weggenommen werden, so reproduciren sich
neue und zwar ganz gleiche, und es wächst keine Scheere an
einer verkehrten Stelle, z. B. an einem Hinterfusse, obgleich
der erste aus dem Stumpfe ausschwitzende plastische Stoff
ganz gleich ist, mag nun ein Fuss oder eine Scheere daraus
werden. Selbst wenn in unserem Körper ein Theil zerstört
wird, wenn z. B. der mittlere Theil des Schienbeins in Folge
einer Gewaltthätigkeit abstirbt, so werden die abgestorbenen
Theile ausgestossen, und durch Absonderung neuer Knochen-
masse wird manchmal ein ganz neuer Knochen producirt, ohne
dass der Kranke etwas davon gewahrt, und ohne dass sein
Wille etwas dazu beitragen kann, wenn er nur den Gang der
Natur nicht stört.

Ist denn nun die Reproduction des Schneckenkopfs oder
der Krebsfüsse für weniger kunstvoll und zweckmässig zu erachten, als wenn wir sehen, dass die Raupe ihr verdorbenes
Gespinnst, der Vogel sein beschädigtes Nest nach dem nämlichen Modell wieder ganz machen? Im letztern Falle scheint
Ueberlegung und Verstand obzuwalten. die Sache ist aber
keineswegs bewunderungswürdiger. In beiden Fällen wirkt
die nämliche willenlose aber eingeborne Eigenschaft der Lebenskraft, mag diese entweder als organischer Instinct unmit-

telbar die Materie influiren, oder mag sie als thierischer Instinct auf das psychische Vermögen einwirken.

Wer erdreistet sich, bei allen diesen Wundern der Natur
den Schleier weiter zu lüften, um bis zum tiefern Grunde, bis
zur unerforschlichen Verknüpfung von Ursache und Wirkung
vorzudringen? Wir können uns nur voller Ehrfurcht beugen
vor der allwissenden Weisheit und Vorsicht des grossen
Schöpfers, der Alles so vollkommen machte, und nicht bloss
den vielen Tausenden verschiedener Pflanzen und Thiere je
nach ihrer Art eine specifische zweckmässige Lebensäusserung
zutheilte, sondern sogar gleichsam im Voraus den besten und
sichersten Weg vorzeichnete, auf dem ihre Lebenskraft bei
ungewöhnlichen Abweichungen und Zufällen einher zu schrei-
ten hat.

Wo indessen das Thier mit diesen Eigenschaften der organischen Lebenskraft bei seinen verschiedenartigen Bedürfnissen nicht mehr auskommen konnte, da schenkte ihm die
Natur das psychische, der Willkür zugängige Vermögen als
Ersatz für den Instinct, wodurch es in den Stand gesetzt wird,
je nach den Umständen das Nothwendige auszuführen. Dieses
psychische Vermögen wird durch den Instinct angespornt und
wie durch eine unsichtbare Hand gelenkt und geleitet, und
dabei ist es mit der nöthigen Kenntniss und mit den Fertigkeiten ausgerüstet, deren das Thier zur Erhaltung des Lebens
bedarf, und die zur Herstellung seiner Kunstproducte erforderlich sind. Dieses psychische Vermögen verschafft dem
Thiere jenes Maass von Freiheit und Willkür, jene Fähigkeit
des Beobachtens, jene Ueberlegung und Erinnerung, wodurch
es unter den wechselnden Umständen die Mittel seiner Sicherstellung heraus zu finden im Stande ist. Weiter reicht aber
auch der Verstand der Thiere nicht; unter allen ihren verschiedenen Vermögen tritt uns kein einziges entgegen, wodurch über die Beschaffung und Sicherung der zeitlichen Existenz hinaus gegangen würde.

Ich komme nun zur letzten Frage, wofür ich Ihre geneigte
Aufmerksamkeit noch einige Augenblicke in Anspruch nehmen

darf. Finden wir das Nämliche auch beim Menschen? Wird
der Mensch, gleich dem Thiere, durch den Instinct geleitet
und gebunden, oder ist der Mensch ganz und gar frei, dass er
da, wo das Thier durch eine unsichtbare Hand geleitet und
vor Abirrung geschützt wird, sich selbst vollständig überlassen
bleibt? Muss der Mensch durch seine höheren Verstandeskräfte und durch die Erfahrung Alles lernen, um sich allein
zu regieren, oder ist auch ihm ein unsichtbarer Genius zu
Theil geworden, der ihn leiten und der seine Schritte lenken
kann? — Der Mensch, das höchste Geschöpf auf Erden, vereinigt in sich Alles, was in der übrigen Schöpfung zerstreut
vorkommt, und ausserdem hat er noch unendlich viel als besonderes Eigenthum empfangen. Was die Thiere besitzen
zur Befriedigung ihrer Bedürfnisse, zur Sicherstellung ihrer
zeitlichen Existenz, das ist auch dem Menschen nicht vorenthalten: seine Lebenskraft wirkt nicht minder in zweckdien-
licher und vollendeter Weise, auch bei ihm entwickelt sich
jeder Körpertheil aus dem ersten Keime mit Regelmässigkeit
und nach den genauesten Proportionen, und er hat mit dem
Thiere und mit der Pflanze den organischen Instinct gemein,
vermöge dessen die Verdauung, der Säfteumlauf von statten
gehen, vermöge dessen der Mensch, er mag wollen oder nicht,
wächst und gedeiht. Auch der thierische Instinct fehlt dem
Menschen nicht, er bestimmt ihn durch das Hunger- und
Durstgefühl für seine Erhaltung zu sorgen, er giebt ihm den
Antrieb zur Fortpflanzung, zur Erhaltung des Geschlechts und
pflanzt ihm die Liebe zur Nachkommenschaft ein; — mit einem
Worte, der thierische Instinct vollbringt beim Menschen Alles,
was seinem Verstande und seiner Willkür nicht überlassen
werden durfte, ohne dass seine Freiheit dadurch gänzlich beschränkt würde. Wir können z. B. die Stimme und die Sprache modificiren, indem wir schneller oder langsamer athmen,
die Luft ganz ausstossen oder anhalten, aber nur bis zu einem
gewissen Grade; es kommt aber die nämliche Wirkungsweise
auch ohne unseren Willen im Schlafe zu Stande, und zwar
durch den organischen Instinct. Wir sind nicht im Stande,

den Athem so lange anzuhalten, dass unser Leben dadurch
bedroht werden könnte, und könnte es auch jemand durch
ungewöhnliche Willensfähigkeit dahin bringen, so würde zunächst eine Ohnmacht eintreten, wo dann der verbrecherische
Wille von selbst ausfiel und das Athmen sich wieder einstellte.
Die Natur hat somit das Verbot des Selbstmords in uns selbst
mit den stärksten Zügen niedergelegt.

Gleich deutlich tritt uns diese Vorkehr beim Schlucken
entgegen. Wir können willkürlich schlucken, so oft wir wollen. Sobald aber der Bissen hinten in die Kehle kommt,
wird der Luftcanal unwillkürlich verschlossen und gleichsam
unter dem Bissen weggezogen, dass dieser nicht hinein fällt
und Erstickung bewirkt. Eine solche Verschliessung der
Luftwege darf aber nur kurze Zeit andauern, weil das Athmen
dabei stillsteht, und aus diesem Grunde muss die einzelne
Schluckbewegung rasch vorübergehen. In der That können
wir einen solchen Schluck nicht verlangsamen oder hinaus-
ziehen, sondern innerhalb des richtigen Zeitmaasses wird er
beim Erwachsenen so gut wie beim Neugebornen beendigt.
Es hängt somit von unserem Willen ab, wann wir schlucken
wollen, die Zeit dagegen für die einzelne Schluckbewegung
ist dem Willen vollständig entrückt und dem organischen Instincte anheim gegeben.

Selbst da, wo der Verstand nicht immer rasch genug zu
einem bestimmten Entschluss kommen könnte, wird uns die
Hülfe des Instincts zu Theil. Wenn Jemand erschrickt, ins
Wasser fällt, oder durch eine plötzliche Gefahr bedroht wird,
so führt er zunächst ganz unwillkürlich eine rasche und kräftige Einathmung aus; dadurch wird in einem Augenblicke die
Brust und der Stamm fixirt und es werden die grossen Brust-
muskeln gespannt, die dem Arme zumeist die Kraft verleihen
und somit die vorzüglichsten Apparate zur Selbstvertheidigung
sind. Bevor wir also nur noch daran denken, befindet sich
der Körper im Zustande der Gegenwehr. Wir wissen das
aber nicht und haben es auch nicht gelernt, sondern es geschieht ganz unwillkürlich durch den Instinct.

Wir ersehen hieraus, und ich könnte es noch durch mehrere Beispiele belegen, dass der Mensch gleich dem Thiere mit jenem Maasse organischen und thierischen Instincts ausgestattet ist, dessen er zu seiner irdischen Existenz bedarf. Er empfing aber auch noch unendlich viel über das hinaus, dessen er lediglich zur Erhaltung des Lebens bedurfte. Wo das Thier endigt, da beginnt erst der Mensch. Die psychischen Vermögen des Thiers, die Erinnerung, die Einbildungskraft, eine gewisse Willkür, beschränken sich auf den engen Kreis seiner Gewohnheiten und des thierischen Bedürfnisses, sie sind nur Hülfsmittel des Instincts, in dessen Dienst sie stehen, und sie eignen sich nur dazu, dass sie durch die Eindrücke des Instincts den Umständen entsprechend in Wirksamkeit treten. Des Menschen Geist dagegen wirkt nicht nur frei und ungehindert, wir treffen beim Menschen auch neue und höhere Vermögen an, die Sprache und das Denkvermögen, wovon bei Thieren keine sichere Spuren vorkommen, so dass er die ihn umgebende Welt zu erforschen vermag, aus den Ursachen auf die Folgen und aus den Folgen auf die Ursachen schliesst und so, durch ein ihm eingebornes Gefühl geleitet, zur allgemeinen höchsten Ursache, zur Erkenntniss Gottes sich erhebt, oder mit Voraussicht über sein eigenes Ende und seinen Tod nachdenkt.

Mit keinem angebornen Wissen ausgestattet, wohl aber mit der Fähigkeit viel zu lernen, wird der Mensch durch das Bedürfniss dazu geführt, den Geist zu üben und die höheren Verstandesvermögen auszubilden. Damit steht es im Einklange, dass kein Thier so langsam wächst als der Mensch, dass die Jugend, die bequemste Zeit zum Lernen, bei keinem Thiere gleich lange währt; denn der Mensch muss Alles lernen, das Thier dagegen bringt die nöthigen Kenntnisse mit. Hierin tritt uns schon die verschiedene Bestimmung beider entgegen: das Thier lebt den Bedürfnissen seines Körpers, der Mensch lebt seinem Geiste. Sollte der Mensch seine höheren Verstandesvermögen entwickeln, dann durfte sein Geist nicht durch den thierischen Instinct als unwandelbare Richt-

schnur gebunden und bestimmt werden: ermangelt er auch
des unfehlbaren Führers, den die Thiere besitzen, und verfällt
er wiederholt in Irrsal, so wird doch hierdurch der Verstand
und der Geist geübt, und irrt er in seiner Wahl, so hat er
doch die Freiheit zu wählen, die dem Thiere nicht verliehen
ist. Er ist nicht mehr das Kind am Gängelbande der Natur,
er ist der Erwachsene, der sich selbst zu führen erlernen
muss.

Sollte aber der Mensch auf dieser hohen Stufe seine Freiheit behaupten und sich über das Thier erheben, so musste er
auch seinen eigenen Neigungen und dem Einflusse des Instincts,
den er mit dem Thiere gemein hat und wodurch dieses willenlos beherrscht wird, Schranken anlegen können, er musste,
durch Verstand und Vernunft geleitet, unabhängig von körperlichen Eindrücken und von Neigungen da stehen, er musste
die Herrschaft über sich selbst bekommen. Nur dadurch
konnte er die hohe sittliche und Denkfreiheit erlangen, die
nirgends sonst im Thierreiche angetroffen wird.

Wenn indessen der Mensch kein höheres Gesetz kennte,
wenn ihm keine andere Richtschnur des Handelns gegeben
wäre, als das sinnliche Interesse ihm vorschreibt und die
Selbstsucht ihm eingiebt, so würde er das verwildertste Geschöpf werden, und seine Freiheit würde in vernunftlose und
unbändige Rohheit entarten. Die weise Vorsicht kam hier
wiederum zu Hülfe, denn auf dem hohen Standpunkte, wohin
sie den Menschen stellte, schenkte sie ihm auch einen höheren,
einen edlen Schutzgeist, gleichsam einen psychischen Instinct,
der dem Thiere vorenthalten wurde, nämlich die Sittlichkeit,
die Anlage zur Tugend, das Gefühl fürs Wahre und Gute, wodurch seiner geistigen Freiheit keine Schranke auferlegt wurde,
und welchem treuen unfehlbaren Führer er unter allen
Umständen des Lebens sich getrost anvertrauen darf. Diese
sittliche Natur muss aber die ungetheilte Herrschaft erlangen,
sie muss nicht bloss die Instincte beherrschen, die beim Menschen wie beim Thiere vorkommen, sondern auch die höheren
Vermögen müssen ihr unterthan sein; mit einem Worte, der

Mensch muss Alles dem an sich Guten, dem unbedingt
Guten unterstellen, und dieses höchste Gute ist der feste
und edle Wille. Die sittliche Natur, welche in ihrem hohen
Adel und in ihrer Gesinnung den himmlischen Ursprung verräth und weit über den thierischen Instinct erhaben ist, hat
aber mit diesem das gemein, dass sie unwillkürlich wirkt und
eingeboren ist. Sie ist nicht die Frucht des menschlichen
Verstandes, nicht hervorgegangen aus dem Erproben dessen,
was angenehm und vortheilhaft ist, und befindet sich oftmals
im Streite mit unserem Willen, mit unseren Neigungen, ja
selbst mit unseren irdischen Interessen. Auch ist sie nicht
ein Product der Erziehung, denn selbst beim rohesten Natur-
menschen wird sie nicht ganz vermisst. Wir lernen sie nicht
erst in der Religionslehre kennen, sie ist aber deren alleinige
Bedingung, da diese höchste Blüthe der Humanität nur auf
diesem Boden treiben kann. Der Gottesdienst, der auch nicht
einmal spurweise bei den Thieren vorkommt, ist nicht sowohl
die Ursache unseres sittlichen Gefühls, als vielmehr das Mittel, dasselbe zu wecken, zu erhöhen und zu veredeln, und
unser christlicher Gottesdienst bewährt sich darum in so herr-
licher Weise, weil er mit unserer eingebornen sittlichen Natur
im vollsten Einklange steht, dieselbe hebt und zu jener Vollkommenheit und Kraft erhöht, deren sie hier auf Erden fähig
ist.

    Wenn das sittliche Bewusstsein nicht durch die Wirkung
oder die Uebung anderer hoher Seelenvermögen zu Stande
kommt, so kann es noch weniger, gleich dem thierischen Instincte, dadurch bedingt sein, dass die Lebenskraft auf
den Geist influirt. Die Lebenskraft sowohl, als der auf ihr
beruhende thierische Instinct, können durch Krankheit, durch
Irrsinn und dergl. eine ausgesprochene Umänderung erleiden,
und das sittliche Bewusstsein kann dabei noch unverändert
fortbestehen. Ist freilich der Verstand verwirrt und das Bewusstsein im Allgemeinen gestört, dann muss auch das sittliche Bewusstsein darunter leiden; aber selbst während solcher Störungen zeigen sich noch Spuren desselben, und mit

voller Energie tritt es wieder in die Erscheinung, sobald die
Krankheit aufhört.

Ein Beispiel möge dies erläutern. Nicht leicht tritt eine
Krankheit mit so furchtbaren Erscheinungen auf, als die Wasserscheu, die vor einigen Jahren in mehrfachen bedauerlichen
Fällen hier vorgekommen ist. Die Krankheit erschüttert die
Lebenskraft im tiefsten Inneren, so dass sich bei ihr ein neuer
bei Thieren vorkommender Instinct entwickelt, nämlich die
Beisslust. Indessen inmitten seiner ungeheuren Angst hat
doch ein solcher Kranker das sittliche Bewusstsein noch nicht
verloren, denn warnend fordert er seine Umgebung auf, vor
ihm auf der Hut zu sein.

Beim grössten Bösewichte, der vielleicht viele Jahre hindurch die Beschuldigungen des Gewissens erstickte, lässt sich
dasselbe manchmal noch ganz unvermuthet mit starker Stimme
vernehmen, selbst dann, wenn die Lebenskräfte allmälig entschwinden. Bedürfte es diesen Satz durch Beispiele zu erhär-
ten, ich könnte Ihnen erschütternde Fälle vorführen, die mir
selbst, gleich anderen Aerzten, vorgekommen sind, wo beim
Versinken der Lebenskraft das Gewissen durch die kaum
vernehmliche Stimme und durch die sterbenden Lippen zum
Durchbruch kam und als rächende Nemesis in voller Kraft sich
äusserte.

Gewisslich ist die sittliche Natur etwas ganz anderes,
als ein thierischer Instinct. Sollte sie als Instinct gelten,
so verdiente sie den Namen eines psychischen Instincts, der
auf etwas Höheres abzielt, als auf das Thierische und Sinnliche. In ihr offenbart sich die hohe Abstammung des
menschlichen Geistes. Fehlt sie dem Menschen, so steht er
nicht mehr achtungswerth da, mag er sich auch vor anderen
durch Macht, Stellung, Reichthum, Verstand, oder in Kunst
und Wissenschaft auszeichnen. Sie ist der Schutzengel des
Menschen, und falls er sich dessen Leitung anvertraut, wird
ihm auch ein Höheres zu Theil, das die Erde nicht zu geben
vermag. Glücklich, wer sich in diesem Leben dieser Leitung
anvertraut und nicht davon lässt, mögen äussere und innere

Stürme noch so gewaltig toben, oder mögen sich auch bequemere und lieblichere Bahnen darbieten, gegen die aber das Sittlichkeitsgefühl die warnende Stimme erhebt. Das bessere, das wahre Vaterland wird ihm zu Theil.

III.

Verschiedenheit der psychischen Anlage bei den Thieren und beim Menschen, zumal in Betreff des Zwecks der höheren Vermögen.

Die Natur hat man vielfach einem aufgeschlagenen Buche verglichen, dessen Schrift eine Bildersprache ist, die wir nur zum Theil zu entziffern im Stande sind. Es lockt uns aber um so mehr zum Lesen dieses Buches und wir werden nur um so mehr durch dasselbe gefesselt, je weiter wir im Verständniss der Bildersprache vorschreiten; ja jedes neue Blatt, das wir umschlagen, offenbart uns immer grössere Vollkommenheiten und Wunder an dem erhabenen Schöpfer, der Alles so vollkommen machte und uns die Fähigkeit verlieh, seine Vollendung darin zu erfassen und zu bewundern. Wohin wir auch unsere Aufmerksamkeit richten, überall tritt uns die vollkommenste Ordnung entgegen und Alles in der Natur folgt bestimmten Gesetzen, überall erkennen wir die höchste Weisheit und Einfachheit in der Wahl der Mittel, die dabei dem vorgesteckten Ziele am besten entsprechen. Wir staunen über die Wahrheit und Unwandelbarkeit der Gesetze, denen die in der anorganischen Natur thätigen Kräfte folgen: die Bewegung

unserer Erde und des ganzen Planetensystems erfolgt mit solcher Regelmässigkeit, dass der Astronom den Stand jedes Planeten, gleich wie des Mondes, auf Jahrhunderte voraus berechnet; die Gesetze, nach denen die Schwerkraft, die Cohäsion,
die chemische Affinität, die Wärme und so manche andere
Kräfte wirken, sichern das Bestehen der verschiedenen Stoffe
und Körper auf unserer Erde in solcher Weise, dass die Erhaltung des Ganzen dadurch möglich wird, und unsere Erde
zum Schauplatze von so viel Leben und Bewegung sich gestaltet. Noch weit mehr müssen wir aber staunen, wenn wir
dem regelmässigen Walten der mancherlei Vermögen und
Kräfte in der organischen Welt nachspüren, wodurch die
scheinbar ganz ordnungslosen, unbestimmten und freien Bewegungen bei Thieren und Menschen auf bestimmte Ziele hin-
gerichtet sind, so dass die scheinbare Unordnung und Willkür in unübertroffener Weise harmonisch zur dauersamen Erhaltung des Ganzen beiträgt. Die Thiere sind gewissermaassen
selbstthätige Räder, die in einander eingreifen, und deren zu
energisches Wirken durch andere Thiere gemässigt und ins rechte
Ebenmaass gebracht wird. Ueberall verfolgen und vernichten
die stärkeren Raubthiere die schwächeren Thiere, ohne dass
diese ausgerottet werden; — die Jungen sind hülflos und vermögen sich meistens selbst noch nicht die nöthige Nahrung zu
verschaffen, aber überall wird mütterlich dafür gesorgt; —
viele Thiere sind den schädlichen Einflüssen des Klimas und
der Gefahr des Verhungerns ausgesetzt, aber sie sind auch
mit den Mitteln ausgerüstet, dem Klima zu trotzen oder sich
ihm zu entziehen, und ihre Bedürfnisse zu befriedigen.

Mannigfaltige Mittel hat der Schöpfer in Anwendung gebracht, wodurch trotz der scheinbaren Verwirrung und unerachtet der den Thieren zukommenden Willkür diese schöne
Ordnung erhalten und das Gleichgewicht hergestellt wird.
Mehr denn Einmal habe ich bereits in dieser Versammlung
darüber mich auslassen können, als ich z. B. die Mutterliebe
in der Natur besprach, oder die Mittel der wehrlosen Thiere,
sich drohenden Gefahren zu entziehen, oder als ich von den

eingebornen Neigungen und vom Instincte handelte, wodurch
die Thiere unwillkürlich zu zweckdienlichen Handlungen angetrieben werden, wodurch der Wille gebunden und das Thier,
gleichwie durch eine unsichtbare Hand, durch einen höheren
Genius geführt und geleitet wird.

Ich will jetzt noch ein neues Blatt im Buche der Natur
aufschlagen, dessen Bildsprache aber so dunkel und schwer
zu enträthseln ist, dass nur mit grösster Umsicht vorgegangen
werden darf, wenn wir uns nicht durch den Schein verführen
lassen oder durch falsche Erklärungen in Verwirrung und in
Zweifel versetzen wollen, so dass wir die hohe Zweckmässigkeit
der Natur verkennen. Untersuchen will ich nämlich die
verschiedene psychische Anlage bei den Thieren und
beim Menschen, zumal in Betreff des Zweckes der
Verstandeskräfte.

Der Gegenstand ist gewiss bedeutsam genug, aber auch
dunkel und schwierig, da wir uns niemals mit einiger Sicherheit auf den intellectuellen Standpunkt zu setzen vermögen,
von dem aus die Thiere ihre Umgebung anschauen und zu
mancherlei Handlungen angetrieben werden. Es treten dabei
so viele nicht zu lösende Fragen und Zweifel entgegen, dass
ich mehrmals von der Bearbeitung dieses schwierigen Gebiets
abgeschreckt worden bin. In einem früheren Vortrage habe
ich nun nachzuweisen versucht, dass die Lebenskräfte und die
Seele verschiedene Dinge sind, und da konnte es mir nicht
entgehen, dass ein Theil der Beweise, womit ich dort das Vor-
handensein eines eigenthümlichen Princips, der Seele nämlich,
beim Menschen dargethan habe, auch für das psychische Handeln der Thiere Gültigkeit hat, so dass wir gezwungen wurden,
auch bei den Thieren ein solches Princip anzuerkennen. Nehmen wir aber ein solches Princip bei den Thieren an, ohne
näher nachzuweisen, dass es dem Wesen nach und nicht bloss
dem Grade nach von der Seele des Menschen sich unterscheidet, so könnte dies zu Zweifeln über die Fortdauer unseres
Ich Veranlassung geben. Auch in dieser Hinsicht empfiehlt
es sich zu untersuchen, ob die Natur selbst uns einen so we-

sentlichen Unterschied zwischen dem psychischen Principe
beim Menschen und bei den Thieren darlegt. Das will ich
jetzt versuchen. Meine Ansichten darüber werde ich in der
einfachsten Form klar zu machen versuchen und durch ein-
schlägige Beispiele erläutern.

Wenn wir uns bei den Schriftstellern nach den psychischen Aeusserungen der Thiere erkundigen, so finden wir meistens eine Menge von Erzählungen und Anekdoten über die
verschiedensten Thiere zusammengestellt, die zum Theil
die deutlichsten Zeichen der Ausschmückung an sich tragen.
Andere haben die Aeusserungen des Instincts mit dem Verstande und der Willkür der Thiere verwechselt, und da die
instinctmässigen Handlungen die Zeichen der Vollendung, der
Zweckdienlichkeit und der eingebornen Weisheit an sich tragen,
so scheinen dann die Thiere den Menschen oftmals an Verstand
und an Urtheil zu übertreffen. Endlich haben die meisten
Autoren aus diesen verschiedenartigen, dem naturgemässen
Verbande entrückten und zusammengestellten Zügen von
mancherlei Thieren den allgemeinen Schluss gezogen, dass
den Thieren nicht nur Gedächtniss, Ueberlegung, List, Urtheil
und Verstand zukommt, sondern auch ein gewisses moralisches
Gefühl, da sie für Beleidigungen sowohl als für empfangene
Wohlthaten empfänglich sind. Dann bleibt aber kaum noch
etwas übrig, wodurch der Mensch in seinen höheren Vermögen
von den Thieren sich unterscheidet. Aus diesem Grunde
haben denn auch einige die Thierseele auf gleiche Stufe mit
der Seele des Menschen gestellt, und um den Glauben an die
eigene Fortdauer nicht aufgeben zu müssen, musste eine solche auch den Thieren zuerkannt werden. — Wo sollen wir
aber alsdann die Grenze finden? Sollen wir das psychische
Princip der Thiere, der Würmer, der Insecten, der Infusions-
thierchen der menschlichen Seele gleich erachten und unsterb-

lich nennen, da auch sie in gewisser Beziehung einen freien
Willen und Gedächtniss kund geben? Oder sollten die Ergebnisse der Naturforschung mit der Offenbarung in Widerspruch
gerathen? Das dürfen wir noch weniger annehmen, da eine
solche Ansicht ohne Weiteres dem Zweifel und dem Unglau-
ben über unsere höhere Bestimmung Thür und Thor öffnet.
Eine sehr schwierige Frage, in deren Betreff wir bei vielen Autoren einer grossen Verwirrung begegnen, ist die: welche Handlungen der Thiere kommen auf Rechnung angeborner Neigungen und des Instincts, und welche Handlungen derselben gehen von ihrem intellectuellen Vermögen aus? Es
kommt hierbei vorzüglich in Betracht, was ich in einem früheren Vortrage besprochen habe, dass der Instinct nichts anderes ist, als ein zweckdienliches Walten der Lebenskraft nach
bestimmten vom Schöpfer angeordneten Gesetzen. So wirkt
die Lebenskraft bei den Pflanzen unmittelbar auf die Materie
und bedingt dadurch die Zweckmässigkeit ihrer Formen, ihrer
Gewebe und ihrer Thätigkeiten; bei den Thieren wirkt sie
ausserdem auf deren psychisches Princip ein. Durch gewisse
Eindrücke auf dieses psychische Princip steht sie mit dem intellectuellen Vermögen der Thiere im engsten Zusammenhange
und sie fordert die Thiere zu mancherlei zweckmässigen Handlungen auf, worin eben der thierische Instinct begründet ist.
Ist dies richtig, so darf dem Instincte weder Willkür, noch
eine intellectuelle Grundlage zugeschrieben werden, d. h. die
Leistungen des thierischen Instincts sind weder als Producte
des thierischen Verstandes, noch als freie Handlungen anzusehen; wohl aber findet sich bei den Thieren ein psychisches
Princip, worauf der Instinct einwirkt, und dieses fehlt bei den
Pflanzen. Hierüber ist vor Allem Autenrieth[1]) nachzulesen.
In wie weit nun dieses psychische Vermögen als ein selbstän-
diges und eigenthümliches Princip von unserer immateriellen
Seele verschieden ist, das vermögen wir nicht zu beantworten,
da wir uns vom Wesen selbst der sogenannten unbelebten

---

[1]) Ansichten über Natur- und Seelenleben. S. 180 folg.

Kräfte nur eine schwache Vorstellung machen können, und noch viel weniger über die Art und das Wesen der eigenen Seele und der Seelenkräfte etwas Zuverlässiges anzugeben im Stande sind. Dass indessen die psychischen Vermögen der Thiere nach Zweck und Anlage von unseren höheren Vermögen sich ganz und gar unterscheiden, das wird, wie ich hoffe, in der weiteren Darstellung klar sich darlegen.

Würde das Thier bloss durch den blinden Trieb bestimmt, wie manche Autoren annehmen, so könnte dieser Trieb nicht den Umständen sich anpassen und danach sich modificiren. Das Raubthier würde zwar Fressgier und Blutdurst an den Tag legen, nicht aber List und Ueberlegung zum Erhaschen der Beute; der Haase würde vor Allem, was sich bewegt oder Geräusch macht, fliehen, wenn er nicht mit dem Vermögen ausgestattet wäre, den feindlichen Hund vom friedlichen Schafe und vom Rinde zu unterscheiden; überhaupt würde das Thier als solches gar nicht existiren, sondern in den bewusstlosen Zustand der Pflanze verfallen, oder als Maschine, als Automat zu betrachten sein, wozu es Descartes wirklich stempeln wollte. Deshalb musste das Thier mit einem höheren psychischen Principe ausgestattet werden, damit es zu erkennen im Stande sei, wann es mit Nutzen seinen Neigungen und seinem Instincte Folge geben darf, und wann es gefährlich sein würde, diesem Triebe keine Schranken zu setzen. Durch angebornen Instinct wurden dem Thiere jene Neigungen und jene Kenntniss zu Theil, deren es zu seinem Bestehen bedarf, durch das psychische Vermögen und die Willkür wurde es befähigt, jene Neigungen und jene Kenntniss gemäss den Umständen zu verwirklichen und damit in Einklang zu bringen. Dieses höhere Vermögen war ein nothwendiges Requisit für die Existenz und das Leben des Thieres; ohne dasselbe würde das Thier zwar, gleich der Pflanze, das Bedürfniss der Nahrung haben, nicht aber den Willen, diese Nahrung aufzusuchen, nicht die List und Ueberlegung, um sich der erforderlichen Nahrung zu bemächtigen oder den dabei obwaltenden Gefahren zu entgehen. Die Pflanze, weil ohne Bewusstsein und Bewegung, musste mitten in ihrem Nährmaterial und in ihren Bedürfnissen stecken, so dass sie nur das von allen Seiten Angebotene aufzunehmen brauchte, das Thier hingegen musste Alles aufsuchen und zum Theil vorbereiten, deshalb aber auch Bewusstsein, psychisches Vermögen, Instinct, körperliche Gewandtheit und Kunsttriebe besitzen.

Gehen wir von diesem Standpunkte aus in Kürze die verschiedenen psychischen Vermögen der Thiere durch, die nachweislich nur für die irdischen Bedürfnisse bestimmt sind, und vergleichen wir sie dann mit denen des Menschen, so wird, wie ich hoffen darf, der verschiedene Zweck dieser höheren Vermögen bei den Thieren und beim Menschen von selbst in die Augen springen.

Dem Gedächtnisse wird allgemein nur eine niedrigere Stelle unter den verschiedenen psychischen Vermögen eingeräumt; neben dem Willen zählt es auch zu den verbreitetsten Eigenschaften der Thiere, wenngleich es in verschiedenem Grade bei den mancherlei Thieren entwickelt ist. Ganz richtig bemerkt Burdach[1]), dass kein Thier so stumpfsinnig ist, um den Ort nicht wieder aufzufinden, wo ihm Nahrung und Ruhe zu Theil wurde. Man begreift aber auch ohne Weiteres, wie unentbehrlich den Thieren dieses Vermögen ist. Denn wie könnte denn das Thier ohne Gedächtniss sein Nest, seine Jungen wieder finden, oder die Beute, die es verborgen hat?

Je nach den Bedürfnissen und der Lebensweise der Thiere finden wir aber auch Modificationen des Gedächtnisses. Stärker entwickelt ist es bei jenen Thieren, die ein herumschweifendes Leben führen, z. B. bei den Zugvögeln, die in dieser Beziehung selbst den Menschen zu übertreffen scheinen. Diese grössere Bevorzugung richtet sich aber nicht etwa nach der Rangstufe der Thiere, denn wir kennen auch Insecten, die im Ortsgedächtniss dem Menschen voraus sind. Offenbar war es nicht Absicht des Schöpfers, eine fortschreitende Thierreihe

---

[1]) Blicke ins Leben. Leipzig 1842. Thl. I, S. 157; ferner S. 117 und anderwärts.

darzustellen, sondern jedem Thiere wurden die Fähigkeiten
oder Vermögen zu Theil, die zu seinem Bestehen und seiner
Lebensweise unerlässlich sind, und daher rührt es, dass wir
bei manchen niedrigen Thieren und bei Insecten stark entwickelte psychische Vermögen antreffen, die bei vielen höher
stehenden Thieren nicht vorkommen.

So werden die Bienen durch Instinct angetrieben, auszu-
fliegen und Honig aus Blumen zu sammeln, wobei sie durch
den Geruch geleitet zu werden scheinen, und sie entfernen
sich dabei oftmals ziemlich weit von ihrem Korbe, selbst eine
halbe Stunde und mehr. Hat die Biene ihr Honigquantum
gesammelt, so fliegt sie in gerader Linie nach ihrem Korbe,
der vielleicht durch viele Hecken und Bäume verdeckt ist; dem
Menschen dagegen dürfte es wohl schwer fallen, diesen geraden
Weg ohne Abirrung zurück zu finden, und es muss ein sehr
starkes Ortsgedächtniss hierbei die Führung vermitteln. Mit
welcher Sicherheit aber die Bienen die Richtung nach ihren
Honigwaben verfolgen, das lesen wir bei Kirby und Spence[1],
wo die Methode beschrieben wird, welche die Honigjäger in
Neu-England anwenden, um die Vorräthe der wilden Stockbie-
nen in den Wäldern zu entdecken. An einem heitern Tage
setzen sie einen Teller mit Honig oder Zucker auf den Boden.
Die Bienen entdecken es bald und gehen daran. Die Jäger
fangen dann ein paar, die sich voll gesogen haben, lassen eine
davon fliegen, und verfolgen genau die Richtung der fliegenden Biene. Nun entfernen sie sich in querer Richtung ein
paar Hundert Schritte von dieser Fluglinie, lassen wieder eine
von den eingefangenen Bienen los, und diese eilt ebenfalls in
gerader Linie dem Neste oder dem Honigvorrathe zu. Der
Punkt nun, wo die beiden Fluglinien sich schneiden, bezeichnet die Stelle, wo der Honig angesammelt wird. Die Bestimmtheit, womit die Bienen die Richtung einschlagen, ist so
auffallend, dass man zu der Annahme kommen könnte, als
würden die Bienen durch den Geruch nach ihren Nestern hin-

---

[1] Einleitung in die Entomologie. Thl. II, S. 216.

geführt. Wie leicht würden sie aber dann durch andere
Schwärme und Nester oder durch Umsetzen des Windes in
die Irre geführt werden können! Dass vielmehr ein besonderes Ortsgedächtniss dabei im Spiele ist, darf auch aus folgendem Benehmen der Bienen geschlossen werden, dessen
ebenfalls bei Kirby und Spence (Thl. II, S. 589) Erwähnung
geschieht. Versetzt man einen Bienenkorb an einen andern
Ort, so entfernen sich die Bienen in den ersten Tagen nicht
weit vom Korbe und scheinen zunächst alle localen Verhältnisse zu erforschen; das war für ihre Lebensweise im Naturzustande und im Walde unerlässlich, und auch nur dafür ist
ihr Ortsgedächtniss berechnet. Denn stellt man während der
Abwesenheit der Bienen an die Stelle ihres alten Stocks einen
andern ihm ähnlichen, so scheinen sie dies nicht zu bemerken, sie gehen hinein und schlagen darin ihre Wohnung auf,
wenn auch der frühere Korb nur 50 Schritte davon entfernt
steht. Sie kümmern sich nicht darum, was aus der am Morgen verlassenen Wohnung und aus deren Einwohnern geworden ist, mit denen sie auch nie wieder das alte Verhältniss
anknüpfen. Manche Bienenzüchter benutzen dies, um durch
Theilung ihre Schwärme zu vermehren. Im Naturzustande
der Bienen kommt ein solcher Austausch der Wohnung nicht
vor, und deshalb fehlt ihnen auch das Erkennungsvermögen,
dessen sie im Naturzustande nicht bedurften.

Bei den Zugvögeln tritt das Ortsgedächtniss in einer uns
ganz unbegreiflichen Vollkommenheit hervor. Hätte der
Mensch auch das grosse Problem gelöst, einen Luftballon
nach Willkür zu lenken, gleichwohl würde es Niemand ohne
geographische Kenntnisse und ohne einen Compass wagen
dürfen, eine Reise nach Afrika zu unternehmen und von dort
wieder nach seinem Wohnorte zurück zu kehren; denn ein
Verirren wäre hier unvermeidlich. Nichts desto weniger unternehmen unsere Schwalben, Störche und so viele andere
Zugvögel jährlich solche Wanderungen, und sie finden sich
immer wieder an den Ort des früheren Nistens zurück, wenngleich im Frühjahre beim entsprossenen Grün Alles ein an-

deres Aussehen hat, als im Herbste, wo die Vögel uns verliessen. Ein starkes Ortsgedächtniss war bei der Lebensweise
dieser Vögel unerlässlich, und sie besitzen es auch in einem
Grade, wovon wir uns gar keine Vorstellung machen können.
Wie viele Jahrhunderte sind verflossen, welche künstliche
Einrichtungen hat der Mensch ersinnen und herstellen müssen, ehe ihm seine Vernunft und sein Genie einen Ersatz für
dieses Vermögen der Zugvögel brachte, so dass er mit Sicherheit den Ocean durchsetzen und überall die genaue und richtige Bahn für seine Fahrten feststellen kann!

Reicht auch der thierische Instinct in diesem Falle weiter, als das Ortsgedächtniss des Menschen, so bezieht er sich
doch nur auf eine gewisse Anordnung der Dinge im Raume,
und da sich nicht andere Vermögen damit verbinden, deren
das Thier entbehrt, so kann er eben zu weiter nichts dienen,
als um einem nothwendigen Bedürfnisse des Lebens zu genügen. Ohne eine regelmässige periodische Wanderung können manche Thierarten gar nicht bestehen, und ein Instinct,
der diese Wanderung ermöglicht, war für sie ein Lebens-
bedürfniss. Anders ist der Mensch gestellt. In den Erzeug-
nissen des Ortsgedächtnisses hat er wichtige Materialien für
seinen Verstand, und dieser beutet sie nicht bloss für die niederen sinnlichen Bedürfnisse aus, sondern auch zur vollkommneren Erkenntniss des Erdenrunds, und im Allgemeinen zur
Förderung der Wissenschaft und Kunst, ja selbst zur Vervollkommnung seiner höheren Natur.

Neben den Zugvögeln kennen wir noch manche andere
Thierarten, die im Naturzustande umherschweifen und sich
durch ein ausserordentliches Ortsgedächtniss auszeichnen.
Dahin gehören Tauben, Hunde, Pferde, Katzen u. s. w.

Noch auffallender ist es und als ein eingeborner Trieb
aufzufassen, dass junge Seeschildkröten, welche im Sande ausgebrütet werden, gleich nach dem Auskriechen aus dem Ei
der See zu eilen, die sie doch noch nicht gesehen haben, wodurch sie den Verfolgungen der nachstellenden Raubvögel
entgehen. Auch wenn man sie von der geraden Linie zur See

abzulenken sucht, verfolgen sie dennoch dieselbe. Ganz unbegreiflich ist aber, was Burdach[1]) von einer Seeschildkröte
erzählt, die bei der Insel Ascension gefangen worden war.
Auf ihr Rückenschild wurden Buchstaben und Zahlen einge-
brannt, und sie wurde dann im Canal bei England wieder in
die See gesetzt. Zwei Jahre später wurde sie von Neuem bei
der Insel Ascension eingefangen.

Die Thiere besitzen nicht bloss Ortsgedächtniss, auch für
Sachen und Ereignisse mussten sie mit Gedächtniss ausgerüstet sein, damit sie sich vor einmal bestandenen Gefahren
in Acht nehmen könnten. Sie erlangen dadurch die nöthige
Erfahrung, und ihre grosse Gelehrigkeit hängt damit aufs engste zusammen. Alte Ratten, deren Bosheit sprüchwörtlich geworden ist, lassen sich nicht so leicht in Fallen fangen, und
alte Hirsche und Hasen sind listiger auf der Flucht, als junge;
auch lassen sich Fische, die in den Angelhaken bissen und
wieder abfielen, an dem nämlichen Platze nicht wieder überlisten. Ich selbst habe die Erfahrung gemacht, dass eine
Spinne, der ich während einiger Tage Fliegen gebracht hatte,
unbeweglich in ihrem Gespinnste blieb, wenn ich mich näherte,
so dass ich sie fast berühren konnte, während eine daneben
befindliche Spinne, die ich mehrmals verjagt hatte, die Flucht
ergriff und sich verbarg, wenn ich ihr auch noch nicht sehr
nahe gekommen war.

Vom ägyptischen Aasgeier (Cathartes percnopterus) berichtet Moritz Wagner[2]), er kenne keinen schlaueren Vogel
als diesen. Als die Franzosen Bona erobert hatten, war er
noch gar nicht scheu und er flog nicht fort, wenn man selbst
ein paar Schritte neben ihm vorbeiging. Die Franzosen fin-
gen nun an, auf diese Geier zu schiessen, und seit der Zeit
sind die Vögel auf der Hut. Die Nähe des Schlachthauses
wollten sie des guten Futters halber nicht aufgeben, aber sie

---

[1]) Blicke ins Leben, Thl. II, S. 78.
[2]) Reisen in der Regentschaft Algier in den Jahren 1836 — 1838.
Leipzig, 1841. Thl. III, S. 83.

lernten die Europäer von den Arabern unterscheiden. Ein
Beduine kann bis auf drei Schritte von ihnen vorbeigehen, und
sie kümmern sich nicht um ihn, einen Europäer lassen sie selten auf mehr denn 150 Schritte herankommen, und hat er
ein Gewehr oder etwas dem Aehnliches, so fliegt die ganze
Schaar schon in grösserer Entfernung auf. Mit Listen, dass
man z. B. auf dem Boden herankriecht oder sich in einen Hin-
terhalt legt, ist dem schlauen Vogel nicht beizukommen: nur
in Beduinenkleidern und wenn das Gewehr verborgen gehalten
wird, kann man ihn zum Schusse kriegen.

Wenn Vögel auf einem Acker Mais gefressen haben, dessen Samen in ein Decoct von weisser Niesswurz eingeweicht
worden waren, so dass sich eine Betäubung einstellt, dann
kommen die anderen Vögel nicht mehr auf diesen Acker. So
versichert uns Kalm[1]).

Aus diesen Beispielen entnehmen wir nicht nur eine Erinnerung an das Vergangene, sondern wir müssen auch das
Vermögen anerkennen, dass die Thiere einen Bericht von der
überstandenen Gefahr anderen übermachen können, und dass
sie ein gewisses Urtheil besitzen und bei einzelnen constanten
Erscheinungen auf das Verhältniss von Ursache und Wirkung
kommen. Es wirken demnach hier schon höhere Vermögen;
dieselben bethätigen sich aber offenbar nur zur Schirmung
des Lebens, und können nicht auf gleiche Stufe gestellt werden mit der Sprache und der Vernunft des Menschen.

Hierher sind auch besondere Eigenschaften der Thiere zu
zählen, die auf folgendem Naturgesetze zu beruhen scheinen.
Wenn bei mehreren auf einander folgenden Generationen einer
Thierart die nämlichen Eindrücke sich wiederholen, dann
pflanzt sich die hieraus entspringende Erfahrung, Scheu und
List als angeborne Eigenschaft von den Alten auf die Jungen
fort. Wenn der erste Mensch ein unbewohntes Land betritt,
so findet er alle Vögel so zahm, dass sie sich mit den Händen
greifen lassen; bald aber werden sie scheu, und diese Scheu

---

[1]) Burdach, Blicke ins Leben. Thl. I, S. 244.

geht dann auch auf die Jungen über. Lässt man durch ein
Huhn Eier von zahmen und von wilden Enten ausbrüten, so
flüchten sich die jungen wilden Enden so weit möglich, wenn
man sich ihnen naht, die jungen zahmen Enten dagegen kann
man mit der Hand fassen. Das kommt besonders bei Thieren
vor, die eine weite Verbreitung über die Erde haben und unter ganz verschiedenartigen Verhältnissen leben können. Unsere Hausthiere z. B. besitzen eine solche Schmiegsamkeit,
dass sie sich in die verschiedensten Verhältnisse einleben
können, und darauf beruht grossentheils die Kunst, Rassen
und Varietäten zu erzielen, indem zur Fortpflanzung nur
Thiere zugelassen werden, die mit einerlei psychischen Eigenschaften ausgestattet sind. Die Erfahrungen der Alten gehen
dann als psychische Eigenschaften auf die Jungen über. So
sind die Jungen von tüchtigen Jagdhunden von vorn herein
durch Vererbung gute Jäger; die Jungen von Hunden, die auf
die Jagd des Wildschweins dressirt sind, wissen gleich beim
ersten Male, wo sie in den Wald kommen, die Schweine in
einem Rudel zusammen zu halten, indem sie dieselben immer
umkreisen und durch Bellen erschrecken. Die Jungen von
nicht dressirten Hunden stürzen sich auf die Wildschweine
und werden zerrissen, wie stark sie auch sein mögen.

Die Hunde von Santa Fé, ohne besonders darauf dressirt
zu sein, suchen dem Hirsche immer an den Bauch zu kommen [1]); was die Erfahrung als zweckmässig darthut, das hat
sich zuletzt als Instinct fortgepflanzt. Unsere europäischen
Hunde, die nicht dressirt sind, fallen den Hirsch von vorn an
und werden das Opfer ihrer Unvorsichtigkeit. Noch auffallender ist die Mittheilung von Humboldt's [2]), dass die amerika-
nischen Hunde und Pferde, die doch aus Europa abstammen,
mit der Zeit gelernt haben, sich vor den Crocodilen zu
schützen, und dass schon die Jungen durch angebornen Instinct

---

[1]) A. Dugés, Traité de Physiologie comparée. Paris, 1838. T. I,
p. 504.
[2]) Burdach, Blicke ins Leben. Thl. II, S. 241; Dugés a. a. O.,
p. 505.

eben so verfahren. Wollen sie Wasser zu sich nehmen, so
suchen sie zunächst die Crocodile, vor denen sie sich fürchten,
anzulocken, indem sie bellen oder das Wasser mit den Hufen
schlagen; dann aber suchen sie rasch einen andern Platz auf,
wo sie den Durst ohne Gefahr stillen können.

So sind unsere Hausthiere, die seit so vielen Jahrhunderten mit dem Menschen zusammen leben, zahm und folgsam
geworden. Zu Aristoteles' Zeiten waren die Hausthiere in
Europa wie in Asien noch wild, und selbst vier und ein halbes
Jahrhundert später, zu Plinius' Zeit, hatte ihre Zähmung noch
keine grossen Fortschritte gemacht. Damals mussten die
Römer ihre Höfe für Gänse und Enten noch mit Netzen über-
decken, damit die Thiere nicht fortflogen; jetzt sind diese so
zahm geworden, dass so etwas nicht mehr nöthig ist. Die Beschreibung der Kriegsrosse jener Zeit stimmt mehr mit dem,
wie uns Pallas die wilden Steppenpferde in Sibirien schildert.
Die Anweisungen zur Behandlung des Rindvichs in jener Zeit
lassen auch erkennen, dass dieses damals viel wilder und
schwerer zu bändigen war [1].

Diese sich vererbenden Veränderungen treten auch im
Somatischen auf. Es liegt z. B. in der Art der Kühe, dass sie
nur kurze Zeit hindurch Milch geben und damit aufhören,
sobald das junge Kalb Gras zu verzehren im Stande ist. Zu
Aristoteles' Zeit kam es noch vor, dass man die Zitzen der
Kühe mit Brennnesseln rieb, um eine längere Milchgebung zu
erzielen. Im Laufe der Jahrhunderte und beim fortgesetzten
Melken der Kühe hat sich das so verändert, dass unsere Kühe
jetzt anhaltend Milch geben und auch viel grössere Zitzen bekommen haben. Bei den vor drei Jahrhunderten nach Amerika ausgeführten und wiederum in den wilden Zustand über-
gegangenen Kühen hat sich dieses anhaltende Milchgeben wieder verloren, und ebenso die Vergrösserung der Zitzen [2].

---

[1] Burdach a. a. O., S. 242.
[2] Burdach a. a. O., S. 220. Ein merkwürdiges Beispiel von Veränderung des Instincts bei Kälbern hat mir mein hochgeehrter Freund,
der Veterinärprofessor Numan mitgetheilt. In England lässt man die

Diese Thiere sind mithin mit jenen Eigenschaften ausgestattet, deren sie zur Erhaltung des Lebens durchaus benöthigt sind, und dabei besitzen sie eine solche Schmiegsamkeit, dass ihre Organisation sich den Umständen mehr oder weniger anbequemt, und dass auch ihre Neigungen und ihr Instinct gemäss den neuen Bedürfnissen sich abändern können. Dabei nehmen ihre intellectuellen Vermögen eine solche Stufe ein, dass vermöge des Gedächtnisses Uebung möglich ist, und die gemachten Erfahrungen sind deshalb für sie nicht verloren. Allein für sie giebt es keine Geschichte und keine Ueberlieferung; ihnen fehlt die Vernunft und die menschliche Sprache. Zum Ersatz wurde ihnen durch den Schöpfer die merkwürdige Eigenschaft zu Theil, dass jene Erkenntniss, die sich bei mehreren auf einander folgenden Generationen durch Erfahrung herausstellte, als angeborner Instinct auf die Nachkommenschaft übergehen konnte, so dass diese Nachkommen von selbst jene Gefahren vermeiden, denen die Vorfahren erst mit eigenem Schaden zu entgehen lernen mussten.

Diese Fähigkeiten und intellectuellen Vermögen der Thiere insgesammt stehen demnach in Beziehung zur Selbsterhaltung, und betreffen vorzüglich das Aufsuchen und Erhaschen der Nahrung, das Vermeiden von Gefahren und die Sorge für die Jungen. Nirgends offenbart sich darin eine Richtung auf etwas Höheres über die sinnlichen Bedürfnisse hinaus, z. B. auf ein interesseloses Forschen nach deutlicher und genauer Erkenntniss auch solcher Dinge, die mit den Lebensdürfnissen unmittelbar nichts zu schaffen haben, nirgends begegnen wir dem Versuche, die Natur zu erforschen, Kenntnisse zu vermehren,

gebornen Kälber einige Zeit hindurch an der Kuh saugen, während bei uns in Holland das Kalb sogleich von der Kuh wegkommt und mit Milch gefüttert wird. Das englische Kalb bewahrt daher den natürlichen Instinct des Saugens, und das fand Prof. Human in einem Falle in recht auffallender Weise bestätigt. Ein von einer englischen Kuh geworfenes Kalb suchte an anderen Kühen und Kälbern zu saugen und machte immer vergebliche Versuche der Art; bei den holländischen Kälbern dagegen gewahrt man nie dergleichen, weil dieser Instinct ihnen ganz abhanden gekommen ist.

6*

Wissenschaft zu fördern, den Zusammenhang von Ursache und Wirkung festzustellen. Das Alles ist Eigenthum des Menschen. Das Thier bekümmert sich um Nichts der Art, es lebt nur der Gegenwart und seinen Bedürfnissen, ohne zu untersuchen und zu philosophiren. Ueberdies sind jene Vermögen auch für die besondere Lebensweise der Thiere in sehr enge Schranken gefasst und verschieden bei den verschiedenen Thierarten. Die Thiere empfingen eben nur, was für ihre besonderen Bedürfnisse und für ihre Existenz nöthig war. Was darüber hinaus geht, ist Eigenthum des Menschen.

Diese Sätze hoffe ich durch ein paar Beispiele[1], die den wichtigern Thierclassen entnommen werden sollen, klar zu machen und zu befestigen.

Die Thiere bedienen sich der geeignetsten Mittel, um ihre Nahrung aufzufinden und zu erhaschen. So setzen sich Bienen und Hummeln auf die Unterlippe der Blume des Löwenmauls, öffnen dadurch die Blume und erreichen so den Honig. Bei den Balsaminen beissen sie ein Loch in den spornartigen Anhang der Blume und saugen dadurch den Honig aus.

Ganz merkwürdige Listen wenden die Raubthiere an, um ihre Beute zu erlangen; wir erkennen dabei nicht nur ein deutliches Ueberlegen, sondern sehen auch, dass die Thiere sich unter einander verständlich machen können. Füchse vereinigen sich manchmal und jagen durch Gebell das Wild auf, während andere in einem engen Wege, welchen das aufgetriebene Wild wahrscheinlich durchbrechen muss, aufpassen und Beute machen. Wölfe sollen sich manchmal durch den Hirten und den Hund verjagen lassen, und während dessen fällt ein anderer Wolf die unbewachte Heerde an und vollbringt seinen Raub[2]. Die Affen vereinigen sich manchmal zur Plünderung eines Obstgartens, indem sie eine Reihe bilden, und die ge-

---

[1] Mehrfache Beispiele von Schlauheit, von Ueberlegung und richtiger Wahl der Mittel, berechnet auf die besondere Lebensweise der Thiere, finden sich bei Burdach, Blicke ins Leben. Thl. I, S. 219 u. folg.

[2] Burdach, Blicke ins Leben. Thl. II, S. 163.

raubten Aepfel von Hand zu Hand einander zuzuwerfen, während einige ausgestellten Schildwachen gegen Gefahr schirmen: die stärksten und flinksten Affen stehen dabei voran, und scheinen den übrigen die Rollen anzuweisen. — Ganz interessant ist auch der Fall in einem französischen Dorfe, dessen Einwohner in einem Winter durch viele Wölfe beunruhigt wurden. Um sie zu überlisten, brachte man ein todtes Pferd in den Klosterhof, dessen Thür während der Nacht offen gelassen wurde. In der Nacht zeigte sich ein grosser Wolf, der mit Vorsicht alles auszukundschaften schien und sich dann wieder entfernte, um bald nachher mit mehreren anderen Wölfen zurückzukehren, die nun zusammen über das Pferd herfielen. Die Thür wurde zugemacht, und aus den Fenstern fing man nun an, auf die Wölfe zu schiessen. Diese suchten zunächst zu entfliehen, fanden aber den Ausgang zu. Da fielen sie alle zusammen wüthend über den grossen Wolf her, der sie verführt hatte und zerrissen ihn, worauf dann die übrigen durch Schüsse niedergestreckt wurden. Hier haben wir in der That mancherlei Zeichen von Ueberlegung einer Sache und von stattgefundener Verständigung, ja selbst das Gefühl der Rache wegen Verführung tritt uns entgegen.

Eine wechselseitige Verständigung, gleichsam eine Besprechung des Erstrebten und der vorzunehmenden Handlungen kommt fast bei allen Thieren vor, besonders anschaulich und deutlich bei den Bienen und Ameisen. Das war da, wo viele Individuen in Gesellschaft zusammen leben, eine Nothwendigkeit, und auch zwischen den beiderlei Geschlechtern, zwischen Alten und Jungen durfte es nicht fehlen. Indessen diese Verständigung erstreckt sich auch nur auf die Erreichung der thierischen Bedürfnisse; ganz fern liegt eine Vergleichung mit unserer Sprache, die nicht angeboren, sondern das Product des menschlichen Verstandes ist, weshalb sie auch ·bei den verschiedenen Völkern verschiedenartig sich darstellt.

Bisweilen treten uns allerdings Spuren von List und von Ueberlegung entgegen, zumal bei höheren Thieren, wie Hund, Affe, Elephant, die auf den ersten Blick durch die Aehnlich-

keit mit der menschlichen Handlungsweise unser Erstaunen
erregen, und wollte man aus dem einzelnen Falle einen allgemeinen Schluss ziehen, so könnte man leicht darauf kommen,
den Thieren höhere Vermögen zuzuschreiben, als sie wirklich
besitzen. So erzählt Dugés[1]) von einem Hunde Folgendes.
Auf der Jagd trieb der Hund ein Kaninchen auf; dasselbe be-
schrieb einen grossen Kreis, kam so zur ersten Stelle zurück
und verschwand hier unter den Wurzeln eines alten Oliven-
baumes in eine Höhle, wohin ihm der Hund nicht folgen
konnte. Am nächsten Tage wiederholte sich die Jagd, und
das Kaninchen fing wieder an, seinen Kreis zu beschreiben.
Da überliess aber der Hund die Verfolgung alsbald dem Jäger
und begab sich seitwärts zum Olivenbaume, wo er das Kaninchen erwartete und auch fing. Dieses Benehmen deutet nicht
bloss auf das Gedächtniss des Hundes hin, sondern es lässt
auch einen hohen Grad von Ueberlegung und Schlauheit erkennen, wie sie auf der Jagd mehrfach vorkommen. Einer
solchen Ueberlegung bedarf besonders der Hund, der im Naturzustande gesellschaftlich auf die Jagd geht, wenn er seine
Beute erhaschen will.

Die psychischen Vermögen der Thiere sind auch aufs Genaueste für die Organisation und Geschicklichkeit ihres Körpers berechnet. Die Affen müssen ihre Nahrung zum grossen
Theil im Innern von Früchten suchen, und bei der grossen
Beweglichkeit ihrer Arme und Finger sind sie auch sehr geschickt im Oeffnen von Früchten. Deshalb ist es aber auch
nicht zu verwundern, wenn ein an den Strick gebundener Affe
im Stande ist, die Knoten des Stricks zu lösen. So berichtet
Grant[2]), dass ein Orang-Utang sehr aufmerksam zusah, als
Knoten geschürzt wurden, und sie nachher ganz geschickt
mittelst der Zähne und Finger löste. So weit hat es aber
kein Affe gebracht, dass er selbst einen Knoten zu schürzen vermöchte. Ihre Geschicklichkeit im Knotenlösen scheint demnach

---

[1]) Physiologie comparée. T. I, p. 440.
[2]) Burdach, Blicke ins Leben. Thl. I, S. 241.

mit ihrer Fähigkeit, Früchte aus den Schalen zu lösen und
auszuklauben, im Zusammenhange zu stehen. Dem Hunde
fehlt dazu eine entsprechende Organisation der Finger, und
wenn es ihm sonst nicht an Schlauheit gebricht, so weiss er
sich doch nicht anders zu helfen, als dass er den Strick zu
zerreissen oder zu zerbeissen sucht.

Die psychischen Vermögen der Thiere äussern sich auch
recht anschaulich und in grosser Ausdehnung in der Art und
Weise, wie sie Gefahren entgehen. Es kommt dabei auf die
Art der Gefahren an, welche die Thiere zu fürchten haben,
und man kann nicht sagen, dass die höheren Thiere dabei
mehr Klugheit an den Tag legten, als die niedrigen und
schwachen, denen ja das Vermeiden der Gefahr ein gleich
grosses Bedürfniss ist. Es fehlt ihnen aber jenes freie Vermögen, welches die Klugheit des Menschen auch für andere
Dinge auszubeuten versteht. Zuvörderst ist es allen Thieren
eigen, dass sie ihre Feinde gleich beim ersten Erblicken zu
erkennen vermögen, während dem Kinde ein solches angebor-
nes Erkennen abgeht. Die Henne erkennt sogleich den hoch
über ihr in den Wolken fliegenden Raubvogel und lockt die
Küchlein an, um sie zu bedecken und zu schirmen; sie kann
aber das ins Nest gelegte Stück Kreide nicht vom Ei unterscheiden, und brütet gleich emsig darauf, wie auf den Eiern.
Sie erkennt es auch nicht, dass die jungen Enten, welche sie
ausbrütete, einem andern Thiergeschlechte angehörig sind und
ängstigt sich, wenn dieselben ins Wasser gehen. Im Naturzustande kann ihr weder der eine noch der andere Fall vorkommen, und deshalb ist sie auch nicht mit der Fähigkeit
ausgestattet, dieser Täuschung zu entgehen.

Auffallend ist es, wie die Bienen sich gegen ihre Feinde
schützen. Wenn z. B. ihr Todfeind, der Todtenkopfschwärmer
(Sphinx atropos), in einen Bienenkorb kommt, so scheint derselbe zunächst nicht beunruhigt zu werden. Dieser Schmetterling raubt ihnen aber den Honig, und ist dies ein paar
Male vorgekommen, und der Vorrath fängt an abzunehmen, so
machen sie am Flugloche aus Wachs Bogen oder Gänge,

durch die sie selbst kommen, die aber den Honignäscher behindern, weiterhin in den Bienenkorb einzudringen [1]). So erzählt Réaumur von einer Häuschenschnecke, die eine Reise an den Seiten eines mit Glastafeln versehenen Bienenstocks machte. Die Bienen konnten dem schleimigen Gaste mit ihren Stacheln nichts anhaben, sie hefteten ihn aber zum Zeichen ihrer Rache geradezu fest, indem sie die Oeffnung der Schale ganz mit Wachs und Harz verklebten und die Schale an das Glas befestigten, so dass das Thier in seinem eigenen Hause ersticken musste [2]). Den Instinct allein kann man hier nicht geltend machen, denn die Bienen mussten jedenfalls das Vermögen besitzen, die Umstände zu unterscheiden, die sie aufforderten, den Eingang in den Bienenkorb durch Bastionen zu vertheidigen, oder die Bewegungen der Schnecke durch Wachs und Harz abzuschneiden. Eine zweckmässigere Wahl der Mittel wird man aber bei den höheren Thieren, die Affen nicht ausgeschlossen, nicht antreffen. Wir haben hier einen Beweis, dass bei der Austheilung psychischer Vermögen an die Thiere nicht sowohl die Stufenleiter derselben und ihre Annäherung zum Menschen maassgebend war, als vielmehr die Sicherstellung ihrer zeitlichen Existenz [3]).

Als Beispiel besonderer Sorge für die Nachkommenschaft will ich nur mit ein paar Worten der Bienen gedenken [4]), bei denen wir schon mancherlei Vermögen angetroffen haben. Für die Bienen kommt Alles auf die Erhaltung der Königin an, denn auf ihr beruht die Möglichkeit des Bestehens der gesammten Colonie. Ist die Befruchtung erfolgt, dann sind die männlichen Drohnen, die keinen Honig eintragen und nur auf Kosten der Bienencolonie leben, ein unnützer Ballast geworden, und sie werden deshalb auch im Juli oder August insgesammt

---

[1]) Kirby und Spence, Entomologie. Thl. II, S. 302 u. 577.
[2]) Kirby und Spence, Entomologie. Thl. II, S. 229.
[3]) Andere erläuternde Beispiele für die Listen der Thiere, womit sie sich vertheidigen oder Gefahren abwenden, findet man bei Burdach a. a. O., Thl. II, S. 31.
[4]) Kirby und Spence, Entomologie. Thl. II, S. 201 u. 570.

durch die anderen Bienen getödtet. Ist die Königin todt und
befinden sich schon Eier in den Zellen, so bringen die Bienen
einige Eier in grössere zu diesem Zwecke hergerichtete Zellen,
die hier ausschliefenden Jungen werden mit einer besonderen
Speise gefüttert, und entwickeln sich zu neuen Königinnen.
In diesem Falle nun lassen die Bienen die männlichen Drohnen am Leben, weil diesen noch die Befruchtung der künftigen Königinnen obliegt. Wir dürfen diese auffallende Han-
delsweise wohl nicht als das Ergebniss einer vernünftigen Er-
wägung oder einer Einsicht in die Zukunft ansehen; die Bienen müssen aber doch durch ein psychisches Vermögen zu
unterscheiden im Stande sein, wann sie die Drohnen tödten
oder am Leben lassen müssen, und dieses Vermögen, von dem
wir uns gar keine Vorstellung machen können, ist doch höchst
auffallend, wenn wir damit vergleichen, dass die Bienen, wie
ich vorhin erwähnte, einen fremden Bienenkorb, der an der
Stelle ihrer früheren Wohnung hingestellt wird, nicht zu unterscheiden vermögen. Auch hier, wie immer bei den Thieren,
haben wir es nicht mit einem auf vernünftiges Urtheil ge-
gründeten allgemeinen Vermögen zu thun.

Ich will noch auf das Verfahren des Bibers hinweisen [1]).
Dieses Thier verfährt mit ungemeiner Klugheit beim Fällen
der Bäume, damit diese so stürzen, wie es für seinen Bau
nöthig ist. Sie benagen den Stamm an der Wasserseite etwa
8 Zoll oberhalb des Bodens, hierauf 3 Zoll höher an der anderen Seite, und der Baum muss dann nach dem Wasser hin
umfallen. Ist es nahe daran, dass der Baum fällt, so halten
sie zwischendurch inne, schauen in die Höhe und sorgen dafür, dass sie nicht beschädigt werden. Mehr Ueberlegung
kann man auch beim geschicktesten Holzhacker nicht erwarten. Dabei zeigt der Biber in anderen Dingen durchaus nicht
die gleiche Klugheit. Es liegt aber auch jenem Verfahren
keine Berechnung oder Ueberlegung zu Grunde, denn alle
Biber machen es ganz gleich, ohne es erlernt zu haben. Ein

---

[1]) **Burdach**, Blicke ins Leben. Thl. I, S. 212 u. 214.

eingefangener junger Biber führte den Bau in einem Stalle
ganz eben so aus, als ob er am Wasser wohnte, obwohl der
ganze Bau hier vollkommen zwecklos war.

Man wird mir vielleicht einwenden, dass bei unseren
Hausthieren, zumal beim Hunde und Pferde, Handlungen vorkommen, die auf ein scharfes Urtheil, auf ein verständiges
Ueberlegen hinweisen; ja selbst ein moralisches Gefühl, wenigstens die Anhänglichkeit, scheint nicht zu fehlen. Cuvier
macht aber mit gutem Grunde darauf aufmerksam, dass unsere
eigentlichen Hausthiere ursprünglich gesellig in Schaaren
zusammenleben, wo dann gewöhnlich Ein Thier das Haupt
oder der Anführer ist; deshalb liegt die Folgsamkeit, die Anhänglichkeit, die Achtsamkeit in ihrer Art, und dem Menschen
fällt es nicht schwer, sich zum Haupte oder zum Anführer zu
machen, dem die Thiere folgen und von dem sie manches annehmen. Dazu kommt noch die grosse Schmiegsamkeit und
Lenksamkeit der Thiere, dass nämlich das Erlernte durch
verschiedene Generationen hindurch endlich als ererbte Anlage oder als Instinct auf die Nachkommenschaft übergeht.
Daher rühren die mancherlei Rassen und Varietäten, zumal
des Hundegeschlechts, und dadurch geschieht es, dass die
Thiere dasjenige, was der Mensch sie lehrt, schnell annehmen und dass sie des Menschen Handlungen so leicht nach-
machen. Nach Cuvier hat der amerikanische Hund, der
vom europäischen Hunde abstammt und seit ein paar Jahrhunderten verwildert ist, doch noch nicht jede Spur der früheren Unterwürfigkeit verloren: er lässt sich weit leichter zähmen und bändigen, als der neuholländische Hund, der vielleicht noch niemals vollständig gezähmt worden ist.

Wenn Hunde, wie einzelne Fälle lehren, eine solche Anhänglichkeit an ihre Herren hatten, dass sie nach deren Tode
aus Traurigkeit starben, so hat dies freilich Aehnlichkeit mit
den menschlichen Empfindungen der Freundschaft und Liebe.
Indessen ein sittliches Princip liegt dem nicht zu Grunde,
sondern es prägen sich darin die Eindrücke ab, die der von
Natur gesellige Hund seit Jahrhunderten durch den Umgang

mit Menschen bekommen hat, sowie eine durch Vererbung ungemein gesteigerte Anhänglichkeit. Das Anschliessen an ein anderes Individuum gehört zu den natürlichen Anlagen nicht nur des Hundes, sondern auch des Pferdes, der Kuh, des Elephanten und anderer Thiere. Wenn daher ein Hund, wie es vielfach vorgekommen ist, an ein anderes Thier, sogar an den Löwen, so eng sich anschliesst, dass er nicht von ihm lässt und es fortwährend liebkost, so dürfen wir dies nicht als eine Aeusserung des sittlichen Gefühls auffassen, sondern nur als die Folge des Geselligkeitstriebes.

Aber zugegeben, dass der Hund und das Pferd durch eine Jahrhunderte hindurch fortgesetzte Uebung sich verändert haben und dass somit eine Gelehrigkeit und eine Anhänglichkeit bei ihnen zum Durchbruch gekommen ist, von der sie ursprünglich in diesem Maasse nichts wussten, soll denn dies auch auf die Affen passen, bei denen so vielfache intellectuelle Vermögen sich kund geben, namentlich beim Orang-Utang? Wer einen lebenden Orang-Utang zu beobachten Gelegenheit hat, die auch mir zu Theil geworden ist, der muss wohl höchlich über das Benehmen dieses Thieres erstaunen; ich wenigstens überzeugte mich auf der Stelle, dass der Orang-Utang in der Art und Weise, seine Empfindungen auszudrücken, so wie in der Nachahmung vieler menschlichen Handlungen. nicht bloss dem Hunde sondern auch den übrigen Affen weit voraus ist. Schon bei oberflächlicher Betrachtung des Thieres erfüllt uns das Menschenartige im Ausdrucke, in den Bewegungen und in manchen kleinen Handlungen mit Verwunderung, und zweifelnd fragen wir: sind seine psychischen Vermögen durchaus verschieden von jenen des Menschen, oder giebt sich nicht ein Geist hier kund, der nur weniger entwickelt ist als der unserige. aber vielleicht einer noch höheren Entwickelung entgegenreifen kann?

Ich habe im Vorhergehenden überall nachzuweisen versucht, dass die psychischen Vermögen der Thiere nur Mittel sind, um ihre Existenz zu sichern, deren Ausbildung aber keineswegs ein Lebenszweck der Thiere ist. und dass sie nur

die Richtung haben auf den engen Kreis ihrer Bedürfnisse.
Betrachten wir nun den Orang-Utang in dieser Beziehung, so
fällt es nicht schwer, eine Antwort zu geben. Merkwürdiger
Weise sind nämlich jene geistigen Vermögen bei den Affen im
Allgemeinen, aber namentlich beim Orang-Utang, nur im Ju-
gendalter in so hohem Maasse entwickelt; sie verschwinden in
der späteren Lebenszeit grossen Theils, und an ihre Stelle
tritt ein rohes und wüstes Treiben, blosse Kraftentwickelung
und Ungelehrigkeit. So lange der Orang-Utang noch jung
ist und noch nicht die volle Körperkraft besitzt, hat ihn der
Schöpfer reichlich mit manchen Eigenschaften ausgestattet,
mit List, Ueberlegung, Nachahmungstrieb, wodurch er sich in
Ermangelung körperlicher Kraft gegen Gefahren schützen
kann, und er ahmt dann die Handlungen und die Lebensweise
der älteren Affen nach. Ist er ganz ausgewachsen, dann genügt die physische Kraft zu seiner Existenz und die vorher
vorhandenen psychischen Eigenschaften gehen grossen Theils
verloren. Diese psychischen Eigenschaften bilden demnach
kein Element seiner Existenz, er hat darin nur ein temporäres
Mittel für sein Bedürfniss und für seine Erhaltung. Diese
Verschiedenheit tritt sogar in sehr auffälliger Weise in der
Form des Schädels entgegen, die in den einzelnen Lebensab-
schnitten sehr wechselnd ist. Der Schädel des jungen Orang-
Utang steht dem des neugebornen Kindes an Grösse nur wenig nach, und da der Gesichtstheil nur erst wenig entwickelt
ist, so hat der junge Orang-Utang ein recht menschenartiges
Aussehn. Beim erwachsenen alten Orang-Utang hat der
Schädel nur sehr wenig oder gar nicht an Grösse zugenommen, und alles Wachsthum concentrirte sich in den stark entwickelten Kiefern und Gesichtsknochen. Der Schädel des
vierjährigen Kindes ist ziemlich eben so gross, als der eines
erwachsenen Menschen; das Thierische ist aber wenig entwickelt, die Kiefer und die Gesichtsknochen sind noch klein.
Wir gewahren also beim Orang-Utang eine Anlage zur Entwickelung der mehr thierischen Apparate, während beim Menschen Alles auf die rasche und kräftige Entwickelung des Ge-

hirns, der Werkzeuge des Geistes, abzielt. So sehen wir,
dass zwar beim Hunde, beim Fuchse und bei den anderen
Thieren mit den zunehmenden Jahren auch die Klugheit und die
Erfahrung zunehmen, beim Orang-Utang dagegen es sich umgekehrt zu verhalten scheint, als wollte die Natur es verhindern, dass
er dem Menschen zu nahe rückt. Er bekommt im Gange der
Entwickelung eine ungewöhnliche Kraft und Stärke, ist damit
selbstständig geworden, braucht bei seiner Gewandtheit keine
Gefahr mehr zu fürchten, und bedarf somit der früher vorhandenen Anlage zur Nachahmung und vieler anderer psychischer Vermögen nicht mehr in gleicher Weise zu seiner Existenz.

Vergleichen wir damit noch kurz die Anlage und den Umfang der Verstandeskräfte beim Menschen, so wird es nur um
so deutlicher hervortreten, warum der Mensch eine so hohe
Anlage und Begabung empfing, und die grosse Verschiedenheit, die zwischen Mensch und Thier in psychischer Beziehung
obwaltet, springt von selbst in die Augen.

Die Instincte und Vermögen, die zur Erhaltung des Lebens und zur Sicherung der ganzen Existenz dienen, hat der
Mensch eben so gut wie die Thiere, und bei den rohesten
Völkern sind sie eben so gut entwickelt, wie bei den civilisir-
testen Nationen. Als Instinct empfing er den Trieb zur Selbsterhaltung, das Hunger- und Durstgefühl für die Nahrungsauf-
nahme, den Trieb zur Fortpflanzung und die Kinderliebe zur
Erhaltung des Geschlechts; in seinem starken und gewandten
Körper und in seinen Verstandeskräften wurden ihm in rei-
chem Maasse die Mittel zu Theil, für seine Bedürfnisse zu
sorgen und Gefahren abzuwenden. Dagegen wird man nicht
behaupten dürfen, das sittliche Gefühl, die Anlage zur Tugend,
die Fähigkeit höherer Entwickelung und Vollendung seiner
intellectuellen Vermögen, so wie endlich die bei allen Völkern
mehr oder weniger deutlich entwickelte Ahnung eines höheren
Wesens, seien nur Mittel zur Sicherung seiner thierischen Existenz auf Erden; denn er bedurfte ihrer im strengen Sinne
hierzu nicht, und es scheinen auch diese höheren Vermögen

bei einigen rohen Völkern fast ganz unentwickelt zu bleiben.
Da nun in der Natur Alles seinen Zweck hat, und die psychischen Vermögen der Thiere offenbar für die Existenz der
Thiere bestimmt sind, so müssen wir wohl annehmen, dass der
Schöpfer ein höheres Ziel im Auge hatte, als er dem Menschen die edleren Vermögen schenkte, das sittliche Gefühl,
die Anlage zur Tugend und die Fähigkeit einer höheren Vollendung, welches Ziel bei den Thieren ganz wegfällt, da es mit
ihrer zeitlichen Existenz als thierische Geschöpfe nichts zu
schaffen hat. Hätte diese höhere Anlage nicht auch einen
höheren Zweck, so müssten wir uns zu der Annahme ent-
schliessen, dass gerade das Höchste und Edelste im Menschen
zwecklos oder wenigstens überflüssig und entbehrlich wäre.
Was bei den Thieren bloss als irdisches Mittel zur Sicherung
der Existenz diente, das ist beim Menschen ein Mittel für
höhere Entwickelung geworden, und diese höhere Entwickelung ist der Zweck seines Lebens. Mit dem Menschen beginnt
ein ganz neues Reich, wovon bei den Thieren noch keine Spur
zu entdecken ist, das Reich der Geisterwelt, das Reich
der Vollendung.

Die Anlage zur höheren psychischen Entwickelung giebt
sich beim Menschen im Körper nicht minder als in den geistigen Vermögen kund. Beim Menschen ist der Körper Mittel
zur Entwickelung des Geistes, bei den Thieren ist der Geist
nur irdisches Mittel für die Bedürfnisse des Körpers. Wer
mag eine Vermuthung darüber wagen, was für ein Wesen dieser Geist der Thiere ist, das heisst, an welches Princip der
Schöpfer die psychischen Vermögen der Thiere geknüpft hat!
Ueberall aber tritt er bei ihnen als irdisches Mittel für die
Existenz auf, während er beim Menschen als höheres Wesen
erscheint, welches Erkenntniss, Tugend und Vollendung er-
strebt. Ein paar Andeutungen über die Entwickelung von
Körper und Geist des Menschen werden dies klar machen.

Als wesentlichen Apparat für die geistigen Vermögen
haben wir das Gehirn anzusehen und dieses ist beim Menschen
nicht nur viel grösser als bei den Thieren, sondern es kom-

men auch augenfällige Besonderheiten daran vor. Das Wachsthum des Gehirns beim Menschen ist ein sehr rasches, schon
bis zum dritten oder vierten Jahre hin hat es ziemlich die
Grösse wie beim Erwachsenen erreicht, während der übrige
Körper hierzu einer drei bis vier Mal längeren Zeit bedarf.
Das Thier ist weit rascher vollkommen ausgewachsen, und
sein Gehirn nimmt mehr gleichmässig mit dem übrigen Körper an Grösse zu. Beim Thiere treten alsbald alle intellectuellen Vermögen hervor, deren dasselbe zum Bestehen bedarf,
und es kommt weiterhin auch zu keiner grösseren Extensität
derselben; sein Körper wächst deshalb schnell, damit es für
die eigenen Bedürfnisse zu sorgen im Stande sei; einer
grossen Vorbereitung, einer längeren Lehrzeit bedarf es nicht,
und rasch ist die Stufe der Vollendung erreicht. Der menschliche Körper wächst langsamer und der Mensch bleibt länger
Kind, dafür aber entwickelt sich das Gehirn frühzeitig zum
Werkzeuge des Geistes. Das Kind ist länger an seine Eltern,
an seine natürlichen Lehrmeister gebunden; die Fähigkeit zur
Entwickelung seiner Vermögen und zur Ausbreitung seiner
Kenntnisse giebt sich sehr bald kund, seine Lehrzeit aber
zieht sich durch die lange Jugendzeit hindurch. Das Thier
erlernt wenig, der Mensch dagegen muss Alles lernen; beim
Thier erscheint Alles wie eingeboren und vorbedacht, beim
Menschen dagegen kommt Alles auf Uebung an und er hat
seinen eigenen Weg zu gehen, den er, wenn auch strauchelnd,
verfolgen muss. Die Lehrzeit von der Geburt bis zum vollendeten Wachsthume beträgt beim Menschen etwa ein Viertheil
des Gesammtlebens, dagegen beim Fuchse, beim Pferde, beim
Elephanten nur $1/12$, beim Hunde, bei der Katze, beim Kaninchen, beim Esel $1/16$ bis $1/24$, beim Kameel $1/30$ der Lebens-
dauer[1]). Das Somatische kommt beim Thiere früher zur
Reife, und damit erreicht dasselbe seine Bestimmung früher.
Das tritt uns schon im Zahnwechsel entgegen, der beim Menschen etwa im 7. Jahre beginnt, beim Elephanten, der doch

---

[1]) Burdach's Physiologie. Thl. III, 1830, S. 568.

ein weit höheres Alter erreicht, schon im 2. Jahre, beim Pferde im 10. Monate, bei der Katze im 7., beim Rinde im 5. Monate[1].

Zu dieser längeren Jugend und Lehrzeit passt auch vortrefflich die länger sich bewährende Eltern- und Kinderliebe, die dem Menschen angeboren ist und durch sein moralisches Gefühl eine Veredelung erfährt. Beim Thiere bezieht sich Alles auf die momentane Existenz: die Jungen, sobald sie im Stande sind, für sich selbst zu sorgen, verlassen die Alten, oder werden von diesen verstossen, das Band der Liebe und Anhänglichkeit, welches sie bisher vereinigte, geht spurlos verloren und sie kennen einander nicht mehr. Beim Menschen besteht dieses Band während des ganzen Lebens, es erstreckt sich von den nächsten bis zu den entfernteren Verwandten, und geht so über in die allgemeine Menschenliebe, wodurch der Mensch bestimmt wird, mit Menschen zusammen zu leben und Genossenschaften zu bilden. — Die geselligen Thiere haben zwar auch ihre Genossenschaften und sie verstehen einander; der Umfang ihrer Mittheilungen beschränkt sich aber lediglich auf die enge Grenze des Bedürfnisses. Sie haben keine erlernte Sprache, sondern nur angeborne Zeichen oder Laute, die keiner ausgedehnteren Verbreitung und keines grossen Umfangs fähig sind. Der Mensch ist kein rein geselliges Wesen; für ihn ist das grosse vereinigende Band und die unerschöpfliche Quelle der Bildung in der Vernunft gegeben, sowie in der Sprache, die aber keine angeborne ist, die er vielmehr erfinden muss, weshalb sie auch bei allen Völkern eine verschiedene ist und keine Schranken anerkennt. Von der Natur empfing der Mensch die Anlage, er selbst muss sich aber die vornehmste Quelle für die Entwickelung seines Geistes erschaffen. Er ist nicht mehr ein Kind der Natur, sondern der mündige Sohn der Schöpfung, um selbst zu handeln und sich zu vervollkommnen. „Mit der Organisation zur Rede empfing der Mensch den Athem der Gottheit, den Samen

---

[1] Burdach's Physiologie. Thl. III, 1830, S. 273.

zur Vernunft und ewigen Vervollkommnung, einen Nachhall
jener schaffenden Stimme zur Beherrschung der Erde, kurz die
göttliche Ideenkunst, die Mutter aller Künste[1]".

Ich verzichte auf eine ausführliche Vergleichung der psychischen Eigenschaften des Menschen mit denen der Thiere, und
will nur noch einige Hauptmomente von meinem Standpunkte
aus ins Auge fassen. Beim Thiere verschafft das Gedächtniss
Erfahrung, und wenn fortwährend die nämlichen Eindrücke
stattfinden, so vererbt sich dies auch ohne eigne Erfahrung
auf die Jungen, so dass es als angeborener Trieb auftritt; doch
niemals erhebt sich diese Erfahrung zur Wissenschaft. Beim
Menschen ist vermöge der Rede und der allumfassenden Sprache nicht bloss vom Gegenwärtigen, sondern auch vom Ver-
gangenen Mittheilung möglich; für ihn giebt es eine Geschichte,
er vermag mit seinen Gedanken in früheren Jahrhunderten
zu leben und durch die Erfahrungen Anderer sich zu bilden. — Bei den Thieren ist der Verstand auf den engen Kreis
ihrer Bedürfnisse angewiesen und als Unmündiger der Vor-
mundschaft des Instincts überliefert; beim Menschen erfreut
sich der Verstand grösserer Freiheit und Ungebundenheit,
und er ist einer höheren Entwickelung und Entfaltung fähig.
Das Thier nimmt die der Natur entstammenden Eindrücke
einfach auf; beim Menschen wirken diese Eindrücke erweckend
auf die höheren Geisteskräfte, er nimmt sie nicht einfach auf,
sondern verarbeitet sie, er denkt über die besonderen Eigenschaften und den allgemeinen Zusammenhang nach und dann
erst ist die Erkenntniss sein Eigenthum geworden. Damit har-
monirt auch die Einrichtung der Sinneswerkzeuge. Die seitlich gestellten Augen der Thiere sind so eingerichtet, dass von
allen Gegenständen, die in dem grösseren Gesichtsfelde enthalten sind, gleich deutliche Eindrücke kommen, und dass überall die Gefahr sowohl wie die Beute leicht und rasch entdeckt
wird; der Mensch dagegen sieht nur Einen Punkt auf einmal

---

[1] Herder, Ideen zur Geschichte der Menschheit. Sämmtliche
Werke, 1827. Vierter Theil, S. 167.

ganz deutlich und wird durch das Umgebende weniger abgezo-
gen, er richtet aber den Blick und die Aufmerksamkeit auf
diesen Einen Punkt, er sieht nicht bloss, sondern er nimmt
wahr und untersucht die verschiedenen Eigenschaften der
Dinge. So haben auch manche Thiere ein recht scharfes Gehör: aber kein Thier ist mit der Fähigkeit ausgerüstet, die geringen Verschiedenheiten und Nüancen so vieler tausend Wörter, die in verschiedenen Sprachen vorkommen, aufzufassen,
und das Gehör des Menschen hat mehr Umfang und ist für die
Rede und Sprache bestimmt. Dabei hat die Natur das Gehör
eng an unser höheres Ich geknüpft: nichts wirkt stärker auf
das innere menschliche Gefühl, als die klagenden Töne des
Unglücks, nichts wirkt kräftiger auf unser Gefühl, als die
sanfte gefühlvolle Stimme der Mutterliebe und der Freundschaft. Die Natur hat uns somit empfänglicher gemacht für
die elterliche Erziehung, und die mahnende Stimme der Vernunft findet bei uns leichter Eingang.

Der Mensch empfängt mannigfaltigere Eindrücke und
diese werden schärfer von ihm wahrgenommen; er sieht nicht
bloss, nein er forscht nach, und das Bedürfniss sowie der Mangel angeborener Kenntniss treiben ihn an, seine Geistesvermögen zu üben. Dabei entwickelt der Mensch allein Nachdenken
und Abstraction. Wenn die Thiere da, wo zwei Dinge zufällig
wiederholt zusammentreffen, eine gewisse Beziehung wie Ursache und Wirkung zu fühlen scheinen, so untersucht der denkende Mensch die Natur und den Zusammenhang der ihn umgebenden Welt, von den Erscheinungen kommt er zu den Ursachen und er nimmt diese auch da an, wo er sie nicht sieht.
So entsteht ihm von selbst der Glaube an eine allgemeine und
höhere Ursache, an ein mächtiges Wesen, aus dem die Welt
hervorgegangen ist. Der Glaube an eine Gottheit ist die nothwendige Folge und die edelste Frucht des Gebrauchs seiner
Verstandeskräfte und der Vernunft, und gleichzeitig auch eines
fast angeborenen Gefühls. Diesen Glauben finden wir, wenn
auch die Vorstellungen und die Benennungen des göttlichen

Wesens differiren, zu allen Zeiten und bei allen Völkern, bei
den Thieren aber zeigt sich keine Spur davon.

Gleichwie der Mensch die Ursachen aus den Wirkungen
erschliesst, so leitet er auch umgekehrt aus Ursachen Folgen
her; er richtet seine Gedanken nicht bloss auf das Vergangene,
sondern er durchschaut auch die künftigen Folgen, und im
Voraus vor allen Thieren kann er über seine Geburt wie über
seinen Tod nachdenken und das unvermeidliche Sterben voraus erkennen. Aus den Ursachen die Folgen erkennend, kann
er auch die Folgen seiner Handlungen im Voraus berechnen
und durch diese Handlungen bestimmte erzielte Resultate herbeiführen, und so greift er mit Erfolg ein in das Walten der
Natur. Vergleicht er dann seine Kunstwerke mit den Erzeug-
nissen der Natur, so drängt sich ihm von selbst die Ueberzeugung auf, dass höhere Vollkommenheit in der Natur besteht, die
ihm die Vollendung und Weisheit des höchsten Wesens, von dem
Alles erschaffen wurde und in Ordnung erhalten wird, wie durch
einen Spiegel mit tausendfarbigen Strahlen entgegenführt.

In der ganzen Anlage des Menschen, im Somatischen so
gut wie in der hohen geistigen Begabung, ist das Ziel nicht zu
verkennen, dass er seine geistigen Kräfte und den Verstand
üben und sich mehr und mehr vervollkommnen soll. Aber mit
der Entwickelung der geistigen Vermögen und der Förderung
von Kenntniss und Wissenschaft ist das Ziel des Menschen noch
nicht erreicht. Er hat der Tugend und der sittlichen Vollendung nachzustreben, und dafür wurde ihm eine innere Stimme,
die ihm sagt, was recht und gut ist, ein inneres Gefühl, welches
den Menschen selbst im Widerspruche mit seinem Willen zur
Vollendung hintreibt und ein sicherer Führer für das Leben ist,
und hierin steht der Mensch einzig da, weit erhaben über das
ganze Thierreich. Bei den Thieren gewahren wir auch Leidenschaften, und Beleidigungen erwiedern sie mit Zorn und Rache, Wohlthaten mit Erkenntlichkeit; diese Empfindungen entsprossen aber nur einem gewissen sympathischen Gefühle und der
Selbstsucht, und das nach Beleidigungen und erlittenem Unrecht
hervortretende Gefühl ist bei ihnen nur die natürliche Folge

7*

des angeborenen Vertheidigungstriebes. Das Gefühl der Pflicht,
der Sittlichkeit fehlt den Thieren; sie entbehren des höheren
Schutzgeistes im Leben, durch den die vernünftige Natur des
Menschen fortwährend angespornt wird, auf Kosten des Egois-
mus und der Selbsterhaltung ein das Irdische überragendes
Ziel zu verfolgen, dessen Ideal, wie es das sittliche Gefühl
vorspiegelt, hier unerreichbar für ihn dasteht, was ihm aber
gerade ein Pfand dafür ist, dass er hier seinen Lauf nur beginnt, nicht aber beendigt. Wie die Annahme eines höheren
Wesens allen Menschen angeboren ist, so tritt uns auch überall auf Erden, selbst bei den rohesten Völkern, das Ahnen
eines künftigen Zustandes entgegen. Ein wahres Wort sagt
Lauvergné[1]: „Kein Mensch wird als Atheist oder Materialist geboren; beim Eintritte in die Welt bringt er das Gefühl
vom Bestehen eines höheren Wesens, so wie von Recht und
Unrecht mit. Wer sich als Materialist bezeichnet, der verleug-
net die Stimme seines Gewissens und vertauscht sein väterli-
ches Erbtheil gegen eine Lehre, die ihn in die Empfindung
des Unrechts einweiht; er ist ein Sclav seiner selbst und opfert
die Schätze seines Geistes einer materiellen Lehre, die ihn der
unbeschränkten Herrschaft seiner Leidenschaften überliefert.
Mag er aber auch im Vollgenusse der Gegenwart ohne sittlichen Zügel hinleben, bis seine Todesstunde naht, dann verlangt
die Gottheit doch ihr Recht und man entdeckt die sprechend-
sten Anzeichen des Glaubens an ein höheres Wesen und an
die Unsterblichkeit der Seele, auch wenn das Gegentheil
scheint angenommen werden zu sollen. — Ein sterbender
Atheist ist eine Unmöglichkeit."

Selbst das Gebet, worin sich das Gemüth zum persönli-
chen Gotte wendet, ist nach Burdach[2]) keine menschliche
Erfindung, sondern mehr in der Tiefe unserer Natur begründet. Die lebhafte Empfindung und das lebendige Bewusst-

---

1) De l'agonie et de la mort. Paris, 1842. T. 1. Discours prélimi-
naire, p VI.
2) Blicke ins Leben, Thl. 2, S. 264.

sein unseres Glücks fordert uns zum Danke auf, und im tiefsten Schmerze kann der Mensch, welche Gesinnung er auch haben mag, nur im Gebete Hülfe finden.

Wer erkennt nun nicht verschiedenartige Anlagen beim Menschen und beim Thier? Bei den Thieren sehen wir mancherlei Vermögen sich entwickeln, aber bei keinem einzigen gewahren wir ein Vermögen, dessen Zweck weiter ginge, als die somatischen Bedürfnisse zu befriedigen und für die zeitliche Existenz zu sorgen, nirgends begegnet uns ein Streben nach höherer Vollendung, nirgends ein Gefühl für Pflicht und Tugend, nirgends eine Spur von Erkennen eines höheren Wesens. Im Zeitenlaufe gleichen die Thiere den auf einander folgenden Wellen der See, die zwar Bewegung und Leben in die Schöpfung bringen, aber spurlos verschwinden, um neuen Wellen Platz zu machen. Beim Menschen sind die geistigen Vermögen nicht um der somatischen und zeitlichen Existenz willen da, und im Körper wie im Geiste ist unverkennbar die Anlage zu einem edleren Ziele, zu ihrer Erhebung und Veredlung ausgeprägt. Beim Menschen ist alles für die Uebung des Geistes eingerichtet, für das Streben nach sittlicher Vollendung und für das Erkennen und Verehren eines höheren Wesens, das ihm nicht ohne Zweck durch die Stimme des Gewissens ein hier unerreichbares Ideal von Vollkommenheit vorgespiegelt haben kann, welches Ideal nur jenseits der Grenzen der Materie zu erreichen ist.

Wie unvollkommen wird aber trotz dieser ausgezeichneten Anlagen die höhere Bestimmung des Menschen hier erfüllt! Auf ganzen Völkern lastet noch rohe Unwissenheit und Aberglaube, und auch das Edelste auf Erden bleibt unvollendet. Herder[1] spricht sich also aus: „Entweder irrte sich der Schöpfer mit dem Ziele, das er uns vorsteckte, und mit der Organisation, die er zur Erreichung desselben so künstlich zusammengeleitet hat: oder dieser Zweck geht über unser Dasein hinaus und die Erde ist nur ein Uebungsplatz, eine Vor-

---

[1] Ideen zur Geschichte der Menschheit. Sämmtliche Werke, 1827. Vierter Theil, S. 231 u. 232.

bereitungsstätte. — — — — Jedes Thier erreicht, was es in seiner Organisation erreichen soll; der einzige Mensch erreicht's nicht, eben weil sein Ziel so hoch, so weit, so unendlich ist und er auf unserer Erde so tief, so spät, mit so viel Hindernissen von aussen und innen anfängt."

Alles, was unseren Bedürfnissen auf Erden dient, gehört auch der Erde an: wir lassen den Kalk unserer Gebeine in den Gräbern und geben den Elementen wieder, was ihnen gehört. Alle sinnlichen Triebe, die dem Menschen in seiner thierischen Eigenschaft im irdischen Haushalte dienstbar sind, erreichen ihr Ziel und haben ihr Werk vollbracht; für seine höhere Anlage aber ist diese Erde zu klein und sein Geist, im Glück wie im Missgeschick auf dieser Schule der Unsterblichkeit gepflegt und geübt, sprengt dereinst seine Ketten und reift erst in den Gefilden der Unsterblichkeit.

Die Natur in ihrer eigenthümlichen Bildersprache verkündet dies schon in der aufrechten Stellung des Menschen. Er allein hebt das Haupt frei empor und überblickt alles Geschaffene, er richtet die Augen nach aufwärts, und sein Geist, des Himmels Sohn, jauchzt durch den unendlichen Raum des Weltalls seinem künftigen Vaterlande zu.

IV.

Einfluss des Körpers auf die Seele beim Menschen.

————

Seit den frühesten Zeiten wissenschaftlicher Cultur wurde auf die Erforschung des Menschen, des vorragendsten Gegenstandes auf Erden, Gewicht gelegt, und es musste der Mensch dem Menschen vom höchsten Interesse sein; auch wurde der goldene Spruch im Tempel des Appollo zu Delphi: Lerne Dich selbst kennen, zu allen Zeiten als mustergültig und maassgebend anerkannt. Ist aber diese Vorschrift bedeutsam genug, so ist es nur um so schwieriger, ihr nachzukommen, da der Begriff der Selbsterkenntniss ein sehr ausgedehnter ist, und trotz der Höhe, zu welcher die Wissenschaften jetzt emporgestiegen sind, ist diese Selbsterkenntniss noch immer eine ganz unvollkommene und wird es auch bleiben.

Der Mensch vereinigt nicht nur fast alle Kräfte der Natur nebst den höheren Kräften in seinem Körper, durch seine edleren Vermögen setzt er auch den Fuss in eine andere und höhere Welt, die ausser dem Bereiche unserer Sinne gelegen ist, und durch Körper und Seele sind in ihm zwei Welten vereinigt.

Diese Vereinigung und Verschmelzung der Materie mit

einem Immateriellen war von jeher ein schwieriges Problem
für die tiefsinnigsten Philosophen und ein Stein des Anstosses
für alle Zweifler. Und wer mag hoffen, den Schleier vollständig zu lüften, so lange unser an die Materie gebundener Geist
nur materielle Objecte zu schauen vermag, so lange ihm der
unmittelbare Anblick der höheren Geisterwelt versagt ist!
Indessen dieses Problem ist dem Bereiche unserer For-
schung nicht ganz entrückt. Vermögen wir gleich nicht das
Wesen unseres höheren Princips zu erforschen, so haben wir
doch bedeutsame Anhaltspunkte in der Vereinigung von Seele
und Körper, worauf wir mit Erfolg die Untersuchung richten
können, und wodurch wir zumeist zur Selbsterkenntniss gelangen. Hierin haben wir den Schlüssel und die Erklärung zu suchen für die mannigfaltigen und fremdartigen Erscheinungen, dass ein Mensch von dem andern nicht allein
hinsichtlich des Temperaments, der Neigungen und der Leidenschaften sich so auffallend unterscheidet, sondern dass auch
durch die sonderbare Verknüpfung von Willkür und Unwillkürlichkeit, von Freiheit und Gebundensein, nicht selten die
auffallendsten Widersprüche in den Empfindungen, Neigungen
und Handlungen sich kund geben, und manchmal kaum zu bestimmen ist, ob eine einzelne Erscheinung der Willkür der
Seele entsprungen oder unwillkürlich durch den Körper hervorgerufen worden ist, oder ob sie aus der Verbindung des
Körpers mit der Seele erklärt werden muss.

Bei einer früheren Gelegenheit habe ich dargethan, dass
im Körper Kräfte der Nerven und des Gehirns wirksam sind,
die sich von der Elektricität und vom Galvanismus unterscheiden, dabei aber der Willkür entbehren, und dass daneben noch
ein höheres Vermögen, nämlich die Seelenkräfte, vorkommt,
dem wir Willen, Verstand, Vernunft und sittliches Gefühl allein zuschreiben müssen, worin unser eigentliches Ich sich
kundgiebt, und in dessen Zusammenwirken mit den Gehirn-
kräften der Zusammenhang zwischen Seele und Körper uns
entgegentritt. Dabei drängt sich die Frage auf: welchen
Einfluss übt der Körper vermittelst seiner unwill-

kürlichen Gehirnkräfte auf die mit Willkür wirkende
Seele, zumal im gesunden Menschen? Nach allen Richtungen hin hierauf eine Antwort zu geben, würde zu weit
führen, und will ich mich darauf beschränken, einige der
wichtigsten Einwirkungen des Körpers auf die Seele, namentlich einige unwillkürliche Einwirkungen auf den Willen zu erläutern, so weit dies in einem einzelnen Vortrage und vor
einem gemischten Publikum zulässig ist.

Gleichwie die Seele durch die Gehirnkräfte auf den Körper einwirkt, z. B. bei der Bewegung der Muskeln, so wirkt auch
der Körper durch die nämlichen Kräfte auf unsere Seele.
Durch die den Nerven und dem Gehirne zukommenden Kräfte
werden uns die Eindrücke von der Aussenwelt und vom eigenen Körper zugeführt, und es stehen die Kräfte des Gehirns
einerseits im genauesten Zusammenhange mit unserem Seelenvermögen, so dass bei den Thätigkeiten des Geistes, beim
Denken u. dergl. ihre Mitwirkung nöthig ist, während sie andererseits an das Gehirn selbst in untrennbarer Weise so geknüpft sind, dass jede Veränderung des Gehirns auf sie und
dadurch auch auf unsere Seele einen besondern Einfluss übt,
Verletzungen des Gehirns daher auch Störungen im Wirken
unserer Seele zur Folge haben. Betrachten wir daher die
Modificationen und Veränderungen der Gehirnkräfte durch
somatische Ursachen, so kann uns dadurch die Einsicht eröffnet werden in das vielfach Unwillkürliche, wodurch unsere
Empfindungen, Vorstellungen und Handlungen sich färben,
während wir doch im Wahne stehen, ganz willkürlich zu
handeln.

Ich will zunächst einige somatische Erscheinungen betrachten nebst den Gesetzen, denen die Lebenskräfte im Allgemeinen und die dem Gehirn zukommenden Kräfte im Besondern
gehorchen. So ist es ein allgemeines Gesetz, dass in einem
gesunden Organe alle Lebenskräfte einer gewissen Reizung
bedürfen, wenn sie in Wirksamkeit kommen sollen: das Blut
ist so der Reiz für die Schläge des Herzens, die Nervenkraft
ist der Reiz für die Contraction der Muskeln und wird selbst

wieder durch unseren Willen afficirt. Jede Thätigkeitsäusserung des Körpers setzt einen Reiz oder eine Erregung voraus,
und die Intensität oder Lebendigkeit der Thätigkeitsäusserung
richtet sich wieder nach der stärkeren oder schwächeren Erregung der Lebenskräfte eines Theils.

Die Erhaltung des Körpers selbst und seiner einzelnen
Theile, so wie auch der Lebenskraft, verlangt die ununterbro-
chene Ernährung, d. h. es muss ein gesundes arterielles
Blut in gehöriger Menge durch den Körper strömen; dieses
kehrt aber aus allen Theilen als schwarzes venöses Blut zurück, nachdem es seine nutritive und reizende Wirkung vollbracht hat. Das Blut zählt zu den nothwendigsten und nach
allen Seiten wirksamsten Reizen des Körpers, und seine chemische Zusammensetzung als Ernährungsmaterial, seine arterielle Constitution als hellrothes Blut, seine Menge, ja auch
der Modus seiner Bewegung kommen dabei in Betracht. Da
nun von der Circulation des Blutes, von dessen gehöriger Zu-
bereitung und Einwirkung auf den lebenden Körper das Leben
selbst abhängt, so wurde dieser bedeutsame Process wohl-
weislich unserm Willenseinflusse entrückt: die Nutrition und
Circulation erfolgen auch in den Nerven und im Gehirne, ohne
dass wir etwas davon wahrnehmen und ohne dass wir den dabei
wirkenden Reiz zu beeinflussen vermögen. Das Blut zählt zu
den unwillkürlichen Reizen für die Lebenskraft.

Wie aber das Blut auf den gesammten Körper einwirkt,
so übt es auch seinen Einfluss auf die Lebenskraft des Gehirns,
und in ihm haben wir ein entschiedenes Moment für unwillkürliche Eindrücke und für Erregungen der Gehirnkräfte, die
wiederum auf die Seele zurückwirken und woraus manche Erscheinungen erklärt werden können, bei denen unser Wille,
ohne dass wir es wissen, mit fortgerissen wird. Die Veränderungen und Erregungen der Lebenskräfte und des Gehirns
theilen sich nämlich mehr oder weniger der Seele mit, aber
als blosse Erregung, ohne zu bestimmten Vorstellungen zu führen, gleich jenen Eindrücken, von denen die Sinnesorgane betroffen werden.

Eine andere gewichtige Einwirkung auf die Lebenskräfte
im Allgemeinen und auf das Gehirn im Besonderen kommt
durch das sogenannte vegetative oder unwillkürliche Nervensystem, das heisst durch den Sympathicus zu Stande. Dieser
Nerv ist fast durch den ganzen Körper verbreitet und beherrscht die vornehmsten Lebensverrichtungen, die Verdauung,
die Blutbereitung, den Blutumlauf und die Nutrition; dabei
wirkt er ohne unser Bewusstsein und ohne den Einfluss des
Willens, so dass alle genannten Lebensprocesse unserem Willen entrückt sind. Der Symphaticus führt aber dem Gehirne
und durch dieses unserer Seele eigenthümliche dunkle Eindrücke zu, d. h. er bestimmt theilweise die Empfindlichkeit
unseres Gehirns und bringt uns statt klarer Vorstellungen mehr
dunkle Empfindungen, das Hungergefühl, den Geschlechtstrieb,
mancherlei Neigungen und Eindrücke.

Wie aber die Gehirnthätigkeit unwillkürlich durchs Blut
erregt und gereizt wird und wie daneben der Symphaticus
verschiedenartige Eindrücke zuführt und gleichsam eine verschiedenartige Stimmung hervorruft, so kann auch unser
Wille zu diesen unwillkürlichen Aeusserungen Veranlassung
geben. Die Seele kann durch ihren Willen als Reiz auf die
Gehirnkräfte einwirken und diese in Thätigkeit versetzen.
Diese Erregung der Kräfte aber theilt sich bei heftigerer Einwirkung dem unwillkürlichen Nervensysteme mit, welches dann
seinerseits im gereizten Zustande und in der veränderten
Stimmung wiederum auf das Gehirn zurückwirkt und eine
Reihe unwillkürlicher Erscheinungen hervorruft, zu denen somit unser Wille den ersten Anstoss gegeben hat. Die Erklärung dieser Erscheinungen wird uns weiterhin die Sache deutlicher machen.

Wir haben so die beiden hauptsächlichsten Quellen kennen gelernt, aus denen unwillkürliche Eindrücke auf unsern
Geist hervorgehen, den Blutumlauf und das unwillkürliche
Nervensystem, und da der Symphaticus selbst mehr oder weniger auf die Circulation influirt, so wirken oftmals beide ge-
meinschaftlich auf die Gehirnkräfte und dadurch auf die

Seele. Jetzt können wir nun die Einwirkungen des Körpers
auf die Seele näher in Betrachtung ziehen.

Das Blut, dieser vom Willen unabhängige Reiz für die Lebenskräfte ist auch im Gehirne von hoher Bedeutung. Denken wir
uns, dass jemand aus allen Kräften gelaufen ist und ganz ausser
Athem zu uns kommt; der Puls ist schneller und klopft heftig und ein Andrang des Blutes zum Kopfe ist deutlich zu erkennen. Würde dem Menschen in diesem Augenblicke eine tief-
sinnige Frage vorgelegt, so würde er antworten, dass er in diesem Momente nicht über die Frage nachzudenken vermöge,
er müsse sich erst erholen, bevor er die Sache ruhig überle-
gen könne. Durch den raschen Blutandrang und das Klopfen
der Hirngefässe wurden die Gehirnkräfte in lebhafte Erregung versetzt, alle Eindrücke auf die Seele erfolgten mit Hast,
mit Heftigkeit und mit Flüchtigkeit, und das ruhige Nachdenken wurde zunächst unmöglich. Erst wenn die überstür-
zenden Aeusserungen im Somatischen, namentlich in der Circulation zur Ruhe gekommen sind, kann eine geregelte Mitwirkung der Seele den besänftigten Verlauf der Gehirnkräfte
begleiten.

Noch deutlicher tritt dies nach dem Genusse von Wein
oder Spirituosis hervor. Das Blut strömt dann in rasche-
rem Laufe zum Kopfe, durch die stärkere Reizung wird die
Gehirnthätigkeit eine erregtere und die Eindrücke erfolgen
mit grösserer Lebhaftigkeit: namentlich die Einbildungskraft
wird erhöht, und durch die verschiedenen Eindrücke entstehen
lebhaftere Vorstellungen, kräftigere und grossartigere Bilder.
Deshalb gehören wohl die Dichter zu den grössten Lobrednern
des Weins, durch dessen erregende Einwirkung manchen die
kräftigsten Bilder und dichterische Gedanken gekommen
sind; denn ohne eine erregte Phantasie ist an keinen poeti-
schen Aufschwung zu denken. Darum wird aber auch im
Sprüchworte des reizbaren Geschlechts der Dichter
(irritabile vatum genus) gedacht.

Steigert sich jedoch der Blutandrang durch zu reichlichen Genuss von Wein oder von Spirituosis, dann treten die

Bilder und Vorstellungen zu rasch und in unregelmässiger
Weise auf, der Verstand vermag ihnen nicht zu folgen, und
die Seele kann sie nicht beherrschen; das Ungeregelte macht
sich dann in Gang und Sprache bemerklich, und durch die geringste Veranlassung können heftige, leidenschaftliche Ausbrü-
che hervorgerufen werden.

Jeder Pulsschlag ist ferner von einer Hebung des Gehirns
begleitet, und deshalb wird dieses bei einem stärkeren Blutandrange und durch Anhäufung des Bluts zu sehr ausgedehnt
und sein zartes Gewebe erfährt einen Druck. Das hat die ent-
gegengesetzte Wirkung zur Folge. Die Gehirnthätigkeit wird
durch diesen Druck gehemmt, mehr oder weniger gelähmt, die
Eindrücke der Sinnesorgane werden nicht mehr genau überge-
führt, die Seele kann die verwirrten, unwillkürlichen Vorstellungen und die sinnlichen Eindrücke nicht mehr voneinander
unterscheiden, und ihre Wahrnehmungen werden ebenfalls ungeregelt. Sinnlose Vorstellungen, ja ein vorübergehender Zustand von Irrsinn sind die natürlichen Folgen, bis zuletzt ein
stärkerer Druck die gesammte Gehirnthätigkeit hemmt und
einen tiefen Schlaf herbeiführt. Aehnliches sehen wir auch im
Fieber. Im Hitzestadium, wo das Blut zum Kopfe steigt, ist
der Kranke unruhig und kann keinen Augenblick in der Lage
bleiben. Nimmt der Blutandrang und die Reizung noch mehr
zu, dann steigern sich durch die starke Gehirnerregung die
unwillkürlichen Vorstellungen dermaassen und die Phantasie wird so aufgeregt, dass der Kranke die entstehenden
Bilder nicht mehr von wirklichen Bildern zu unterscheiden vermag; so entstehen dann Delirien, die sich bei einem stärkeren
Grade von Reizung und Entzündung bis zur Wuth und Raserei
steigern.

Aus einer stärkeren Erregung des Gehirns und der dadurch gesetzten vermehrten Thätigkeit der Geistesvermögen
in Folge von Blutandrang erklären sich auch noch manche
andere sonst schwer verständliche Erscheinungen. Hierher
gehört vielleicht die Beobachtung, dass Kinder, die an der
Englischen Krankheit leiden, einen grossen Kopf zu haben

pflegen und sehr gut auffassen. Denn nach Haller[1]) findet
man die Blutgefässe des Schädels bei ihnen stärker entwickelt,
und somit muss auch das Gehirn bei ihnen stärker gereizt
werden. Es ist ferner eine bekannte Sache, das schiefe, ver-
krümmte, bucklige Individuen, bei denen das Blut rascher und
kräftiger zum Gehirne strömt, sich meistens durch Lebhaftigkeit und Schärfe des Geistes auszeichnen. Menschen mit lan-
gem Halse sind meistens ruhiger und langsamer, jene mit kurzem Halse lebhafter, bewegter, leidenschaftlicher. So hat Napoleon, wie Burdach[2]) erwähnt, einen auffallend kurzen
Hals, wenngleich daraus allein sein Charakter nicht erklärt
werden soll. Selbst aus der Körperstellung ist manchmal zu
entnehmen, dass das Gehirn vom Blute erregt und gereizt
wird. So giebt es Individuen, namentlich schwächliche, deren
Gedankengang im Liegen ein weit besserer ist, weil dann der
Andrang des Blutes zum Kopfe sich steigert. So gedenkt auch
Bricheteau[3]) eines Menschen, der nur dann etwas auswendig
lernen konnte, wenn er mit dem Kopfe ganz niedrig lag. Bei
vollblutigen Individuen würde hierbei durch den reichlichen
Blutzufluss der Geist betäubt und niedergehalten werden.

Ganz besonders zeigt sich diese Einwirkung des Blutes
auch in Krankheiten. Bei Nervenfieberkranken, wo Blutandrang zum Kopfe besteht, werden manchmal schon durch tiefe
Lage des Kopfes Delirien erweckt. Bei Blutmangel dagegen,
z. B. nach heftigen Blutstürzen, fliesst in der aufrechten oder
sitzenden Stellung nicht genug Blut zum Gehirne, und es stellen sich dann durch den Ausfall des Blutreizes Ohnmachts-
anfälle ein, die beim Niedriglegen des Kopfes wieder verschwinden. In noch mehr auffallender Weise habe ich Aehnliches bei
einem Tobsüchtigen beobachtet, der 90 Pulsschläge hatte. Als
sein Puls durch Digitalis auf 60 Schläge gesunken war, trat
Ruhe ein und als durch Fortgebrauch der Digitalis der Puls
sogar auf 50 Schläge fiel, war der Mann still, schwach und

---

[1]) Elementa Physiologiae. T. 4, p. 402.
[2]) Vom Baue und Leben des Gehirns. Bd. 3, S. 117.
[3]) Journal complémentaire. T. 4, p. 17.

niedergeschlagen. Als aber dann mit dem genannten Heilmittel ausgesetzt wurde, hob sich der Puls wieder auf 90 Schläge und damit kehrte auch die frühere Tobsucht wieder. Ebenso berichtet Cox[1]) von einem Kranken, der bei 40 Pulsschlägen halbtodt, bei 50 Schlägen melancholisch und bei 70 Schlägen ganz bei sich war, dagegen bei 90 Schlägen in Raserei verfiel. Kopfverletzungen haben nicht selten ähnliche Erscheinungen und eine Aufregung zur Folge. So berichtet Haller[2]) von einem Blödsinnigen, der eine schwere Kopfwunde bekam und dabei ziemlich im Besitze seiner Geisteskräfte war; allein mit der Genesung verfiel er auch wieder in seinen früheren blödsinnigen Zustand. Gall[3]) hat mehrere Fälle gesammelt, welche darthun, dass Menschen, die in der Kindheit beschränkten Geistes waren, nach schweren Kopfwunden entschiedene Talente entwickelten. Das erklärt sich wohl am besten so, dass durch eine solche Verwundung der Blutzufluss sich vermehrt und dadurch eine vermehrte Erregung der Gehirnthätigkeit zu Stande gebracht wird. Aus diesen Fällen, deren Anzahl sich wohl noch vermehren liesse, ersieht man, dass ein nicht allzusehr vermehrter Blutandrang zum Gehirn dessen Energie vermehrt, wobei dann die Aeusserungen des Seelenlebens rascher, leichter und lebendiger ablaufen können. Vornemlich wirkt diese Erregung der Gehirnthätigkeit auf die Einbildungskraft; die Seele gewinnt zwar keine bestimmten Vorstellungen, wohl aber eine Anreizung zu lebhafterer Aeusserung und unbestimmte Bilder, wozu die Einbildungskraft den Text liefert. Im Ganzen scheint letztere, als eins der niedrigsten Seelenvermögen, mit der Gehirnthätigkeit im engsten Zusammenhange zu stehen. Wie wir durch unsern Willen sie zu bethätigen und ganz willkürlich ein einzelnes Bild uns vorzuführen im Stande sind, so wird sie auch wohl durch die Gehirnthätigkeit erweckt, so dass unwillkürliche Bilder hervortreten

---

[1]) Nasse's Zeitschrift für psychische Aerzte. Thl. 1, S. 68.
[2]) Elementa Physiologiae. T. 4, p. 294.
[3]) Sur les fonctions du cerveau. T. 1, p. 215.

im Traume und im Delirium. Somit ist die Einbildung uns
nicht gänzlich anheimgegeben, vielmehr wird sie unter dem
Einflusse des Körpers zum Theil ein unwillkürlicher Vorgang.
Findet ein zu starker Blutandrang zum Kopfe statt und
wird die Gehirnthätigkeit zu sehr angespannt, dann vermag
die Seele, wie schon bemerkt, nicht mehr die unwillkürlichen
Aeusserungen der Einbildungskraft zu beherrschen, die falschen Vorstellungen und Eindrücke von den wahren zu unterscheiden, es entsteht Delirium oder Irrsinn. In der That leiden die meisten Irren an einer unregelmässigen Blutströmung
zum Kopfe, wobei sich die Hände meistens kühl anfühlen, der
Kopf dagegen heiss. Dadurch entstehen manchmal unwillkürliche Erscheinungen und Sinnestäuschungen, so dass jemand am
hellen Tage Personen zu sehen glaubt, die nicht da sind, wovon der englische Arzt Alderson[1] viele Fälle mittheilt. Sehr
merkwürdig ist der Fall des Buchhändlers Nicolai, dessen
auch Scheltema[2] gedenkt. Dieser sah sein Zimmer manchmal
ganz mit Menschen angefüllt; ein Aderlass oder Blutegel am
Kopfe genügten aber in solchen Fällen, um die Erscheinungen
zum Verschwinden zu bringen. Damit haben wir auch die Erklärung der Träume, die keineswegs, wie man wohl angenommen hat, rein psychische Erscheinungen sind. Die Gehirnthätigkeit ruht zwar im Schlafe und die Seele empfängt während
desselben keine Eindrücke; allein durch geringe somatische
Aeusserungen, durch stärkeren Andrang des Blutes zum Kopfe
wird die Gehirnthätigkeit alsbald wirksam und durch diese
die Einbildungskraft: eine tiefe Lage des Kopfs, ein festge-
bundenes Halstuch, eine reichlichere Aufnahme von Speise
und Getränk, selbst das geringste Unwohlsein können das
herbeiführen. Ist die Erregung nur schwach und flüchtig, dann
haben wir flüchtige Traumbilder, die keinen Eindruck hinter-
lassen; der Traumbilder von stärkerer Erregung dagegen
erinnern wir uns meistens deutlich. Wird das Gehirn stärker

---

[1] Nasse's Zeitschrift für psychische Aerzte. Thl. 1, S. 274.
[2] De verbeeldingskracht en hare uitwerksels. 1835, p. 36.

gereizt, dann sind die Träume lebhafter, und deshalb kommen
sie bei lebhaften Irren sehr häufig vor, und sehr gewöhnlich
beobachtet man sie bei beginnender Kopfwassersucht der Kinder. Wollte man die Träume als blosse Wirkung der Seele
gelten lassen, dann wäre die frei wirkende Seele ganz und gar
ungeregelt, willenlos und ordnungslos. Das Verwirrte in den
Träumen findet seine Erklärung in den zufälligen willenlosen
Erregungen der Gehirnthätigkeit, die gleich unbeständig sind,
wie die Wogen der unruhigen See. Hieraus erklärt es sich
auch, dass im wachen Zustande, wenn wir über etwas nachdenken oder mit jemand in einem Gespräche begriffen sind, manchmal allerlei Bilder und flüchtige Eindrücke in uns auftauchen,
die man füglich als Traumbilder bezeichnen könnte. Sie kommen meistens dann vor, wenn der verstärkte Blutumlauf im
Gehirne erregend auf die Gehirnthätigkeit einwirkt, und werden im gesunden Zustande allerdings kaum wahrgenommen;
doch klagt schon Gaubius [1]) mit Recht darüber, dass sie
sich oftmals gar schwer unterdrücken lassen. Treten solche
durch rascheren Blutumlauf hervorgerufene Eindrücke mit
grösserer Energie hervor, dann können sie den geregelten
Gang der Gedanken und der seelischen Wirkungen stören, wie
das in der Trunkenheit geschieht. Bei noch stärkerem Auftreten bewirken sie Delirien und Verstandesverwirrung.

Bei der Gehirnthätigkeit kommt es aber nicht bloss auf
die Menge des Blutes an und auf das mehr oder weniger
rasche Zuströmen zum Gehirne, sondern auch auf dessen Qua-
lität: das arterielle Blut wirkt reizend und belebend, das venöse betäubend. Daraus erklärt sich guten Theils der Einfluss
der Luft. Die tägliche Erfahrung lehrt, dass eine reine, mäs-
sig trockene Luft, zumal bei Vollblütigen, im Allgemeinen Ge-
wecktheit des Geistes zur Folge hat, während bei nebliger .
feuchter Luft der Kopf schwer, der Geist abgespannt und träge
ist, ja bei manchen Constitutionen ein förmlicher Missmuth

---

[1]) De regimine mentis. Lugd. Bat. 1767, p. 25.

sich einstellt[1]). Daraus erklärt es sich wohl, dass Selbstmorde so häufig in der nebligen Jahreszeit vorkommen, weil durch diese der schon gedrückte geistige Zustand nur noch mehr sich steigert. Villeneuve[2]) berichtet, dass von den zehn Selbstmorden, die in Paris innerhalb zwei Jahren allwöchentlich vorfielen, neun bei nebligem und regnerischem Wetter ausgeführt wurden. Dieser Einfluss tritt uns auch an den Bewohnern von Gebirgsländern entgegen: sie sind alle beweglicher, fröhlicher und leichter erregbar, sie haben eine lebhaftere Phantasie und sind leidenschaftlicher. Der Einzelne erfährt das selbst wieder beim Besteigen eines Berges: je höher er aufsteigt, um so rascher der Puls, um so leichter die Bewegung, um so lebendiger der Geist, bis endlich in der zu sehr verdünnten Luft das Athmen leidet und Mattigkeit sich einstellt. In den tiefen, engen und feuchten Thälern der Schweiz und Savoyens tritt uns Trägheit und Stumpfsinnigkeit, ja häufig Blödsinn und Cretinismus entgegen, wozu aber verschiedene Ursachen beitragen können. — Aus der ungleichartigen Erregung des Körpers und dessen Rückwirkung auf den Geist und die Phantasie, worauf die Verschiedenheit des Klimas, die klare, warme, trockne, schwere oder drückende Luft und vielleicht auch der Elektricitätszustand der Atmosphäre von Einfluss sind, erklärt sich auch die Verschiedenheit des Charakters

---

[1]) In Serrurier's Abhandlung über den Einfluss der Witterung auf unsern psychischen Zustand (Nasse's Archiv f. psych. Aerzte, Bd. 2, S. 264) wird der sonderbare Fall erwähnt, dass Milton's Genie vom September bis zum Frühjahrsäquinoctium sich glänzend hervorthat, während es zu jeder andern Jahreszeit in Trägheit feierte. Hier kann man nicht wohl das feuchte Wetter zur Erklärung herbeiziehen.

[2]) S. Nasse's Archiv f. psych. Aerzte, Bd. 2, S. 279. Der Einfluss der feuchten Witterung, zumal bei Individuen, die durch vorausgegangene Krankheiten geschwächt waren, ist sehr auffallend aus der ungemein grossen Anzahl von Selbstmorden zu entnehmen, die gegen Ende des Jahres 1828 in Gröningen und Sneek vorfielen. Die meisten dieser Unglücklichen waren von der sogenannten Gröninger Epidemie von 1826 auf 1827 hart betroffen gewesen. In dem Städtchen Sneek mit 6000 Einwohnern kamen damals 4 Selbstmorde in einer Woche vor, darunter ein Junge von 8 Jahren (Arntzenius, Diss. de Suicidio, p. 52 et 147).

verschiedener Völker, das heftig Leidenschaftliche der Neger
und Italiener, die Lebhaftigkeit der Bergbewohner in der
Schweiz und in Tirol, die rasche Beweglichkeit der Franzosen, zumal der Südfranzosen, das ruhige Gebahren der Niederländer. Den Einfluss der Luft und der Athmung erkennen wir auch
in einer verschiedenartigen Formation des Körpers. Unter
sonst gleichen Umständen zeigen Menschen mit breiter Brust
und entwickelten Athmungswerkzeugen, bei denen also das
Blut der Lufteinwirkung besser ausgesetzt ist, mehr Muth,
Kraft und Festigkeit des Willens, während Engbrüstige mehr
Furcht und mürrisches Wesen verrathen[1]). So sind auch die
reissenden Thiere mit den mehr entwickelten Athmungsorganen reizbarer und muthiger als die Pflanzenfresser, deren
Brust kleiner ist.

Recht auffallend ist dies bei Lungensüchtigen, bei denen
die allgemeine Reizbarkeit durch die Entzündung der Lungen
sich steigert. Durch die Erregung der Lebenskraft wird das
Blut so arteriell und gleichsam entzündlich, dass selbst das
Venenblut manchmal an dunkler Färbung einbüsst. Da die
Entzündung der Lungen schmerzlos verläuft, das entzündliche
arterielle Blut und dessen beschleunigter Andrang zum Kopfe
die Gehirnthätigkeit aber sehr erregt, so wird auch der Geist
ganz lebendig und hell, es werden Pläne und Entwürfe für
die Zukunft gemacht, und die Kranken schmeicheln sich um
so lebhafter die Hoffnung auf Genesung vor, je mehr ihre
Krankheit zunimmt. Sogar Aerzte, die sonst ihren eigenen
Zustand recht wohl zu beurtheilen im Stande waren, verfielen
dabei in Irrthum und im Hinschwinden des Körpers sah ich
sie noch Pläne für die Zukunft entwerfen.

Wenn das Blut nicht gehörig gereinigt wird und eine mehr
venöse Beschaffenheit behält, dann fehlt dem Gehirne der nothwendige Reiz und seine Thätigkeit wird herabgedrückt und
behindert. Kohlendunst erzeugt Ermattung, Schwere und Ein-

---

[1]) **Burdach**, Bau u. Leben des Gehirns. Thl. 3, S. 121.

genommenheit des Kopfes, Schläfrigkeit; zuletzt wird die Gehirnthätigkeit ganz gelähmt und es tritt Erstickung ein. Das Einspritzen venösen Blutes in die Kopfschlagadern eines Thiers hat ganz den nämlichen Erfolg[1]): das Thier wird hinfällig, betäubt und erstickt alsbald, wenn nicht schleunig arterielles Blut zugeleitet wird, wodurch es wieder ins Leben kommt. Daraus erklären sich wohl, zum Theil wenigstens, die Traurigkeit, die Gedrücktheit und Abspannung des Geistes bei Leber- und Unterleibsleiden, weil das dicke, schwarze Venenblut der Eingeweide nicht gehörig gereinigt wird, ebenso die Muthlosigkeit beim Scorbut, weil hier das wässrige venöse Blut nicht hinlänglich reizend einwirkt[2]).

Dabei kommt noch in Betracht, dass die arterielle und venöse Beschaffenheit des Blutes nicht bloss auf die Thätigkeit des Gehirns von Einfluss ist, vielmehr auch die übrigen Theile des Organismus, namentlich aber der Sympathicus, durch arterielles Blut in Erregung versetzt werden. Dieser wirkt nun auch wieder auf alle Theile, selbst aufs Gefässsystem und aufs Gehirn zurück und ruft somit das Gefühl des Wohlbefindens, der Munterkeit und Fröhlichkeit, der Leichtigkeit aller Lebensverrichtungen hervor. Der Sympathicus kann eigenthümliche Empfindungen erregen, wodurch neue unwillkürliche Erscheinungen und frische Eindrücke auf den Geist zu Stande kommen, die wir aus dem Einflusse des Blutes aufs Gehirn allein herzuleiten nicht berechtigt sind. Eine verstärkte Herzthätigkeit, die Reizung des Gehirns durch eine kräftigere Circulation, hat auch grössere Energie des Geistes

---

[1]) Bichat, Sur la vie et la mort. 4 Ed. Paris, 1822, p. 360.

[2]) Burdach, Bau u. Leben des Gehirns. Thl. 3, S. 115. — Bei manchen an Melancholie Leidenden zeigt sich ganz unverkennbar ein passiver Blutandrang zum Gehirne und eine verlangsamte Circulation, wobei die Hände kühl sind, der Kopf aber heiss und geschwollen erscheint: das schwarze venöse Blut scheint aber nicht rasch genug vom Gehirne abzuströmen, und seine Anhäufung veranlasst ein Gedrücktsein des Geistes und Schwermuth. Daher kommt es dann, das Melancholische manchmal im Fieber, wo die Circulation beschleunigt ist, lebhaft und fröhlich werden (Burdach, ebend. S. 111).

zur Folge, befördert die geistige Belebung und den Muth.
Kommt es aber durch die gesteigerte Herzthätigkeit zu einer
Erweiterung des Herzens, dann wird der Blutumlauf gestört,
das Herz vermag nicht alles venöse Blut aufzunehmen, dieses
sammelt sich im Gehirne an, und so entsteht eine gedrückte,
schwermüthige Stimmung. Bildet sich dagegen eine Herzent-
zündung aus, dann wird der Sympathicus selbst angegriffen
und es entwickelt sich eine grosse Angst, deren sich der Kranke
durch keinerlei Gründe zu entschlagen vermag und die ihn
nicht selten zur Verzweifelung treibt. Die Störung der Circulation ist ohne Zweifel grossen Theils an diesen Erscheinungen Schuld, doch ist auch wohl die Affection der Herznerven
nicht ganz unbetheiligt dabei.

So kommen wir von selbst zu einer Erklärung der com-
plicirteren Wirkungen des Körpers auf den Geist. Die Gehirnthätigkeit wird nicht nur durch den stärkeren Eindruck des
Blutes unwillkürlich angespornt, sie kann auch durch die Seele
gereizt und in ein lebhaftes Wirken versetzt werden. Die Erregung beschränkt sich aber keineswegs auf den Kopf, theilt
sich vielmehr dem ganzen Nervensysteme und namentlich auch
dem Sympathicus mit, der nun als ein zweites Centrum neben
unserem Willen einwirkt und seine erhöhte Wirksamkeit auf
das Gefässystem und auf das Gehirn überträgt. So erklärt sich
das mehr oder weniger Unwillkürliche der Leidenschaften.
Wird z. B. jemand durch ein Wort heftig beleidigt, so vermag
er diesen starken Eindruck durch festen Willen noch zu unterdrücken, so dass er sich bemeistert und ruhig bleibt, namentlich wenn er in Selbstbeherrschung sich geübt hat; überrascht
ihn dagegen die Sache zu sehr, dann wirken die heftig aufge-
regten Seelenkräfte auf den Körper zurück, und zwar zunächst
aufs Gehirn und Nervensystem, was eine secundäre Erregung
des Sympathicus zur Folge hat, und es entsteht Herzklopfen
und vermehrter Blutandrang. Diese Wirkungen sind nun der
Beeinflussung durch unsern Willen gänzlich entrückt. War die
Gehirnthätigkeit schon durch den ersten Impuls gesteigert, so
nimmt dies durch den unwillkürlich vermehrten Blutandrang

und die Reizung des Blutes noch mehr zu, und es ist nicht
mehr möglich, den Sturm augenblicklich durch den Willens-
einfluss zu beruhigen. Die vorhandene heftige Erregung des
Gehirns und Rückenmarks findet vor Allem in den Muskeln
einen Ausdruck, die für gewöhnlich kraft unseres Willens von
diesen Theilen aus erregt werden, es entsteht nämlich ein fort-
währendes Bewegen des Körpers, der nicht mehr zur Ruhe
kommt. Der solchergestalt in Wuth Versetzte schlägt mit
den Händen, selbst auf unschuldige Gegenstände, und stampft
mit den Füssen, seine Gesichtsmuskeln sind krampfhaft gespannt, die Augen blitzen und nehmen im ersten Augenblicke
eine fast unbewegliche Stellung unter den gerunzelten Augen-
brauen ein. Der im Gehirne erweckte Sturm wirkt aber auch
unwillkürlich auf die Seele zurück und veranlasst leicht un-
überlegte Handlungen; schwächere Eindrücke werden gar nicht
mehr wahrgenommen, der Mensch hört und sieht fast nichts
neben dem Gegenstande seiner Wuth, ein ruhiges Nachdenken
ist ihm geradezu nicht möglich, und durch die heftige Leidenschaft wird er, ohne widerstehen zu können, fortgerissen. Die
Folgen der ersten Affection des Gefäss- und Nervensystems,
beschleunigte Circulation und Unruhe des ganzen Körpers,
hören nach Beseitigung der Ursache noch nicht auf, so wenig
als die hohen Wogen der stürmischen See nach dem Aufhören
des Sturms: Ruhe kehrt erst wieder, wenn die unwillkürlichen
Wirkungen des Körpers durch Ruhe zum Schweigen gekommen sind[1]). Man räth deshalb, einem in Zorn Versetzten einen
Stuhl anzubieten und ihn zum Sitzen zu nöthigen; es verlangsamt
sich dann die Circulation, es entsteht Ruhe im Körper, die Gehirnthätigkeit wird herabgestimmt, und die Seele kehrt wie von
selbst zur Vernunft und zur ruhigen Stimmung zurück und
erlangt ihre Herrschaft wieder. Nach Grohmann[2]) sollen

---

[1]) Eine lebendige und getreue Schilderung dieses Einflusses des
Körpers auf den Geist findet man in dem trefflichen Schriftchen von
Gaubius (De regimine mentis quod medicorum est. Lugd. Bat. 1747,
p. 5, 29, 37 und an anderen Stellen).

[2]) Nasse's Archiv f. psych. Aerzte. Bd. 6, S. 266.

bei heftigen und jähzornigen Individuen die Blutgefässe des
Kopfes sehr weit sein, und Bird[1]) giebt an, dass ein anhalten-
des heftiges Toben nur bei solchen Irren gefunden wird, deren
Kopfschlagadern besonders weit sind. Ferner beobachtete
Parry[2]) bei Irren, dass er einen drohenden Wuthanfall ab-
schneiden und die Kranken zur Besinnung bringen konnte,
wenn es ihm gelang, die Carotis zu comprimiren und den
Blutzufluss zum Gehirne zu vermindern; liess er aber mit dem
Comprimiren nach, so kehrte auch die Wuth mit dem wieder-
kehrenden Blutandrange zurück.

Gleichwie bei den erregenden Leidenschaften macht sich
auch bei entgegengesetzten Zuständen, bei Niedergeschlagenheit und Traurigkeit, ein unwillkürlicher Einfluss auf unsern
Geist geltend. Die Wirkung ist hier eine mehr anhaltende,
jedoch wieder verschieden, jenachdem ein plötzlicher Eindruck
und ein Schreck auf das Nervensystem einwirkt, wie etwa die
unerwartete Nachricht vom Tode eines Verwandten, oder eine
langsamere Einwirkung stattfindet. Das Streben der Seele ist
dann auf Einen Punkt gerichtet und für Vorstellungen und
Eindrücke, die damit nicht in Zusammenhang stehen, ist sie
mehr oder weniger unempfänglich; Aufregungen, Begierden,
sinnliche Eindrücke schweigen, da die Seele in sich gekehrt
ist, und dadurch kommt es zu einer eigenthümlichen Abspannung in den Aeusserungen des gesammten Nervensystems, und
durch allgemeine Erschlaffung und Schwächung der Muskeln
wird der Gang träge und schwer. Der Sympathicus nimmt
ebenfalls Theil, und namentlich in den Brust- und Bauchorga-
nen werden alle Functionen herabgestimmt: die Säfte werden nicht in gehöriger Menge abgeschieden, die Verdauung
liegt danieder, der Appetit schwindet, durch eine Art Gefäss-
krampf wird die Circulation, zumal im Unterleibe, erschwert,
die Leber fungirt nicht mehr gehörig als Blutreinigungsorgan,
es stellt sich ein Gefühl von Enge und Schwere in der Herz-

---

[1]) Friedreich's Magazin. Thl. 2, S. 34.
[2]) Friedreich's Diagnostik d. psych. Krankheiten. S. 210.

grube ein, bei den seltneren Athemzügen durchläuft das Blut
weniger gut die Lungen und häuft sich im Herzen an, weshalb
von Zeit zu Zeit durch einen Seufzer dem Bedürfnisse des
tieferen Athemholens Genüge geschieht. Das venöse Blut kann
sich nicht gehörig aus dem Gehirne in das angefüllte Herz
entleeren, und durch dessen abspannenden Einfluss, verbunden
mit der deprimirenden Wirkung des Sympathicus, wird die
Gehirnthätigkeit herabgedrückt. Diese Trägheit und dieses
Gedrücktsein theilt sich aber dem Geiste mit, der an lebhaften
Zerstreuungen keinen Theil mehr nehmen kann.

Wenn im Sympathicus jene Wirkungsweise, die ihm bereits durch die Gemüthsstimmung zugeführt wird, auch noch
durch eine krankhafte Affection sich geltend macht, z. B. durch
Verstopfung, durch Indigestion, so stellt sich die nämliche
Reihe unwillkürlicher Erscheinungen ein. Durch die Affection
dieses Nerven und die Störung des Blutumlaufs wird die Gehirnthätigkeit niedergehalten, es tritt ein Gefühl von Gedrücktsein
auf, eine eigenthümliche ängstliche Spannung in der Herz-
grube, und der Mensch geht ganz und gar in Trauer auf, d. h.
er trauert, ohne zu wissen warum. Die Phantasie führt nur
traurige Bilder vor, die Vernunft vermag die somatische Ursache der Traurigkeit nicht zu bannen, und · so kann diese
Traurigkeit zur Verzweiflung führen [1]).

So erkennen wir deutlich eine doppelte von den Leidenschaften ausgehende Wirkung, nämlich eine willkürliche und
eine als Reactionserscheinung auftretende unwillkürliche. Anfangs hängt es von unserm Willen und unserer Selbstbeherr-

---

[1]) Mehr denn Einmal habe ich beobachtet, dass nach reichlicher
Ausführung krankhaft angehäufter Massen in den Eingeweiden eine
Niedergeschlagenheit des Geistes wie durch Zauber auf Einmal verschwunden war. Ich selbst wurde in einer Krankheit drei Tage lang
ohne Nachlass durch unwillkürliche Traumbilder und Phantasien ge-
quält, wobei ich meiner selbst ganz bewusst war, und dieser Zustand
hörte im Nu auf, sobald es zu einer Ausführung verdorbener Stoffe kam.
Hieraus ersieht man ganz unwidersprechlich, wie solche Stoffe einen
nachtheiligen Eindruck auf die Eingeweidenerven machen, woraus dann
wieder eine unwillkürliche Einwirkung aufs Gehirn resultirt.

schung ab, dass wir uns bezwingen und zurückhalten; sind
aber erst unwillkürliche somatische Aeusserungen zum Durchbruch gekommen, dann sind die Folgen und die Einwirkungen
auf den Geist nicht länger von unserm Willen abhängig. Allen
Leidenschaften und Affecten mischt sich dieses Unwillkürliche
bei, und zwar je nach der Verschiedenheit des Charakters und
nach der Reizbarkeit des Naturells. Bei dem einen hat das
Unwillkürliche viel mehr Einfluss und Gewalt über den Geist
als bei dem andern, und jener ist, ohne es selbst zu wissen,
der Sclav seines Körpers, während der andere nur selten aus
seinem regelmässigen Gange herauskommt. Darauf gründen
sich die sogenannten Temperamente, deren bereits bei den
Alten vier unterschieden werden: das cholerische oder irri-
table, das sanguinische oder lebhafte, das melancholische oder
schwermüthige, das phlegmatische oder torpide. Viele Menschen werden fast ganz durch ihr Naturell bestimmt, während
sie sich selbst zu beherrschen glauben. Durch seine Untersuchungen der menschlichen Natur kam Grohmann [1]) zu dem
tröstlichen und versöhnenden Resultate, dass der Mensch nicht
bösartig, sondern nur ein schwaches und gebrechliches Geschöpf ist. Selten vollbringt er das Böse mit ganz freiem Willen, sondern meistens in Irrthum und Vorurtheil befangen, oder
ohne Kenntniss und im blinden Triebe. Gar oft, fährt Grohmann fort, habe ich den mit sich selbst in Zwist, Missmuth
und Hass streitenden Menschen untersucht: ihn scheint ein
feindlicher Dämon zu beherrschen, Bitterkeit und falsche Auffassung kommen fortwährend von seinen Lippen, Misstrauen
und Argwohn halten ihn am Zügel, Widerwille ist sein Begleiter. Und was findet man bei diesem nicht bösen, wohl
aber unglücklichen Menschen? Seine Gesichtsfarbe spiegelt
es ab. Hätten wir ein Elixir, wodurch sich die Circulation
und die Nervenwirkung in seinen Eingeweiden und im Unterleibe anders gestalteten, so würde das Dunkle und Schwarze
aus seinem Leben ausfallen, und Freudigkeit, Gutmüthigkeit

----

[1]) Friedreich's Magazin für Seelenkunde. Thl. 1, Heft 4, S. 116.

und Theilnahme würden uns wieder an ihm entgegen treten.
Aufbrausende, zornige Menschen heisst man zur Besinnung
kommen, bevor sie handeln. Könnte man aber die apoplekti-
sche Constitution verändern, den Hals länger und die stark
klopfenden Gehirnpulsadern enger machen, die Circulation
verlangsamen, dann würde das sittliche Gefühl nicht so häufig daniederliegen, und die Seele würde nicht so vielfach
durch einen Orkan bestürmt werden.

Von der Wahrheit der Grohmann'schen Angaben habe
ich mich durch den Verkehr mit mancherlei Menschen vollkommen zu überzeugen Gelegenheit gehabt. Jeder Mensch hat
seine schwache Seite, und die meisten verkehrten Neigungen,
mit denen wir zu kämpfen haben, nehmen den Ursprung aus
dem Körper und reissen den Unbedachtsamen und Gedanken-
losen mit sich fort, weil er die Waffen nicht gebraucht oder
nicht gebrauchen lernte, welche die Vorsicht in unserm moralischen Gefühle und in unserm freien Willen niedergelegt hat,
und womit wir jene Neigungen bekämpfen und Herren über
unsern Körper bleiben können. Diese sittliche Natur, welche
mit eingeborner Kenntniss das Gute vom Bösen unterscheidet
und uns zu ersterem anspornt, verbunden mit dem freien Willen und der Fähigkeit, dem Bösen immer zu widerstehen,
ist das Charakteristische und Höchste im Menschen, und die
Schuld unserer Thaten lässt sich durch die Heftigkeit unserer
Leidenschaften und durch unsere Temperamentsstimmungen,
die wir nicht zu beherrschen lernten, nicht abwälzen. Ohne
den Kampf gegen diese bösen Neigungen kann keine Tugend
bestehen.

Der Einfluss der körperlichen Constitution tritt uns auch
in den verschiedenen Lebensperioden entgegen: die vier Temperamente wiederholen sich beinahe in den vier Hauptperio-
den des Lebens. Noch überzeugender gewahren wir dies,
wenn die Constitution durch Krankheit eine Veränderung er-
leidet. So berichtet z. B. Bird von einem Hypochondristen,
der zwanzig Jahre hindurch über mancherlei eingebildete Leiden geklagt hatte und zuletzt von Lungenschwindsucht befal-

len wurde. Von da an fühlte er sich besser, alle Klagen und
Beschwerden verschwanden in dem Maasse, als die Auszehrung
fortschritt, und mit freudiger Aussicht in die Zukunft entwarf
er mancherlei Pläne. So machte die von ihm nicht erkannte
Krankheit seinen Klagen wie seinem Leben ein Ende, während
er in seinem hypochondrischen Zustande, wo keine Gefahr
drohte, niemals von Aengsten frei war.

Ich könnte noch manche Fälle der Art beibringen und
ausserdem noch durch Beispiele den Einfluss des Verdauungs-
und Zeugungsapparates auf das Naturell und die Gemüthsver-
fassung genauer nachweisen. Es ist aber aus dem bisher Beigebrachten schon ersichtlich genug, wie mächtig der Körper
auf die Seele, auf die Denkweise, die Neigungen, die Begierden, die Handlungen einwirkt, und wie reizbar und ver-
änderlich das bewegliche Spiel unserer Gedanken und Affecte
ist. Ist denn nun etwa unsere Seele dem schwankenden Boote
auf dem Ocean zu vergleichen, welches dem Spiele der wechselnden Wogen Preis gegeben ist? Wo bleibt dann die hoch-
gepriesene Freiheit und Kraft des Menschen, wenn so viel
Unwillkürliches seine Vorstellungen bestürmen, sein Urtheil irre
führen, die Kraft seines Geistes schwächen oder hemmen kann?

Freilich übt das Unwillkürliche überall mehr oder weniger Einfluss auf den Willen, selbst ohne dass wir es immer bemerken, und unser Denken und Handeln wird dadurch modificirt. Die menschliche Freiheit ist aber, wenn auch beschränkt,
deshalb noch nicht aufgehoben. Es erhellt gerade hieraus
der Zweck unseres irdischen Daseins und unsere hohe Stellung über den Thieren. Der Mensch ist frei, sobald er nur
die Herrschaft über seinen Leib erlangt und seine höhere Anlage, die Kraft der Seele und den festen Willen, durch Uebung
zu befestigen weiss. Wie eine feinere Erziehung selbst das
Aeussere des Körpers verändert, wie eine frei empfindende
Seele sich auch im Gesichte und im ganzen Körper abspiegelt,
der rohe ungebildete Mensch dagegen sich schon auf den ersten Blick verräth, so verändern sich auch die inneren Theile
und die organischen Kräfte in Folge von Uebung. Belehrt uns

doch die Erfahrung, dass jemand, der lange Zeit der Spielball
seiner Leidenschaften war, weit schwieriger dieselben zu überwinden vermag. Die somatischen Einwirkungen auf den Geist,
der Andrang des Blutes zum Kopfe treten um so intensiver
hervor, je öfterer sie wiederkehren und je andauernder sie
sind. Wie die Muskelkraft im Arme des Fechtmeisters oder
im Körper des Lastträgers durch Geübtwerden sich steigert,
so wird auch der Sturm der Leidenschaften immer heftiger
und die Freiheit verliert sich unter dem Drucke des Körpers.
Deshalb kommt so viel auf Erziehung an. Nach eigener Erfahrung wird es wohl allseitig anerkannt werden, dass die
jugendlichen Eindrücke, die frühe Zügelung der Triebe in der
ersten Blüthe des Lebens meistens für das ganze folgende Leben erfolgreich sind. Ein Kind, das sich noch nicht zu beherrschen im Stande ist, wird fortwährend der Spielball seiner
Launen, Triebe und Leidenschaften, und die Eltern und Erzie-
her müssen es lenken, bis das stärker entwickelte Gefühl der
Pflicht und die Vernunft seinen Willen kräftigen. Das Thier
ermangelt dieser Selbstbeherrschung, und nur durch einen
stärkeren Eindruck, z. B. durch Furcht und Schrecken, können seine Neigungen und Triebe gezügelt oder unterdrückt
werden; der Mensch, der sich selbst beherrscht, nimmt dadurch
eine höhere Stellung ein. Diese Beherrschung gelingt um so
leichter, je weniger den ersten Launen und Trieben nachgege-
ben und der unwillkürlichen Reaction des Körpers Vorschub
geleistet wird, durch deren volle Entwickelung die Geisteskraft erlahmt. Hier gilt im vollen Sinne das Wort: principiis
obsta, bevor der unwillkürliche Einfluss des Körpers zu mächtig wird.

Der verführerische Eindruck einer Schönheit, die anscheinend günstige Gelegenheit und die Vereinigung der Umstände
können bei einem feurigen Jünglinge Empfindungen erwecken,
die er durch die Kraft und den Willen seines Geistes, durch
das sittliche Gefühl der Pflicht und durch die Vernunft nieder zu
halten vermag. Verfliegt aber der erste entscheidende Moment,
dann macht sich der stürmische Trieb geltend, der gesammte

Körper kommt in Aufruhr, das Blut jagt nach dem Gehirne, und
die Seele, durch die gewaltige Wirkung der Gehirnthätigkeit
niedergehalten, vermag in so gefährlichem Augenblicke den
somatischen Sturm nicht länger zu bewältigen. Die ruhige
Ueberlegung, der vernünftige Wille sind dahin, und unbedacht-
sam folgt der Jüngling den somatischen Eindrücken, die ihn
zur blinden Wuth treiben, woraus er nur zu spät mit nagen-
den Gewissensbissen erwacht.

Als Gegengewicht dieses unwillkürlichen somatischen Einflusses ward dem Menschen vor dem Thiere die Vernunft und
das sittliche Gefühl zu Theil. Die Vereinigung mit dem Körper führt zu einem beständigen Kampfe, wobei es von unserem
freien Willen und von der Uebung abhängt, ob wir uns selbst
mehr oder weniger lenken.

Wenn aber der Körper und das besondere Naturell oftmals so entschieden bei unserm Denken und Handeln in den
Vordergrund treten, wie steht es dann mit der Verantwortlichkeit für unsere Handlungen? Kann denn, wenn jemand im
Zorne einen Mord verübt, von einem freien Handeln die Rede
sein? Dass ein solcher Mörder im Augenblicke der That, in
Folge des gewaltsamen unwillkürlichen Wirkens des Körpers
und der Leidenschaften, meistens des Denkens und der Vernunft nicht mächtig ist, bedarf keines besondern Beweises;
daraus folgt aber noch nicht die volle Unschuld des Mörders.
Es giebt Fälle, wo auch der Gesetzgeber einen Unterschied
macht und selbst Straflosigkeit ausspricht.

Die Entscheidung über den Grad der Willensfreiheit bei
einer That ist manchmal höchst schwierig. Der Einfluss des
Körpers auf den Geist lässt sich bei Krankheitsprocessen
manchmal kaum ermessen, und solche Krankheitsprocesse
können lange unterdrückt sein und manchmal rasch zum Ausbruche kommen, eine kurzdauernde sogenannte transitorische
Manie erzeugend. So konnte ich bei einem Manne, den ich
über ein Jahr lang einer sorgfältigen Untersuchung unterwarf,
nichts Irrsinniges auffinden, und doch hatte er in einem, wie
er selbst angab, ihm unerklärlichen Drange, dem er nicht zu

widerstehen vermochte, sein liebstes Kind ums Leben bringen
wollen. Der Gedanke, die schreckliche That, an der er verhin-
dert wurde, beinahe vollbracht zu haben, hatte einen solchen
Eindruck auf ihn hervorgebracht, dass·dadurch Genesung eingetreten zu sein schien. Ein solcher Eindruck, wie z. B.
das unerwartete Eintreten einer Person, ja ein scheinbar ganz
zufälliges Ereigniss, kann dem Spiele der unwillkürlichen
Phantasie ein Ziel setzen und den Sturm zerstreuen, so dass
wir uns selbst wiedergegeben werden. So erzählt Grohmann[1]), dass zwei Brüder, durch Armuth und Elend getrieben,
ihrem Leben wechselseitig ein Ende machen wollten. Da fing
ein kleiner Hund, den sie zufällig mitgenommen hatten, wegen
eines Schmerzes heftig zu heulen an, und bei dieser Schmerz-
äusserung wurden sie aus ihrer Betäubung herausgerissen
durch den Gedanken: wenn unsere Mutter über unseren Tod
einen ähnlichen Schmerz empfinden sollte! Durch diese ganz
unbedeutende Veranlassung kehrte ihnen die Vernunft wieder,
der Wille erlangte die nöthige Kraft und muthvoll kehrten sie
zurück.

Der Mensch erfreut sich also hierin keiner unbeschränkten Freiheit, wenn er es auch glaubt, sondern mehr oder weniger ist er dem Einflusse des Körpers unterworfen. So wenig
der Wille den Einfluss des Geistes auf das Somatische ganz
aufzuheben und z. B. das Auftreten der Schamröthe zurück-
zuhalten vermag, sobald ein beschämendes Gefühl das Blut
durch alle Gesichtsgefässe treibt, eben so wenig vermag der
Wille eine gänzliche Umänderung des Charakters herbeizuführen. Der Mensch kann den Einfluss des Körpers auf den
Geist bändigen, nicht aber vollkommen abhalten. So ist die
menschliche Freiheit eine verschiedenartige je nach dem Naturell und dem Charakter, worauf Erziehung, Lebensstellung,
Klima, Alter und Krankheitszustände einen so entschiedenen
Einfluss üben. Um mit sicherer Hand die Gewalt und den
Einfluss der somatischen Aeusserungen auf den Willen abzu-

---

[1]) Zeitschrift f. psych. Aerzte. Thl. 1, S. 485.

wägen und den Grad der Verantwortlichkeit zu bestimmen,
dazu bedarf es mehr denn menschlicher Einsicht, und wir
überlassen dies Gott. Niemals vermögen wir mit vollkommener Wahrheit den sittlichen Werth der Handlungen unserer
Nebenmenschen abzuschätzen, wir beurtheilen dieselben von
unserem Standpunkte aus, d. h. mehr oder weniger einseitig,
und empfinden nicht die nämlichen somatischen Eindrücke,
die auf sie einwirkten.

Endlich mag nach Allem, was bisher angeführt wurde,
die Frage gerechtfertigt erscheinen, ob nicht Gehirnthätigkeit
und Seele einerlei sind? Wenn durch eine Erregung des Körpers die seelischen Vermögen sich steigern, wenn aus einer
materiellen Ursache Neigungen der Seele sich entwickeln,
giebt es denn da noch einen Unterschied zwischen Seele und
Gehirnthätigkeit? Dieser Unterschied ist aber doch vorhanden, und vielleicht tritt er uns nirgends schärfer entgegen, als
in dem bisher Besprochenen.

Die Erregung der Gehirnthätigkeit, die erhöhte Reizbarkeit des Gefässsystems haben freilich einen leichteren und
rascheren Verlauf unserer Handlungen und Vorstellungen zur
Folge, auch unser Gefühlsvermögen wird dadurch gar sehr
beeinflusst und Begierden können dadurch erweckt und modificirt werden, es kommt aber dabei kein tieferes Urtheil, es kommen keine schärferen Verstandesvermögen zum Durchbruch.
Bei kräftiger, rascher Circulation zeigt sich oftmals eine recht
bewegliche Seele mit einem beschränkten Verstande; einer
weniger raschen Organisation ist oftmals eine ruhigere, dabei
aber tiefer eindringende Seele verliehen, wo die Gedanken
zwar nicht gleich rasch auftauchen, dabei aber klarer sind,
und wo das Urtheil ein tieferes ist. Die regere Gehirnthätigkeit bringt also keinen grösseren Verstand, sondern nur ein
rascheres Wirken, das Gehirn ist dann nur ein bequemeres
Werkzeug der Seele. Es können daher bei ganz entgegengesetzten Körperconstitutionen die vorzüglichsten Geistesvermögen gefunden werden. Nicht die Seele an und für sich,

sondern die wechselseitige Wirkung von Körper und Seele bedingt den Charakter.

Sodann gewahren wir überall einen Kampf zwischen unserem Willen und einem Drange, der ausser oder neben unserem
Willen dasteht, also nicht mit diesem identisch ist, und den
wir auch mittelst unseres Willens zu zügeln im Stande sind.
Dieser Nerven- oder Gehirnkraft kommt, gleich allem Somatischen, der Charakter der Unwillkürlichkeit zu, der allen Naturkräften gemein ist; ihre Wirkungen sind festen Gesetzen unterworfen, und sie äussert sich gemäss den Eindrücken, von
denen sie berührt wird. Je mehr die Gehirnkraft erregt und
in Wirksamkeit versetzt wird, um so mehr Unwillkürliches
mischt sich den Handlungen bei. Ich habe dafür das Beispiel
des Wüthenden und des Betrunkenen angeführt, bei denen
nicht etwa der Verstand gesteigert, sondern nur durch die un-
gestüme Gehirnthätigkeit verdrängt und unterdrückt ist. Das
Gleiche sehen wir bei Irrsinnigen und Delirirenden, bei denen
durch die gesteigerte Erregung der Gehirn- und Nervenkraft
die verständige Leitung des Denkvermögens in Ausfall gekommen ist. Die sinnlichen Eindrücke und die Empfindungen
werden uns mittelst des Körpers zugeführt, sie charakterisiren
sich durch das Unwillkürliche und gestalten sich auch verschieden nach dem Naturell: daher die bei verschiedenen Menschen wechselnde Auffassung dessen, was schön und angenehm ist.

Anders verhält es sich mit dem sittlichen Gefühle. Das
Gefühl für Recht und Billigkeit, für Pflicht und Tugend kann
allerdings mit mehr oder weniger Klarheit hervortreten; das
hängt aber nicht vom Naturell ab. Nirgends wird im Princip
Schlechtigkeit und Verworfenheit für Tugend, Uebelthat für
Pflicht erachtet, wenngleich auch hier Irrthum unterläuft.
Das sittliche Gefühl ist nicht der unbeständigen Gehirnthätigkeit anvertraut, vielmehr ist es ein sicherer Begleiter unseres
höheren Princips. Glücklich, wer es einstmals gepflegt und
veredelt zurückbringt.

Die Seele ist demnach ein höheres Princip, als dessen

unterscheidende Kennzeichen freier Wille, Urtheil, Vernunft und sittliches Gefühl zu nennen sind. Wohin wir auch in der Natur blicken, nirgends ausser uns finden wir eine mit diesen Eigenschaften ausgestattete Kraft. Der sonderbare Widerspruch, worin sich der Mensch zeigt, findet nach Herder[1]) darin seine Erklärung, dass er das verbindende Glied zweier Welten ist, dass „sein Zustand, der letzte für diese Erde, zu„gleich der erste für ein anderes Dasein ist, gegen den er, „wie ein Kind, in den ersten Uebungen hier erscheint. — — — „Sofort wird klar, welcher Theil bei den meisten hienieden „der herrschende sein werde. Der grösste Theil des Menschen ist „Thier; zur Humanität hat er bloss die Fähigkeit auf die Welt „gebracht, und sie muss ihm durch Mühe und Fleiss erst ange„bildet werden. Wie wenigen ist es nun auf die rechte Weise „angebildet worden! Und auch bei den besten, wie fein und „zart ist die in ihnen aufgepflanzte göttliche Blume! Lebens„lang will das Thier über den Menschen herrschen, und die „meisten lassen es nach Gefallen über sich regieren. Es zieht „also unaufhörlich nieder, wenn der Geist hinauf, wenn das „Herz in einen freien Kreis will. Und da für ein sinnliches „Geschöpf die Gegenwart immer lebhafter ist, als die Entfer„nung, und das Sichtbare mächtiger auf dasselbe wirkt, als „das Unsichtbare, so ist leicht zu erachten, wohin die Wage „der beiden Gewichte überschlagen werde. — — — Die edel„sten Verbindungen hienieden werden von niedrigen Trieben, „wie die Schifffahrt des Lebens von widrigen Winden, ge„stört, und der Schöpfer, barmherzig-strenge, hat beide Ver„wirrungen in einander geordnet, um eine durch die andere „zu zähmen, und die Sprosse der Unsterblichkeit mehr durch „rauhe Winde als durch schmeichelnde Weste in uns zu er„ziehen. Ein viel versuchter Mensch hat viel gelernt, ein „träger und müssiger weiss nicht, was in ihm liegt, noch we„niger weiss er mit selbstgefühlter Freude, was er kann und

---

[1]) Ideen zur Geschichte der Menschheit. Sämmtliche Werke, 1827, Thl. 4, S. 240.

„vermag. Das Leben ist also ein Kampf, und die Blume der
„reinen unsterblichen Humanität eine schwer errungene Krone.
„Den Läufern steht das Ziel am Ende; den Kämpfern um die
„Tugend wird der Kranz im Tode."

Ist nun auch der Einfluss des Körpers auf die Seele je
nach Temperament, Lebenszeit und wechselnder Erregbarkeit
bedeutsam genug, der Mensch besitzt gleichwohl die höhere
Freiheit, die ihn in Stand setzt, den Eindrücken und Neigungen, die aus seinem Naturell entspringen, zu widerstehen und
sie zu überwinden. In ihm ist also etwas Selbstständiges vorhanden, etwas über der Gehirnthätigkeit Stehendes, und seine
Seele darf nicht mit der Gehirnthätigkeit identificirt werden.
Das Gehirn wirkt unwillkürlich, und wird durch Eindrücke
und Reize, die es treffen, erregt; die Seele ist mit Urtheils-
fähigkeit, mit Verstand und Vernunft ausgestattet, sie handelt
frei, und das sittliche Gefühl dient ihr als Compass auf der
Lebensbahn, veredelt sie und spornt sie an, höhere Vollkommenheit zu erstreben.

Nur so erklärt sich die Erscheinung, deren ich bereits früher (in der ersten Abhandlung) gedacht habe, dass, wenn vor
dem Tode die unwillkürliche Gehirnthätigkeit und die sinnlichen Eindrücke in Wegfall kommen und die Banden, womit
unser höheres Princip an die Materie gefesselt ist, sich lockern,
alsdann die Seele oftmals mit grösserer Freiheit, mit Klarheit
und in reinen Empfindungen sich offenbart, mit hellen in die
Zukunft reichenden Strahlen als untergehende Sonne ihre leibliche Hülle verlassend.

Ist dieses höhere Princip hienieden aufs Engste an die
Kräfte der Materie gebunden, können wir hienieden nur Materielles erkennen, hemmen jene irdischen Kräfte unsere vollkommene Entwickelung, so dürfen wir doch erwarten, dass
wir nach dem Verlassen dieser ersten Pflanzschule höheren noch
unbekannten Kräften vereint sein werden, dass wir freier und
edler in der Schöpfung dastehen und in dieser höheren Schule
zu wahrer Vollkommenheit und zu einer Reife kommen werden,
zu der hienieden nur die ersten Keime gelegt wurden.

V.

Die Selbstständigkeit der Seele, bestätigt durch die verschiedenen Entwickelungsstadien des Menschen.

Wenn wir um uns die Werke der Natur betrachten und auf deren unendliche Verschiedenheit und Menge achten, wobei Alles in harmonischer Ordnung nach Einem Ziele hinstrebt, so muss uns die Masse von Leben und Bewegung im organischen Reiche am meisten in Verwunderung setzen. Im Pflanzen- wie im Thierreiche haben wir einen ununterbrochenen Wechsel von Werden und Vergehen, und doch erhält sich das Ganze, ohne dass wir. die verborgene Macht sehen, die Alles schafft und zusammenhält.

Fassen wir aber einen einzelnen Organismus ins Auge und suchen hier den Zusammenhang zwischen den organischen Apparaten und den Lebensäusserungen zu ermitteln, so tritt uns die gleiche Ordnung und Harmonie entgegen, und wir überzeugen uns, dass in der Schöpfung überall Mittel und Zweck zusammenfallen, dass jeder einzelne Theil nicht bloss um seiner selbst willen da ist, sondern auch zum Bestehen und Leben des ganzen Organismus beiträgt. Alles ist mit unergründlicher Weisheit gerade so geordnet, wie wir es sehen. Jede Pflanze wie jedes Thier ist gerade so gebaut, die Lebensäusserungen und Kräfte derselben sind so geregelt, und ihre Eigenschaften und Fertigkeiten wirken so harmonisch zusam-

9*

men, wie ihre Existenz, ihre Lebensweise und ihre Bedürfnisse
es erfordern; nichts ist vergessen, nichts ist überflüssig oder
nutzlos, Alles verkündet uns den grossen Meister, dessen Vollendung sich in seinen Werken abspiegelt.

Wenden wir uns zum Menschen selbst, so finden wir, dass
neben den somatischen Wirkungen und den Nervenkräften,
die im lebenden Körper wirken, auch noch neue und höhere
Vermögen und Geistesgaben vorkommen, die uns in solcher
Weise nicht wieder in der lebenden Natur entgegentreten.
Beim Menschen treffen wir das höhere Ich, den mit Verstand
und Vernunft ausgestatteten Geist, welcher die Wunder der
Natur untersucht und erforscht, Ursache und Wirkung berechnet, und sich bis zum letzten Grunde des Weltalls, bis zum
Schöpfer selbst erhebt, worin er die unendliche Weisheit und
die Quelle alles Erschaffenen voll Ehrfurcht anstaunt.

Der Natur dieses höheren Princips sowohl, als auch der
engen Verbindung der Seele mit dem Körper, hat man zu
allen Zeiten eifrig nachgeforscht. Im Allgemeinen erachtet
man die Seele für ein höheres selbstständiges Princip, dem
unser Körper nur als temporäre Wohnung und als Instrument
zugewiesen ist. Indess wollen auch Manche, zumal in der Jetzt-
zeit, die Seele nur als den Ausfluss der dem lebenden Körper
eigenthümlichen und an die Materie gebundenen Kräfte gelten
lassen, oder als eine in den Nerven und im Gehirne durch
den Stoffwechsel bewirkte Kraftäusserung. Nach Professor
Ludwig Fick[1]) in Marburg ist die Seele die Vereinigung der
centralen Nervenströme, und als Product somatischer Kräfte
entbehrt sie jeder Selbstständigkeit: sie ist nach ihm Eins mit
dem Körper, Eins mit der Materie, durch deren Wirkung sie
ersteht, und auch eben so hinfällig und vergänglich als
die Formen der Materie, denen sie ihr Auftreten zu verdanken hat.

Dass Seele und Körper, wie wir es an den übrigen Werken der Schöpfung wahrnehmen, in harmonischer Weise auf

---

[1]) Müller's Archiv 1851, Heft 5, S. 385.

Ein Ziel hinwirken, ist nicht in Abrede zu stellen. Dass der Körper auf unsere geistigen Thätigkeiten und auf unser gesammtes höheres Wesen einen sehr grossen Einfluss übt, das lehrt die tägliche Erfahrung, das entnehmen wir dem eigenen Naturell, dem Temperamente, den mehr oder weniger hervortretenden Neigungen und Leidenschaften, ja das beweisen uns die Irrsinnigen in so betrübender Art.

Führt denn aber die Natur, führen alle diese Erscheinungen wirklich zu dem Schlusse, dass Seele und Körper Eins sind, dass unser höheres Ich nichts ist als eine Aeusserung unserer höchsten somatischen Kräfte und dem Stoffwechsel entspringt? oder zeigt uns nicht vielmehr die genauere Untersuchung, dass die Seele keineswegs ein unmittelbares Product des Körpers, sondern der Körper nur ein Instrument für die Seele ist, die als selbstständiges und hienieden unerforschbares Wesen den Körper bewohnt und nur mit dessen Hülfe ihr höheres Ziel zu erreichen im Stande ist?

Ich will versuchen, das Buch der Natur selbst aufzuschlagen, ob sich hier nicht eine Aufhellung dieser bedeutungsvollen und dunklen Fragen auffinden lässt, indem ich eine Skizze der aufeinanderfolgenden Entwickelungsstadien des Menschen entwerfe, und so die Entsprossung der höhern Geistesvermögen beim Kinde, ihre weitere Gestaltung im Jünglingsalter, ihre volle Entfaltung beim Manne, und endlich ihre Reife im Greisenalter verfolge. Da wird es sich zeigen, ob unser höheres Ich, die Verstandeskräfte, die Vernunft, das sittliche Gefühl Producte der somatischen Kräfte sind und mit diesen Kräften in den verschiedenen Lebensepochen gleichen Schritt halten, wie es bei wirklicher Einheit oder Identität von Seele und Leib zu erwarten wäre.

Sobald das neugeborene Kind in die ihm neue Welt eingetreten ist, erwacht es aus einem bis dahin ungestörten Schlafe, worin äussere Reize kaum auf dasselbe einwirken konnten, durch fremdartige noch nicht empfundene Eindrücke. Seine Sinnesorgane sind aber noch nicht so ausgebildet, dass sie diese Eindrücke genau und richtig aufnehmen könnten, und seine noch unentwickelten Geisteskräfte vermögen sie noch nicht zu unterscheiden: das Kind hat Eindrücke und Empfindungen, aber noch keine Wahrnehmungen. /Loev dogom.

Das Seelebeleben des Kindes ist zuerst nichts anderes, als ein temporäres Empfangen von Eindrücken, die noch nicht begriffen werden. In dieser ersten Schule lernt es die Empfindungen von einander unterscheiden, und wenn sie sich vielfach wiederholen, weiterhin mehr und mehr verstehen und begreifen; die sinnlichen Eindrücke führen so zu Wahrnehmungen, sie sind die von der Aussenwelt gebotene Nahrung des Geistes, der erste Stoff für das Nachdenken. Das Licht abgerechnet, welches in die Augen fällt, scheint das Kind zuerst kaum noch von anderen Wahrnehmungen erreicht zu werden, als von dem fremdartigen Gefühle des Hungers oder Durstes. Früher ging seine Nutrition ohne alle Unterbrechung von Statten; jetzt wird es aus dem wohlthätigen Schlafe, gleichsam der Fortsetzung des Fruchtlebens, durch das erste unangenehme Gefühl von Hunger oder Durst erweckt, was ihm einen unwillkürlichen Schrei erpresst. Die eigene Stimme, die hierbei durchbricht, gehört wieder zu seinen ersten Wahrnehmungen. Da die gütige Natur für Alles gesorgt hat, so kommen die zum Saugen nöthigen Bewegungen nicht durch den Willen des Kindes oder durch verständiges Nachdenken zu Stande, sondern ganz unwillkürlich stellen sie sich ein: bei jeder Berührung der empfindlichen Lippen stellt sich eine Saugbewegung ein, und selbst neugeborene Kinder, denen das Gehirn fehlt, saugen gleich gut. So lange das Kind den eigenen Körper noch nicht beherrschen kann, ist diese Beherrschung durch eine eigene künstliche Einrichtung dem Körper selbst anvertraut, für Alles ist Sorge getragen, nichts ist seiner Unerfahrenheit und dem noch nicht fixirten Wollen und Wirken überlassen.

An der Mutter Brust geschieht dem ersten Bedürfnisse

Genüge, hier wird dem Kinde das angenehme Gefühl der Sättigung und Befriedigung, hier hat es den ersten Lebensgenuss in der neuen Welt. Die fortwährende Wiederkehr dieses Bedürfnisses und die nachfolgende behagliche Sättigung giebt dieser Wahrnehmung mehr Dauer und Bestand. Wird das Kind weggenommen, oder wirkt eine andere fremdartige Empfindung auf dasselbe, es dreht alsbald den kleinen Mund wieder zur Seite, um aufs Neue seinem Bedürfniss auf genussreiche Weise zu genügen, denn es unterscheidet der Mutter Brust noch nicht von anderen fremdartigen Reizen oder Wahrnehmungen. In seinem noch dunklen Selbstbewusstsein erfolgt aber damit der erste Schritt zu höherer Selbstentwickelung: es liegt darin die erste Andeutung des Gedächtnisses, wodurch ihm ein dunkles Gefühl des früheren Genusses zu Theil wird, und damit fängt das Kind schon an, in der Vergangenheit zu leben.

Die Sinnesorgane sind noch unvollkommen und erst allmälig wird das Kind empfänglich für mehrfache Eindrücke. Nur in den Pausen des sonst anhaltenden Schlafes bekommt es in kleinen wiederholten Gaben sinnliche Eindrücke und dadurch wird es vor Ueberreizung bewahrt.

Zuerst scheint das Kind noch taub oder wenigstens harthörig zu sein. Die Trommelhöhle ist noch mit Flüssigkeit angefüllt, deren Stelle erst langsam durch die eindringende Luft ersetzt zu werden scheint; diese Erfüllung der Trommelhöhle muss aber beim Kinde eben so Taubheit bewirken, wie eine solche unter gleichen Umständen häufig in späteren Jahren vorkommt. Nach ein paar Wochen nahm ich aber doch mehrmals deutlich wahr, dass die Kinder Geräusch empfanden. Jedenfalls wird aber ein Kind in der ersten Zeit durch Lärm weniger leicht in seinem ruhigen Schlafe gestört, als späterhin.

Das Gesicht als das erste Sinnesorgan verschafft dem Kinde die ersten Wahrnehmungen und bringt dasselbe in nähere Beziehung zur Aussenwelt. Bereits wenige Stunden nach der Geburt sah ich die Augen des Kindes den Bewegungen eines etwas entfernten Lichtes nachgehen. Nach Burdach[1]), dessen sorgfältigen Beobachtungen ich hauptsächlich folge, unterscheidet sich das Kind hierdurch von allen neugeborenen Säugethieren, bei denen so etwas nicht vorkommt. Durch die starke Wölbung der Augäpfel und der von ihnen umschlossenen Linsen scheint aber das Auge noch längere Zeit mehr für nahe Gegenstände eingerichtet zu sein; die Unbeweglichkeit der Augäpfel in den ersten Tagen, sowie die manchmal noch vorhandene Pupillarmembran scheinen aber das Gesicht noch zu verdunkeln, und das Kind erfreut sich zwar des Lichts, aber es sieht noch nicht, es nimmt noch nicht wahr. Zuerst folgt das Kind dem Lichte, dann verfolgt es helle Gegenstände und deren Bewegung, und bald erwacht durch die wiederholten Eindrücke eine eigenthümliche Thätigkeit des Geistes, das Licht nämlich verursacht ihm einen angenehmen Eindruck, und im Dunkeln giebt es seine Ungeduld zu erkennen.

Durch die sich immer wiederholenden Eindrücke erlangt das Kind schon in den ersten Monaten eine gewisse Kenntniss der Gegenstände. Das Fremdartige scheint ihm Befriedigung zu schaffen, und das erste unwillkürliche Lächeln um den zarten Mund im zweiten oder dritten Monate versetzt die spähende Mutter in ein Entzücken über die schnelle Entwickelung ihres Lieblings. Im dritten Monate geben sich Wohlgefallen und Unlust schon deutlich genug zu erkennen. Dabei nimmt das Gedächtniss zu und es steigert sich die Combination der empfangenen Eindrücke. Früher schrie das Kind, wenn es Hunger hatte, so lange, bis es an die Brust gelegt ward und im Saugen seine Befriedigung fand; vom dritten Monate an wird es in der Regel schon still, so wie es nur aufgenommen wird, und an die Brust gelegt: es weiss nun bereits durch wiederholte Erfahrung, dass seinem Bedürfniss alsbald Genüge geschehen wird. Weiterhin weiss es, was sein Schreien für Folgen hat, und nun schreit es absichtlich, um etwas zu erlangen. So entwickelt sich ein eigenthümliches

---

[1]) Die Physiologie als Erfahrungswissenschaft, Thl. 3, S. 185.

oder spontanes Wirken des Geistes; das Gedächtniss nimmt zu und das Kind giebt seinen Willen kund.

Betrachten wir diese merkwürdige Erscheinung etwas näher! Seele und Körper sollen Eins sein, oder die Seele soll nichts sein, als Nerven- oder Gehirnkraft. Folgt dies aus einer vorurtheilslosen Beobachtung der Natur? Jeder Nerv, jeder Gehirntheil wirkt nur nach einem empfangenen Eindrucke, nicht aber von sich aus, immer auf die nämliche Weise. Beim Kinde sehen wir dagegen ein neues Princip, ein selbstständig wirkendes Wesen oder Vermögen langsam wie aus einem Schlafe heraustreten, ein Princip, worin sich Willkür und Bewusstsein kund geben, was bei keiner Nervenkraft angetroffen wird, ein Wesen, welches auf das Gehirn und auf die Nervenkraft einwirkt, oder Eindrücke empfängt und aufnimmt, bewahrt und verarbeitet, sich aneignet und dann wieder aussendet, ohne sie indessen wie durch einen Spiegel augenblicklich zu reflectiren. Es handelt dieses Wesen vielmehr nach eigenem Willen in Gemässheit eines selbstständigen Vermögens und es wird nicht mehr bloss passiv angetrieben. So vermag ich die Gleichheit oder Identität der Seele und des Körpers nicht aus der Natur herauszulesen, eher dieses, dass die Seele ein besonderes selbstständiges Princip ist, welches sich noch weiter entwickeln muss.

Wie zuerst der kindliche Geist in der Aufnahme von Eindrücken sich passiv verhält und kein eigenes Wirken darlegt, so wirkt er auch noch nicht auf den Körper des Kindes. Die ersten Bewegungen erfolgen unwillkürlich und ohne Ziel; das Kind hat noch nicht die Absicht, etwas zu fassen, es beherrscht noch nicht die Bewegungen der Arme. Sehr frühzeitig führt es dagegen die Händchen zum Munde. Vom dritten Monate an beginnt es auch nach etwas zu greifen, als Vorversuch sich aufzurichten. Das eigentliche Tasten und Begreifen kommt weit später; es verlangt eine höhere Thätigkeit des Geistes und eigene Untersuchung. Es ist eine ganz verfehlte Ansicht, wenn manche Autoren behaupteten, das Kind bekomme durchs Tasten den ersten Eindruck von Entfernung und Grösse, und durchs Fühlen lerne es sehen. Schon lange sieht und unterscheidet das Kind Gegenstände in verschiedenen Entfernungen, bevor es dieselben begreift und untersucht; es ist noch nicht der philosophischen Betrachtungen und Beweisführungen fähig, die ihm von der Phantasie jener Autoren angedichtet werden, indem sie sich das Kind als einen kleinen Philosophen denken, der bereits über die Eigenschaften der Dinge philosophirt und Schlüsse zieht.

Gegen das Ende des dritten Monats nimmt die Entwickelung sehr rasch zu: die Aufmerksamkeit wird gespannter und die Nachahmung beginnt. Ich beobachtete um diese Zeit schon ein Falten des Mundes, um das Geräusch nachzuahmen, das dem Kinde vorgemacht wurde. Ein rascher Wechsel der Dinge überrascht das Kind, und es jauchzt darob vor Freude. Als neue Erscheinung kommen jetzt die ersten Aufwallungen und Leidenschaften, wogegen späterhin so hart anzukämpfen ist: das Kind giebt deutlich seinen Unwillen und seinen Zorn zu erkennen; es schreit, es stösst mit den Beinchen und wehrt sich, so gut es kann, beim Waschen; im verschiedenen Tone des Geschreis drückt sich schon aus, was in ihm vorgeht. „Kein Thier," sagt Burdach[1]), „ist nach der Geburt so ungeduldig und geberdet sich so leidenschaftlich, als der Mensch; er allein findet die Schranken seines Lebens so unerträglich, weil er mit höherer Kraft begabt und zur Freiheit berufen ist."

Zugleich mit der Leidenschaftlichkeit entwickelt sich aber auch Gemüth und Gefühl. Anfangs ist das Kind noch gleichgültig und der Freude unzugänglich, erst durch wiederholte angenehme Eindrücke muss dies Gefühl in ihm erweckt werden. Zuerst gewähren ihm nur sinnliche Eindrücke Vergnügen, z. B. glänzende Gegenstände, weiterhin auch die sanfte menschliche Stimme, und vom vierten Monate an jauchzt es vor Freude, wenn ihm zugesprochen wird und wenn es ein freundliches Gesicht sieht. Die Wiederholung macht es ihm zu

---

[1]) Physiologie, Thl. 3, S. 201.

einem Bedürfnisse, diese Freude zu geniessen, es wird gesellig und will nicht mehr allein sein. Die Gewohnheit oder die Erinnerung des Gefühls, wie es Burdach nennt, fängt an sich geltend zu machen, und mit ihr beginnt die Erziehung. Durch die tägliche Gewohnheit wird das Kind zunächst an die Mutter gefesselt, bei der es Ruhe und Befriedigung findet, und weiterhin auch an die übrigen Hausgenossen. Der hierdurch erwachte Trieb nach Geselligkeit ist der erste Keim der aus Liebe entsprossenen Gegenliebe, und das edelste menschliche Gefühl, die Liebe, wendet sich somit zuerst der Mutter zu, dann den Geschwistern, und mit der Erweiterung des Gesichtskreises auch der übrigen Menschheit. Es wird dieses Gefühl vornehmlich durchs Gehör und somit durch Zusprache hervorgerufen. Wie sehr das Gehör auf dieses Gefühl einwirkt, darüber belehren uns die von Geburt an Taubstummen, die im Allgemeinen weniger gesellig und dabei weit eigensinniger sich darstellen; sie bewältigen die Leidenschaften ungleich schwerer als Blindgeborene. Der Ton der Klage rührt uns weit mehr, als der Anblick eines Unglücklichen. Das Gehör wirkt mächtiger auf das Gefühl und spricht stärker zum Gemüthe, das Gesicht wirkt mehr auf den Verstand.

In der ferneren Entwickelung unterscheidet das Kind auch rascher das Fremde und Ungewohnte vom bereits Bekannten: den Fremden starrt es zuerst mit weiten Augen an, dann wendet es das Gesicht ab, verbirgt sich an der Mutterbrust und fängt an zu schreien. So tritt ein neues Gefühl, die Furcht, auf; das Kind wird scheu und ängstlich, wenn ein Unbekannter ihm naht.

Nun erkennt es auch, was ihm angenehm und seiner Aufmerksamkeit werth ist, es will danach greifen, und in diesem Begehren des Erfassens liegt das erste Verlangen nach Besitz. Das Kind ist noch ganz und gar Egoist. Die Vorstellung, dass etwas einem Andern angehöre, entwickelt sich erst später durch Entbehren und Aufopferung; dazu gehört ein Bewältigen der Begierden, ein Beherrschen seiner selbst. Wir dürfen uns nicht wundern, dass dies dem Kinde schwer fällt,

da ja so viele Menschen in dieser Beziehung Zeitlebens Kinder
bleiben.

Werden die Begierden des Kindes fortwährend befriedigt,
merkt es, dass man seinen Wünschen dienstbeflissen nach-
kommt, dass man ihm giebt, was es verlangt, so lernt es immer
mehr die Macht seines Wollens kennen, und durch Schreien
verschafft es sich das, was es nicht unmittelbar erreichen kann.
Giebt man dagegen nicht fortwährend hierin nach und versagt
man ihm auch manches Verlangte, dann lernt es seine Begierden bezwingen und gehorsam sein. Durch ungesäumte Befriedigung aller Wünsche macht man das Kind zum Sclaven seiner Begierden, durch ein schliessliches Nachgeben fördert man
seinen Eigensinn, wobei die Selbstbeherrschung, diese mäch-
tige Kraft im Menschen, ihm fremd bleibt. Der Eigensinn und
die Halsstarrigkeit verzögern die höhere Entwickelung, das
Kind bleibt eben Kind und ist meistens für sein ganzes übri-
ges Leben verdorben, wenn nicht später Widerstand und
Zwang der Umstände seinen starren Willen brechen.

Mit jedem neuen Monat wachsen die Geisteskräfte des
Kindes. Das Gedächtniss wird stärker, und unter Aeusserungen
der Freude erkennt es früher gesehene Gegenstände wieder, ja
bald erinnert es sich auch solcher Dinge, die es nicht unmittelbar vor Augen hat, es ist im Stande, dieselben seinem Geiste
vorzuführen und in Gedanken zu zeichnen; seine Einbildungskraft erwacht und giebt sich schon in den Träumen kund.

Wenn das Kind im fünften und sechsten Monate Gegenstände fasst, dann fängt es auch an, sich damit zu beschäfti-
gen, der Geist wird thätiger, das Spielen und Untersuchen
beginnt. Durch bestimmte Laute geben sich mehr und mehr
die Begierden zu erkennen, und im achten Monate sucht das
Kind schon bestimmter Töne und Worte nachzumachen: es
will zum ersten Mal nicht bloss seine Begierden durch Töne,
sondern auch seine Gedanken durch Worte ausdrücken, indem
es sich der Sprache bedient, wobei ihm eine so zweckmässig
von der Natur verliehene und in der späteren Lebenszeit fast
unbegreifliche Gelehrigkeit zu Theil ward.

Man darf aber nicht ausser Acht lassen, dass das Kind
bereits die Bedeutung mancher Wörter kennt, z. B. seinen und
seiner Eltern Namen, bevor es dieselben noch aussprechen kann.
Hören wir eine ganz fremde Sprache, so erfolgt das Erlernen
nicht so leicht; ein Dolmetscher, ein Lehrer, eine Grammatik,
ein Wörterbuch machen sich nöthig. Das Kind erlernt die
Sprache ohne diese Hülfe. Es hat kein Wörterbuch, keinen Dolmetscher, und wenn ihm auch manche Namen wegen der fort-
dauernden Wiederholung geläufig sind, so bekommt es dieselben auch wieder in ganz anderem Sinne zu hören. Wie viel Aufmerksamkeit gehört nicht dazu, um die oftmals bildliche Bedeutung mancher Eigenschaftswörter (süsses Kind, süsser Zucker,
schönes Wetter — Kleidchen — Püppchen) zu verstehen, um
die Zeitwörter, die keine sichtbare Sache darstellen, in der
mehrfachen Abwandlung und Bedeutung, in der sie gebraucht
werden, zu begreifen und in der wechselnden Stellung und
Verbindung wieder zu erkennen, um die Bedeutung der Farben, der Zahlen sich zu eigen zu machen. Und doch haben
wir Beispiele in Menge, dass Kinder unter der Aufsicht fran-
zösischer Bonnen zwei Sprachen auf einmal erlernen. Einer
meiner Freunde hat mir sogar mitgetheilt, dass er ein von holländischen Eltern in Verviers geborenes Kind gekannt habe,
das mit vier Jahren je nach den Umständen in vier verschiedenen Sprachen sich vernehmen liess, ohne sich zu verwirren:
Holländisch, Französisch (die Sprache der meisten gebildeten
Einwohner), Wallonisch (das allgemeine Idiom der niederen
Volksclasse), Deutsch (die Sprache einiger dortigen Familien,
mit denen die Eltern in Verkehr standen).

Wir haben hier eine Staunen erregende Gelehrigkeit des
Geistes, und dadurch erhebt sich das Kind weit über alle Thiere.
Der Papagei lernt freilich einzelne Worte nachsprechen, ihre
Bedeutung jedoch versteht er nicht. Man kann aber dem Kinde
nur die Namen der Gegenstände und Personen beibringen;
alles Abstrahirte und die besonderen Eigenschaften, die nicht
den Gegenstand selbst darstellen, zu begreifen, ist eigenes

Werk des kindlichen Geistes, und es wird ohne eine dafür
bestimmte Methode erlernt.

Hierin offenbart sich vor Allem, wie der Körper der Erziehung des Geistes zu Hülfe kommt, da er nicht bloss sinnliche Eindrücke, Töne und Worte dem Geiste zuführt, sondern
auch die Fähigkeit besitzt, die Gedanken in Tönen und Worten, durch Rede und Sprache wiederzugeben. Dadurch entwickeln
sich Verstand und Geistesanlagen. Durch die Sprache und die Bedeutung der Wörter wird das Kind auf die umgebenden Gegenstände mehr aufmerksam gemacht und es lernt deren Eigenschaften kennen. Wörter und Namen sind Denkzeichen für unsere Erinnerung, der Name führt uns von selbst die Sache zurück. Die Zahlen erlernt das Kind am spätesten und am schwierigsten, gleichwie bei vielen uncivilisirten Völkern das Zahlensystem nicht
weit geht. Versuchen wir übrigens, wie Gerdy[1]) mit Recht bemerkt, etwa die in unserer Bibliothek enthaltenen Autoren zusammen zu zählen, ohne dass wir uns die Sache in Zahlen denken,
sondern indem wir uns bloss die Namen vorführen, so kommen wir
kaum bis auf zehn Stück, ohne in Verwirrung zu gerathen.

Der Sprachfähigkeit verdankt es der Mensch hauptsächlich, dass er sich so sehr über die Thiere erheben kann, indem er seine schon an und für sich höhere Anlage und seinen Verstand entwickelt; mit und durch den Körper wird
der Verstand gehoben. Sind nun dieserhalb unsere Geistesvermögen und unsere Gedanken Producte der Materie und
Kraftäusserungen des Körpers, oder sind sie Wirkungen eines
selbstständigen Vermögens, eines eigenthümlichen Princips,
zu dessen Entwickelung der Körper beitragen muss? Mit
anderen Worten, ist der menschliche Geist gleich dem thierischen um des Leibes willen da, oder der vergängliche Leib
um des Geistes willen, nämlich als irdischer Diener, unter
dessen Beistand der Geist sich zu entwickeln im Stande ist?
Hierauf wird sich, wie ich hoffe, bald eine noch bestimmtere
Antwort ergeben.

---

[1]) Annales psychologiques, T. 1, p. 374.

Die Sprache, dieses unvergleichliche Eigenthum des Menschen, bemerkt Burdach[1]) sehr richtig, ist keineswegs bloss in der Organisation des Körpers und des Stimmorgans begründet. Manche Thiere können Worte nachahmen und aussprechen, ohne deshalb der Sprache mächtig zu sein, und der Stumme erschafft sich statt der tönenden Sprache eine Geberdensprache, die bei keinem Thiere vorkommt. Sie beruht auf dem Vermögen, das Gemeinsame an den Erscheinungen in einen Begriff zu fassen, so wie auf dem Bestreben, den Begriff in einer als Zeichen nutzbaren sinnlichen Form wieder nach aussen darzustellen, so dass durch die Art und Weise, wie diese Zeichen untereinander verbunden werden können, jeder Gedanke sich ausdrücken lässt. Die Sprache ist kein unmittelbares Geschenk der Natur, sondern eine Erfindung des thätigen Geistes, denn jedes Volk hat eine andere Sprache; nur den Trieb zum Sprechen bringt der Mensch mit. Hörte das Kind in der Gemeinschaft mit Anderen keine Sprache, es würde sich selbst eine Sprache erschaffen. Das sehen wir bei den Taubstummen. Selbst die blind und taubstumm Geborenen lernen durchs Gefühl sprechen und sich vollkommen entwickeln, wenngleich ihr Geist den meisten sinnlichen Eindrücken verschlossen ist. Geist und Gemüth resultiren also nicht aus den sinnlichen Eindrücken, sondern wohnen als eigenes selbstständiges Princip im Körper.

Ich kann es mir nicht versagen, den wahrhaft rührenden Fall der Laura Bridgman mitzutheilen, den uns Burdach[2]) neben manchen anderen Erzählungen von blind und taubstumm Geborenen vorführt. Bei diesem in Nordamerika geborenen Mädchen entwickelte sich Schärfe der Geisteskräfte und zartes Gefühl, obwohl es blind und taubstumm war, keinen Geruch besass und einen ganz abgestumpften Geschmack hatte, so dass sie einen Rhabarberaufguss meistens mit Thee verwechselte. Im achten Jahre kam sie 1837 in die Blindenanstalt

---

[1]) Blicke ins Leben, Thl. 2, S. 189.
[2]) Blicke ins Leben, Thl. 3, S. 53.

in Boston; hier fühlte sie sich alsbald glücklich und war voll
Dankbarkeit gegen ihre Lehrer, weil sie in der Anstalt mehr
Nahrung für ihren Geist fand, als in dem elterlichen Hause
zu Hannover in Nordamerika. Als sie ein halbes Jahr darin war,
wurde sie von der Mutter besucht: sie betastete deren Hände
und Kleider, ohne sie zu erkennen, und wandte sich dann von
ihr ab, als wäre es eine fremde Person. Bei den vielerlei Gegenständen und Eindrücken, die seit der Entfernung aus dem
elterlichen Hause ihre Aufmerksamkeit auf sich gezogen hatten, war bei den beschränkten Sinnesvermögen die Erinnerung
an das elterliche Haus abgeschwächt worden. Sie freute sich
über eine mitgebrachte Perlenschnur, die sie früher getragen
hatte, und gab dem Director der Anstalt, Dr. Howe, zu verstehen, es sei ein Geschenk aus ihrer früheren Wohnung; die
Mutter aber, von der sie Liebkosungen empfangen sollte,
stiess sie weg und sie begab sich zu ihren Spielgenossen.
Als sie durch die Mutter noch etwas Anderes aus dem elterlichen Hause erhielt, wurde sie sehr aufmerksam, untersuchte
den Gegenstand genauer und gab Dr. Howe zu verstehen,
die Dame müsse wohl aus Hannover hergekommen sein; sie
gestattete jetzt auch ein paar Liebkosungen, ging aber dann
doch wieder gleichgültig von ihr fort. Einige Augenblicke
später näherte sich die schmerzlich getroffene Mutter nochmals, und da schien es ihr in den Sinn zu kommen, jene
könne doch keine Fremde sein: sie fing an, der Mutter Hände
sorgfältig zu befühlen, sie wurde ganz blass und dann wieder
feuerroth, Hoffnung und Zweifel lagen bei ihr im Streite. Als
die Mutter sie an sich heranzog und sie küsste: da warf sie sich
voll Entzücken an deren Brust und ging nicht wieder von ihr.
Für ihre früheren Spielgenossen und für ihr Spielzeug hatte
sie jetzt keinen Sinn mehr. Beim späteren Scheiden der Mutter bewies das nun neunjährige Mädchen eben so viel Verstand
und Ueberlegung, als tiefes Gefühl. Sie begleitete die Mutter
bis vor das Haus, sich an sie andrängend; dann aber griff
sie überall herum, um zu wissen, wer um sie wäre. Als sie
eine liebe Lehrerin erkannte, hielt sie sich mit einer Hand an

dieser, während sie mit der andern krampfhaft die Mutter
fasste; dann liess sie die letztere fahren, kehrte sich um, und
hielt sich schluchzend an die Lehrerin.

Ist diese rührende Erweckung von Gefühl und Liebe, dieses
Wirken des Verstandes bei einem Kinde, bei dem so wenige
sinuliche Eindrücke Eingang hatten, nichts anderes, als eine
aus Stoffwechsel hervorgehende einfache Kraftäusserung der
Materie? Haben wir nicht vielmehr hier ein selbstständiges
Wesen vor uns, welches bei aller Unvollkommenheit der Sinnesorgane, wie sie bei keinem Thiere in solcher Art vorkommt,
sich über alle Hindernisse erhebt, sich selbstständig und frei
entwickelt?

Nicht die fortwährende Wiederkehr der Sinneseindrücke,
die wir zuletzt kaum noch empfinden, macht unsere Sinnesorgane schärfer, sondern die spontane Aufmerksamkeit des
Geistes auf diese oder jene Wahrnehmungen. Der Blindgeborene hat ein feineres Gefühl; erlangt er aber sein Gesicht,
·dann verliert sich allmälig jenes feine Gefühl, weil die Aufmerksamkeit nun vom Gefühle sich mehr dem Gesichte zuwendet.
Also nicht das Sinneswerkzeug, sondern der spontan wirkende
Geist verschafft uns die Fähigkeit schärferer Wahrnehmung.
Und dieser Geist sollte nichts Selbstständiges sein? Der blinde
und taubstumme James Mitchell in Schottland lernte nicht
bloss sein Haus, sondern auch die Umgegend kennen: er ging
allein spazieren und kam zu rechter Zeit wieder nach Hause,
obwohl ihn nichts anderes leiten konnte, als das Gefühl. Man
findet bei Burdach noch viele Fälle verzeichnet von Individuen, die durchs Gefühl die Buchstaben und deren Bedeutung
kennen lernten, wodurch dann eine Fühlsprache möglich wird,
zum Beweise, dass der Mensch unerachtet des Mangels der
Sinnesorgane seinen selbstständigen Geist zu entwickeln im
Stande ist.

Gleich dem Geiste wächst nun auch beim Kinde der Körper und seine Kräfte nehmen zu. Es beherrscht seine Bewegungen, lernt stehen und gehen und ohne Stütze sich bewegen.
Durch die täglichen Uebungen wird der Körper gekräftigt, die

zunehmende Kraft aber wirkt wiederum auf den Geist zurück und so schreitet die Entwickelung beider fort.

Bei Beurtheilung Anderer legt das noch wenig erfahrene Kind überall seinen beschränkten kindlichen Standpunkt zu Grunde. Ich habe mehrmals beobachtet, dass ein Kind im dritten, ja selbst noch im vierten Lebensjahre bei einer Zurechtweisung die Augen schloss, als würde es dann selbst nicht gesehen, oder dass es mit geschlossenen Augen nach einer verbotenen Schüssel griff, in der Meinung, Andere sollten die kleine Näscherei, die es selbst nicht sah, auch nicht wahrnehmen.

Doch schon zu lange habe ich mich durch die Kinderstube fesseln lassen, jenen Schauplatz, wo die Bildung des Menschen ihren Anfang nimmt, und wo so viele Samen ausgestreut werden und aufkeimen, die weiterhin Rosen oder Dornen bringen werden.

Bei der ferneren Entwickelung gehören Lebhaftigkeit und Beweglichkeit zu den eigenthümlichen Zügen des Kindes. Schnell ist es in seinen Bewegungen, in seinen Gedanken und Vorstellungen, und leicht geht mancher Eindruck verloren; es bedarf öfterer Zurechtweisungen, wenn etwas Wurzel schlagen und sich befestigen soll.

Die stets wiederkehrende und immer vollkommener erfolgende Wahrnehmung der Dinge, die sich auch von mehreren Seiten darstellen, das Bedürfniss einer Beschäftigung, die Empfänglichkeit für fesselnde Eindrücke machen das Kind neugierig und weiterhin auch wissbegierig; es beginnt die Lehrzeit und damit eine eigenthümliche Thätigkeit des Geistes, der hierbei weniger durch zufällige äussere Umstände und Eindrücke, als durch den eigenen Willen und den eigenen Drang bestimmt wird.

So wächst das Kind zum Knaben und zum Jünglinge heran. Bei keinem Thiere dauert die Jugend und die Lehrzeit gleich lange, wie beim Menschen, denn er muss Alles lernen und sich zu höherer Bildung vorbereiten. Dabei giebt sich bald eine Verschiedenheit beider Geschlechter kund: der Knabe in seinen roheren Spielen übt mehr die Körperkraft und will sich selbst-

ständig machen, dabei aber dringt sein Geist tiefer in das Wesen der Dinge ein; das sanftere Mädchen eilt dem Knaben in
der gesammten Entwickelung, in der Empfindung für das
Wahre, Gute und Schöne voraus. Ohne hierauf näher einzugehen, will ich nur darauf hinweisen, wie mächtig der Leib auf
die Entwickelung von Geist und Gemüth einwirkt.

Schon beim Kinde und beim Knaben verrathen sich die Anlage und der ganze Charakter, und diese entwickeln sich noch
mehr beim Jünglinge. Durch das verschiedene Naturell bekommt
jedes Individuum seine eigene Färbung, die sich späterhin zum
eigenthümlichen Temperamente gestaltet, und in diesem Sinne
bringt jedes Kind seine eigene Art und Anlage mit. Eltern, die
darüber keine Erfahrung haben, lassen sich wohl sehr klug
über diesen Punkt aus, sie meinen oftmals, das neugeborene
Kind sei ein weisses unbeschriebenes Blatt Papier, worauf sie
nach Gutfinden schreiben könnten, was ihnen das Beste dünkt.
Thatsache ist es, dass die Natur dieses Blatt bereits beschrieben hat, und dass man sich glücklich schätzen darf, wenn man
den Inhalt verbessern kann, indem man hier ein Komma, dort
ein Semikolon anbringt, besonders aber am richtigen Platze ein
Punktum setzt. Die Seele mag ursprünglich Eine sein, aber
sie verhält sich wie das Auge, und der Leib wie die Brille,
durch die ein jeder mit seiner Färbung unter verschieden-
artiger Vergrösserung und Genauigkeit Alles um sich herum
wahrnimmt. Oder der Leib ist ein besonders gestimmtes Instrument, welches die Eindrücke der Aussenwelt mit diesem
oder jenem besonderen Tone mehr oder weniger lebhaft zuführt,
wodurch das Gemüth eine Umstimmung erfährt. Vermittelst
des Leibes bildet sich nicht nur der Geist, sondern er modificirt sich nach dem individuellen Aufbau des Leibes, und er
verändert sich auch nach den Lebensepochen. Auf den Leib
und auf die Erziehung kommt es indessen nicht allein an, —
in dem ganz verwahrlosten Casper Hauser entwickelte sich
späterhin doch eine gute Anlage. Allerdings kann ein Kind
durch schlechte Erziehung sehr verdorben werden, doch hat
es die Natur nicht ganz der Willkür der Eltern Preis gegeben;

es ist kein Stück Thon, woraus die Eltern nach Willkür einen
Menschen oder ein wildes Thier zu formen vermöchten. Das
Edelste, sagt Burdach, die Phantasie, die Erhebung der
Seele, die Gluth des sittlichen Gefühls und die Liebe werden
nicht erlernt, sondern nur genährt und gefördert.

Den Einfluss des Leibes auf die Seele nehmen wir auch
entschieden beim Jünglinge wahr, wo das Somatische der
Vollendung immer näher rückt: das Muskelsystem hat sich
entwickelt, und das Blut treibt kräftig durch die Adern. aber
auch im Geiste paaren sich Lebhaftigkeit und Kraft, Muth und
Unternehmungsgeist. Die frühere Flüchtigkeit der Eindrücke
hat sich gemindert, es erwachen Selbstbewusstsein und Nachdenken, und der Jüngling will sich durch eigene Kraft bilden;
das Lernen wird jetzt Studium, die Neugier wird Wissbegierde,
aus der Empirie entwickelt sich die Wissenschaft. Der Jüngling strebt nach Weisheit und eigener Bildung, er will selbstständig nach aussen wirken und das elterliche Haus wird ihm
zu enge.

Wird bei dem ruhigen und bescheidenen Jünglinge die
Circulation eine lebhaftere, wird seine aufbrausende Lebhaftigkeit, wird sein Zorn erweckt, so verliert er alsbald die Herrschaft über seine Empfindungen, die nun seinen Geist über-
wältigen, und er kehrt wieder zum Zustande des Kindes zurück, das sich noch nicht selbst lenken konnte. Ist er denn
aber bei dieser Steigerung der somatischen Aeusserungen, bei
der Beschleunigung der Circulation, bei der grösseren Lebhaftigkeit des Stoffwechsels verständiger geworden? Ist sein Urtheil jetzt ein richtigeres, ist sein sittliches Gefühl verstärkt?
Oder gleicht er nicht eher einem Irrsinnigen, bei dem durch
noch stärkere somatische Eindrücke der Geist im Sturme der
Empfindungen fortgerissen wird, dessen spätere Genesung aber
den Beweis liefert, dass der Geist nicht verändert und ver-
kümmert worden war, sondern in seiner eigenthümlichen Energie fortwirkte? In eigenthümlicher Weise kennzeichnet sich
die Einwirkung des Leibes und der aus diesem entspringenden
Begierden auf den Geist darin, dass unter den Irrsinnigen

viele sich etwas Höheres dünken, sich als Fürsten, Könige,
Kaiser und Millionaire fühlen, und dass andere sich für Böse-
wichter halten und von Gott verlassen wähnen, während mir
dagegen noch kein Irrsinniger vorgekommen ist, der auf seine
grössere Tugend, auf seine Bravheit und Menschenliebe ge-
pocht hätte.

Wird dagegen dem muthigen Jünglinge durch starken
Blutverlust oder durch eine Krankheit die Kraft entzogen, so
sind zwar sein Muth und seine Thatenlust dahin, sein Verstand
aber ist geblieben und sein sittliches Gefühl ist nicht erlo-
schen. Verkündet die Natur hierin nicht aufs Deutlichste, dass
die Seele ein selbstständiges Wesen ist? zwar in Abhängigkeit vom Leibe, aber nicht Eins damit, und nicht zugleich
mit ihm dahin schwindend?

Der kräftigen Jünglingsnatur entstammen aber auch neue
Empfindungen, lebendige und starke Eindrücke, die Stürme
der Leidenschaften und Triebe umtoben seinen Geist. Es ist
der bedeutsamste, aber auch der gefährlichste Abschnitt des
Lebens, ein Kampf um die Herrschaft zwischen Leib und Seele,
von dem das künftige Schicksal abhängt: der Jüngling kann
sich selbst und seine Begierden besiegen und durch eigene
Kraft als ein Mann dastehen; oder er erliegt den bestürmen-
den Eindrücken, Begierden und Neigungen, folgt ihrem Gebote
und kehrt so zur Stufe des unmündigen Kindes zurück, als
Trunkenbold, Wollüstling, oder Missethäter dahin sinkend.
Zum Glück steht ihm hierbei ein stiller Genius zur Seite, der
ihn durch alle Windungen des Lebens leiten kann und ihn
niemals ganz verlässt, wenn er auch noch so lange dessen
Stimme überhört, nämlich die nur beim Menschen vorkommende Stimme des Gewissens, das Gefühl der Pflicht, des
Rechts, der Tugend, der Gottverehrung, die ihm in diesem
Streite die Palme des Sieges bietet. Das ist nichts Erlern-
tes. Ohne durch Andere darauf hingewiesen zu sein, weiss der
Taubstumme, weiss selbst der blindgeborne Taubstumme durch
angeborenes Gefühl, was gut und böse, was recht und unrecht ist.

Das Kind war durch und durch Egoist. Den kräftigen
Jüngling treibt das erwachte Gefühl zum Handeln an, doch
nicht bloss für eigenen Ruhm und Ehre, sondern auch für Andere; mächtig schlägt sein Herz für Alles, was gross, gut und
schön ist. Das Vorübergehende und Flüchtige genügt ihm
nicht länger, er hat an sich selbst nicht mehr genug, die
Liebe entflammt seine Brust, und die Phantasie spiegelt ihm
eine erdichtete Welt vor, die er in der Wirklichkeit noch nicht
kennt. Mit Recht sagt Burdach[1]): „Die Einheit des Lebens und der Friede der Kindheit ist gewichen: mit Wehmuth
erkennt der Jüngling, dass die reifende Individualität ihm das
Glück nicht bringt, welches er davon erwartet hatte; ein un-
bestimmtes Sehnen bemächtigt sich seiner, und unbefriedigt
wendet er seinen Blick von der Gegenwart auf die Zukunft,
von der Wirklichkeit auf das Uebersinnliche." — So lebt er
zum Theil in der Zukunft, welche ihm durch die lebendige Phantasie in schönen Farben vorgespiegelt wird. Er hat
seine poetische Epoche.

So tritt er endlich aus dem Reiche der Träume und Ein-
bildungen in die rauhe Wirklichkeit über. Das geht aber
häufig genug nicht ohne viele Stösse und getäuschte Erwartungen ab; er erfährt, wie eitel und wie überspannt seine
Vorstellungen zum Theil waren, er bildet sich aber durch
die oftmals harte Erfahrung der Wirklichkeit und Wahrheit
zum Manne heran. Eine treffende Schilderung der kühnen
Erwartungen und des stolzen Muthes des Jünglings haben
wir in Schiller's Idealen:

> Wie sprang, von kühnem Muth beflügelt,
> Beglückt in seines Traumes Wahn,
> Von keiner Sorge noch gezügelt,
> Der Jüngling in des Lebens Bahn.
> Bis an des Aethers bleichste Sterne
> Erhob ihn der Entwürfe Flug;
> Nichts war so hoch und nichts so ferne,
> Wohin ihr Flügel ihn nicht trug.

---

[1]) Physiologie. Thl. 3, S. 291.

Und gleich trefflich schildert Schiller ebendaselbst die
getäuschten Erwartungen:

> Es dehnte mit allmächt'gem Streben
> Die enge Brust ein kreisend All,
> Herauszutreten in das Leben,
> In That und Wort, in Bild und Schall.
> Wie gross war diese Welt gestaltet,
> So lang die Knospe sie noch barg:
> Wie wenig, ach! hat sie entfaltet,
> Dies Wenige, wie klein und karg!

In diesem oftmals harten Kampfe kommt ihm sein mit
der Zeit mehr und mehr beruhigtes Naturell zu Hülfe. Er ist
noch im Besitze seiner körperlichen Kraft und diese hat selbst
zugenommen, seine geistigen Kräfte sind auch nicht abge-
stumpft; aber das Blut strömt nicht mehr gleichschnell und
brausend durch seine Adern, sein nicht mehr so hoch fliegen-
des Naturell bewährt sich besser gegen Gemüthsbewegungen,
und durch den Zorn wird er nicht mehr gleich widerstandslos,
wie früher, fortgerissen. Das Gehirn, das Werkzeug seines
Geistes, befindet sich in einem weniger gereizten Zustande.
und so kann er sich einem ruhigeren Nachdenken hingeben,
seine Einbildung ist durch die Erfahrung geläutert und nicht
mehr so hochfliegend, er hört mehr auf die Stimme der Vernunft, erwägt die Dinge besser, und da er die Wirklichkeit
vom Scheine besser unterscheiden gelernt hat, so verfolgt er
leichter den Zusammenhang von Ursache und Wirkung und
berechnet auch vorsichtiger die Folgen seiner Handlungen.
So lernt er mehr sich selbst beherrschen, Verstand und Vernunft bekommen das Uebergewicht über sein Naturell, er
wird unabhängiger von sich selbst, und trotzt als Mann den
Stürmen des Lebens.

Tritt er aus diesem Streite, an jenem grossen Scheide-
wege des Lebens, gleich einem zweiten Hercules als glückli-
cher Sieger hervor, dann steht er als Mann da im Besitze der
vollen Kraft. Durch Erziehung, durch reifen Verstand, durch
Vernunft, durch sittliches und religiöses Gefühl gebildet, durch

die Erfahrung des wirklichen Lebens belehrt, hat er die
Macht erlangt, sich selbst zu beherrschen, und ist dadurch
für die sittliche Freiheit gereift: er ist ein Mensch, er ist ein
Mann. Nur der sich selbst Beherrschende ist zum Menschen
heran gereift.

Die früheren Ideale und Träume hat der Mann in der
Wirklichkeit nicht ganz wiedergefunden, aber als thätiger und
nützlicher Bürger des Staats, als liebender Gatte und Vater
sieht er seine Wünsche befriedigt, in dem Bemühen, dem
Staate und den Seinigen Nutzen zu schaffen, findet er Befriedigung und Genuss. Früher mehr Egoist und sich selbst le-
bend, weiht er jetzt sein Leben auch Anderen und ist glücklich in ihrem Glücke. Dieser reine Genuss gewährt ihm ein
beglückenderes Gefühl, als jenes unbestimmte Streben und
Verlangen der Jugend mit allen Rosenfarben ihm zu verschaffen vermochten. Kräftig und wahr sagt Tiedge:

> Durchschaut das ganze Luftgebiet:
>   Kein Paradies für Engel!
> Was diese Erd' einmal erzieht,
>   Hat auch der Erde Mängel.
>
> Nur eine Freud' ist unbefleckt;
>   Und diese Seelenweide,
> Die schon nach Himmels Wonne schmeckt,
>   Heisst Freud' an fremder Freude.

Der Mann soll wirken und schaffen. Mögen ihn auch
Sorgen bekümmern, es sind Reize, die ihn treiben, die Beschwerden des Lebens mit Ausdauer nieder zu kämpfen.
Durch den häufigen Umgang mit Menschen lernt er, trotz
manches strauchelnden Fehltritts, jeden Menschen mehr von
dessen Standpunkte aus beurtheilen; im Ernste des Lebens
unterscheidet er das Wahre vom Scheine.

Nun komme ich wieder auf die Frage, ob aus dieser Um-
änderung des somatischen und seelischen Zustandes im reifen
Lebensalter zu entnehmen ist, dass Leib und Seele Eins sind?
Ist die Seele das Product somatischer Kräfte, weil der mehr

ins Gleichgewicht gekommene Bau des Körpers harmonisch
dahin wirkt, dass der Geist in seinem ruhigen Nachdenken
und Wirken jetzt weniger Störungen erfährt und so die Empfindungen seines Körpers bemeistert? Gewiss nicht! Wie
aber Alles in der Schöpfung auf Ein Ziel hinwirkt und seinen
Zweck hat, so erlangt das reifere Alter in dem mehr zur
Ruhe gekommenen Leibe allerdings die Musse und die Kraft,
um die Zügel des Verstandes zu lenken. Napoleon hatte
für gewöhnlich nur 40 Pulsschläge, also etwa halb so viele,
als der mittlere Mensch, und sicherlich trug dieses körperliche
Verhältniss viel dazu bei, dass er in den bedeutsamsten Momenten seines stürmischen Lebens Ruhe und Kaltblütigkeit
behauptete. Wird man aber Napoleon wegen dieser trägen
Circulation Klarheit des Geistes und ein kräftiges, rasches
Wirken der Seele absprechen wollen?

Das Gehirn eines erwachsenen Mannes zeigt weder unter
dem anatomischen Messer, noch bei der sorgfältigsten mikroskopischen Untersuchung Verschiedenheiten vom Gehirne eines
Jünglings oder selbst eines Knaben. Dabei aber welche Verschiedenheit des Geistes! Wenn der Geist nur Gehirnwirkung
ist, warum, frage ich immer wieder, zeigt dann das Knaben-
gehirn, bei dem jetzt lebhafter vor sich gehenden Stoffwechsel, nicht auch den vollen Verstand des gereiften Alters?
Lehrt uns nicht vielmehr die Natur in alle dem ganz deutlich,
dass unser Geist ein besonderes selbstständiges Princip, ein
eigenthümliches Vermögen ist, das sich zwar mit dem Leibe
hier entwickelt und nach Vollendung strebt, aber deshalb
noch nicht Eins ist mit dem Leibe?

Ich wende mich zuletzt noch zum hohen Alter oder Greisenalter. Im Allgemeinen ist es nicht richtig, wenn man den
Greis als einen abgelebten, stumpfen, matten und kalten Menschen schildert. Das Greisenalter hat freilich seine Gebre-
chen, aber manche davon sind nur die herben Früchte früherer Lebensweise, und man darf doch dem Bilde des Greises
keinen kranken Zustand zu Grunde legen, so wenig als man
das Bild der Jugend von einem schwindsüchtigen Jünglinge

entnehmen wird, weil die Schwindsucht dem jugendlichen
Alter besonders eigen ist. Wir denken uns also einen gesunden Greis und fragen, welche Veränderungen in der Organisation auf Geist und Gemüth bestimmend einwirken? Mit Recht
sagt Burdach[1]): „Das Leben ist seinem Wesen nach, also
auch vom Anfange bis zum Ende, harmonische Kraftäusserung, und eine naturgemässe normale Krankheit ist ein Un-
ding: wie das Greisenalter an sich kein Marasmus ist, ebenso
wenig ist es Blödsinn und Geistlosigkeit." Was Manche als
Gebrechlichkeiten des Greisenalters ansehen, das ist nur eine
weise, harmonische Anordnung, die ich nachzuweisen versuchen werde. Grundcharakter ist es aber, dass der Greis mehr
in sich selbst gekehrt ist, weniger durch die Aussenwelt berührt wird und auch weniger nach aussen wirkt.

Die beim Greise eingetretenen somatischen Veränderungen
tragen viel, ja Alles dazu bei, um ihn im Wirken und Handeln
vom kräftigen Manne zu unterscheiden. Er hat nicht mehr
die Lebhaftigkeit der Jugend oder die Kraft des Mannesalters,
das täglich an ihm Vorübergehende wirkt nicht mehr so stark
auf ihn ein, und der Verkehr mit der Aussenwelt ist nicht
gleich lebhaft, wie früher; — alles eine natürliche Folge der
Veränderungen, die im Organismus eingetreten sind. Die
Sinnesorgane sind stumpfer, die Muskeln schwächer geworden,
somit wirken auch die äusseren Eindrücke nicht mehr gleich
lebhaft ein und die Reaction nach aussen erfolgt minder energisch; an dem lebendigen Treiben der Jugend will und kann
der Greis nicht mehr Theil nehmen, er verlangt mehr Stille
und Ruhe.

Wie aber die Circulation träger wird, das Herz weniger
kräftig wirkt, zugleich auch die Energie des Nervensystems
sinkt, so ist der Greis auch den Leidenschaften weniger unterworfen. Die Begierden, wie bereits Cicero so schön in seiner
Schrift „de senectute" schildert, treten weniger heftig bei ihm
hervor, er ist weniger zornmüthig und leidenschaftlich, lässt

---

[1]) Physiologie, Thl. 3, S. 421.

sich weniger leicht von der Einbildungskraft fortreissen, vielmehr bekommt der ruhige überlegende Verstand, das durch
langjährige Erfahrung gereifte Urtheil bei ihm die Oberhand.
Den Werth der Dinge hat er im wechselvollen Leben kennen
gelernt, und er lässt sich nicht mehr durch veränderlichen
Scheingenuss verlocken. Da die Aussenwelt durch die schwächeren Sinnesorgane weniger auf ihn einwirkt, so geht das
Gegenwärtige und Alltägliche leichter an ihm vorüber und er
wird vergesslicher; sein Gedächtniss für den vorübereilenden
Lauf der Dinge nimmt ab. Dagegen erhält sich die Erinnerung früherer Tage, seiner Jugend, sowie dessen, was er als
Mann gethan und geschaffen hat, mit unverwischbarer Klarheit vor seinem Geiste. Das ist das Eigenthum seiner Seele
geworden, durch Erinnerung bewahrt er die Früchte seiner
Erfahrung und bekommt so ein richtiges Urtheil über den
Werth der Dinge. Er wagt sich selten an etwas Neues, weil er
nicht weiss, ob er das Ende erreichen wird; im Herbste des Lebens sammelt er lieber die Früchte seiner Arbeit.

Beim Verfall des Leibes, trotz der trägern Circulation,
der Abnahme der Kräfte, der Abstumpfung der Nerven, zeigen aber die Verstandeskräfte keine Abnahme. Unter dem Sil-
berhaare verbirgt sich noch häufig ein heller Geist; Weisheit
und vernünftiges Urtheil hat man zu allen Zeiten dem Alter
zugestanden. Wie Pruys van der Hoeven[1]) ganz treffend
sagt, man würde sich sehr irren, wenn man hinter den Run-
zeln des Gesichts und unter dem grauen Lockerhaar Winterkälte und Winterfrost suchte, denn im Innern glüht noch das
Feuer, das früherhin nach aussen loderte. Das höhere Ich
sinkt noch nicht zusammen, wenn auch der Leib starr und
zerbrechlich geworden ist. Wie das Auge fernsichtig wurde,
und kleine Details in der Nähe nicht mehr so gut erkennt, so
übersicht auch der Greis, wie uns der Humboldt'sche Kos-
mos zeigt, mehr das Grosse, das Allgemeine, das Fernliegende,
und er überliefert wohl noch die auf dem Gebiete der Wahr-

---

[1]) Anthropologisch onderzoek, 1851. p. 196.

heit, des Rechts, der Sittlichkeit, der Religiosität gesammel-
ten Erfahrungen seinen Freunden und Verwandten, oder der
Nachwelt. Wenn auch minder thätig für das Allgemeine, ertheilt er doch nützlichen Rath; und ist auch seine Organisation weniger empfänglich und weniger reizbar, so ist er doch
nicht gleichgültig für die Freuden und Leiden der Mitmenschen.
Erst vor Kurzem vernahmen wir rührende Worte in dem schönen Gedichte des ehrwürdigen vierundachtzigjährigen Mau-
rits Cornelis van Hall, worin er der Wohlthaten gedachte,
die so vielen Unglücklichen in der Irrenanstalt zu Meeren-
berg zu Theil werden.

Aus Erfahrung weiss der Greis, wie hinfällig und vergänglich die Dinge meistens sind, und deshalb klammert er
sich um so fester an das, was ihm beständig und dauerhaft
erschienen ist, und deshalb tritt in den reiferen Jahren der
Sinn für Wahrheit und Pflichterfüllung, für Tugend und
Gottesverehrung um so entschiedener hervor. „Nirgends findet sich,“ sagt Rush[1]), „ein Beispiel, dass gute moralische
Eigenschaften oder religiöse Gesinnungen, welche den Mann
auszeichneten, bei dem Greise schwächer geworden wären.“
So viel steht fest, entschuldigt man Fehltritte und tadelns-
werthen Leichtsinn bei der Jugend, verdammt und verurtheilt
man sie beim Manne, so sind sie beim Greise ein Gegenstand
des Ekels und der Verachtung.

Der Greis nimmt wohl noch Theil an einer anständigen
Fröhlichkeit unter Freunden, ist aber doch mehr ernst gestimmt und in sich gekehrt. Seine Kinder sind erwachsen
und selbstständig geworden und haben meistens das elterliche
Haus verlassen, die Jugend mit ihrem lebendigen Treiben
trennt sich von selbst vom Greise und sucht ihre besonderen
Vergnügungen, die Altersgenossen und Freunde sind meistens
dahin gegangen und das nachkommende Geschlecht sympathi-
sirt weniger mit ihm, weil es unter anderen Anschauungen

---

[1]) Sammlung auserlesener Abhandlungen zum Gebrauche praktischer
Aerzte. Leipzig, 1773, Bd. 17, S. 127.

herangewachsen ist. Deshalb bleibt er mehr sich selbst überlassen, und da die Erinnerung an frühere Tage unverkürzt
sich erhalten hat, so lebt er mehr in der Vergangenheit und
in der Zukunft. Als Mann ist er seinen Pflichten gegen die
Gesellschaft und gegen die Seinen nachgekommen und er hat
für Andere gelebt: am Ende seiner Laufbahn lebt er mehr
sich selbst, und im Rückblick auf die Vergangenheit streift
sein Geist schon voraus ins künftige Vaterland. So wird er
durch seine Organisation und durch die Umstände, ja durch
die Natur von selbst dahin geführt, aus seinem früheren Leben
die Lehren der Erfahrung, der Lebensweisheit und deren Früchte
zur eigenen letzten Bildung zu sammeln. Durch die un-
geschwächte Erinnerung führt er sich das frühere Leben
gleichwie in einem Spiegel vor, und bei der Aussicht auf das
herannahende Lebensende kommt er zur Selbstprüfung: er
hält Abrechnung mit seinem Leben.

Was er in einem gut angewandten Leben früher mit Anstrengung und mit Ernst zu erreichen trachtete, das ist dem
Greise in der Hauptsache zu Theil geworden: die Leidenschaften sind gedämpft, der spannende Kampf hat ausgetobt,
ihn lohnt der freudige Sieg. Zurückschauend auf sein frühe-
res Leben wird er von selbst zur Dankbarkeit gestimmt gegen
den Allgütigen, der ihn unter so vielen Wohlthaten bis hierher führte. Durch den Gedanken des herannahenden Endes
steigert sich das religiöse Gefühl; die Ueberzeugung, dass die
innere Stimme, die ihm niemals ganz entwich, eine wahrhaf-
tige ist, lässt ihn ruhig und voll Vertrauen der Zukunft entgegen gehen. Ein Beispiel hiervon bietet uns sogar der heid-
nische Sokrates, der im ruhigen Hinblick auf die Zukunft
den Giftbecher trinkt.

Von diesem Gesichtspunkte aus ist das wahre hohe Alter
nicht ein gebrechliches Ende, sondern die Krone des Menschenlebens, wo der Mensch die wahre Freiheit erlangt, sein eigener
Meister und Richter wird, wo Vernunft und Verstand, sittliches Gefühl und Religiosität die Zügel führen, und wo die
Strenge durch Menschenliebe gemildert wird. Die Liebe, die

schönste Blüthe des Menschenlebens, wird auch beim Greise nicht alt.

In dem vorgeführten Bilde des Lebensganges ist uns der Leib als das Mittel erschienen, wodurch unser höheres Princip zur Entwickelung gelangt. Durch seine Veränderungen in den verschiedenen Lebensepochen wirkt er harmonisch darauf hin und befähigt uns, unsere Bestimmung zu erreichen. Der Leib wird alt, aber kein Rückschritt zeigt sich in der höheren Entwickelung des Geistes.

Ueberblicken wir das aufgestellte Gemälde der Entwickelung des menschlichen Geistes noch einmal, und stellen wir uns dann die Frage, ob Leib und Seele wirklich Eins sind? ob die Seele nur das wandelbare Product einer somatischen Kraft und somit unselbstständig ist? Ich bewundere die Kraft jener, die bei solcher Ueberzeugung noch den Glauben an eine Zukunft haben können und denselben verlangen. Mir fehlt diese Kraft: wo mir jede Basis weggerückt wird, da habe ich auch für den Glauben keine Stütze mehr. Die Natur lehrt uns das Gegentheil. Wären Verstand und sittliches Gefühl nichts Selbstständiges, sondern nur physische Kräfte des Lebens, die aus dem Stoffwechsel hervorgehen, warum sind sie dann so dürftig, ja eigentlich noch gar nicht vorhanden beim Kinde, in dessen Leibe alles lebt und schafft und bei dem der Stoffwechsel so energisch von Statten geht? Wie wäre es dann möglich, dass beim Greise, wo doch der Stoffwechsel und alle somatischen Thätigkeiten so sehr viel unvollkommener ablaufen, der Verstand, das Urtheil, das sittliche und religiöse Gefühl eine so hohe Stufe erreichen? Warum wird denn bei stärkerer Erregung des Leibes oder des Gehirns, bei Zornigen, Wüthenden, die Seele in ihrer Wirkung behindert und mit fortgerissen? Müsste sie nicht vielmehr, wäre sie ein Product stärkerer somatischer Aeusserungen, in erhöhter Thätigkeit auftreten? Wenn die Seele nichts Selbstständiges ist, wie kommt es dann, dass sie dasjenige, was sie sich einmal zu eigen gemacht, auch als bleibendes Eigenthum bewahrt, und dass dieses beim wechselnden Spiele der somatischen Kräfte sich nicht verändert, und im hohen Alter nicht abnimmt?

Ist es nicht ein sonderbarer Widerspruch, dass wir jenen einen selbstständigen Mann nennen und als solchen verehren, der den aus seinem Körper entspringenden Trieben und Begierden Widerstand leistet und sie zu unterdrücken vermag, und dennoch dem hohen Principe, welches ihn hierzu befähigt, ihm die Kraft verleiht, sich über jene Antriebe zu erheben, keine Selbstständigkeit einräumen wollen? Wäre die Seele nur das Product einer materiellen Kraft, oder wäre sie, wie Ludwig Fick und Andere behaupten, nur das Resultat von Nervenströmen, dann wirkte ja das Product der erzeugenden Ursache entgegen und bezwänge seine eigene erschaffende Kraft, was für mich undenkbar ist. Ist die Seele nichts, als eine mehr oder weniger erweckte Lebenskraft, so fällt jede moralische Verantwortlichkeit dahin. Dann ist es aber auch eine Täuschung, wenn die Natur uns die innere Stimme des Gewissens eingepflanzt hat, die wir bei allen Menschen und Völkern, dagegen bei keinem Thiere antreffen.

Blicken wir auf den Greis, so sehen wir bei ihm das angeborene Gefühl der Gottesverehrung, das der Mensch nicht vom Thiere erlernen konnte, frei von Leidenschaften und Trieben in der schönsten Blüthe, und mit diesem angeborenen Gefühl verbindet sich noch ein anderes allen Menschen eingepflanztes Gefühl, nämlich des Fortbestehens in einer andern Welt. Sollte die Natur ein so grausames Spiel mit uns treiben und uns eine Lüge einpflanzen? Redet der Schöpfer in seinen Werken eine solche Sprache zu uns? Ist es nur Nervenkraft, wenn der menschliche Geist sich so erhebt, dass er nicht nur den Abstand und die Bewegung der Himmelskörper auf viele Hunderttausend Millionen Meilen bestimmt, sondern auch ihre Dichtigkeit berechnet und ihre Grösse bestimmt?

Der Naturforscher, erwidert man, kennt aber nur Materie und materielle Kräfte, die für ihn Eins sind mit der Materie; Immaterielles giebt es für ihn nicht, da alle Thätigkeit aus materiellen Kräften hervorgeht, die an die Materie gebunden sind. Was berechtigt ihn aber zu solcher Annahme? Wäre wirklich jegliche Thätigkeit an unsere grobe irdische Materie gebunden, oder zeigt uns die Natur nicht auch hierin Unterschiede und Uebergänge? Was für eine Materie ist denn der Lichtäther, an den der Naturforscher selbst glauben muss, und dessen Schwingungen in der Minute viele tausend Millionen Meilen durcheilen? Denke man sich diesen Lichtäther auch noch so fein, er müsste, wäre er mit den Eigenschaften der irdischen Materie ausgestattet, an den äussersten Grenzen unserer Atmosphäre, die mit mehr denn Kugelgeschwindigkeit unserer Erde folgt, einen gewissen Widerstand finden, und heftige Luftströmungen sowie allverwüstende Orkane müssten die unvermeidliche Folge sein. Dieser Lichtäther gehört auch nicht unserer Erde an, sondern dem Weltall. Vermögen wir es auf Gesetze der wägbaren Materie zurückzuführen, dass ein starkes Schwanken der Magnetnadel, welches bei uns wahrgenommen wird, in dem nämlichen Augenblicke auch in Asien und in Sibirien, in Europa und in Nordamerika stattfindet, und zu gleicher Zeit am Südpole in entgegengesetzter Richtung vor sich geht? Oder können wir es mit den Erscheinungen der trägen Materie zusammenreimen, dass der elektrische Telegraph unsere Berichte innerhalb eines kleinen Bruchtheils einer Secunde über einen grossen Theil des Erdballs fortführt?

Nach meinem Dafürhalten hat guten Theils die unglückliche Unterscheidung des Materiellen und Immateriellen zu grosser Verwirrung in dieser Beziehung Veranlassung gegeben. Würden wir nicht sicherer verfahren, wenn wir in der Natur das durch die Sinne Wahrnehmbare von dem trennten, was nicht durch die Sinne wahrnehmbar ist? Wer giebt uns das Recht zu der Annahme, dass die Grenzen der Natur die Grenzen unserer Sinnesorgane nicht überschreiten, und dass in jenen Schatzkammern nichts Selbstständiges vorkommen kann, was sich der Wahrnehmung, der Messung und Wägung entzieht? Lieber will ich unseren Geist für etwas Selbstständiges halten, das dem Bereiche unserer Sinnesorgane entrückt und den physikalischen Gesetzen unserer irdischen Materie nicht unterworfen ist, als dass ich einen Glauben aufgebe, den die Natur in unser Inneres eingeschrieben hat! Es ist ein von der Naturforschung unbedingt anerkannter Satz, dass nichts Materielles, nichts Selbstständiges, nicht einmal das kleinste Atom aus der Schöpfung verschwindet. Dann muss auch jenes höchste Selbstständige ein Unsterbliches sein. Zum Schlusse nur noch die Frage, ob derartige Eigenschaften an unserer Seele vorkommen? In diesem Betracht sei es mir daher gestattet, mich auf zwei eigenthümliche Beobachtungen zu beziehen, die mir zu verschiedenen Zeiten bei zwei Kranken vorgekommen sind. Ein Kranker versicherte mir am Morgen voller Bestürzung, durch eine ihm unerklärbare Erscheinung habe er den Tod seines Vaters vernommen, und eine weibliche Kranke erfuhr in der gleichen Weise den Tod ihres Gatten. Beide wussten nichts vom Kranksein ihrer Angehörigen. Der Tod des Vaters wurde mir drei Tage später aus einer entfernten Provinz gemeldet, den Tod des Ehegatten erfuhr ich am nächsten Tage aus einer nahe gelegenen Stadt. Beide Todesfälle waren möglicher Weise in dem nämlichen Augenblicke eingetreten, wo die Erscheinungen stattgefunden hatten. Bei dergleichen Erzählungen muss ich nachdrücklich vor Leichtgläubigkeit, ja vor Aberglauben warnen, und wenn mir von glaubwürdigen Personen manche derartige Erlebnisse mitgetheilt worden sind, so habe ich mir es stets zur Regel gemacht, dieselben nicht gerade in Abrede zu stellen, mich aber nur auf dasjenige zu verlassen, was ich selbst mit Bestimmtheit wahrgenommen hatte. Die Annahme indessen, dass bei diesen von mir beobachteten Fällen (und es sind mir noch einige andere vorgekommen) bloss der Zufall sein Spiel gehabt habe, scheint mir noch bedenklicher, als zu glauben, dass unter besonderen Umständen unser Geist mit in der Natur verborgenen Kräften in Verbindung treten kann. Diese Eigenschaft eben erhebt ihn über Raum und Zeit, und sicherlich ist sie nicht für diese irdische Existenz der Seele zugetheilt worden.

Mit Recht sagt Herder[1]): „Einzelne Beispiele des Gedächtnisses, der Einbildungskraft, ja gar der Vorhersagung
und Ahnung haben Wunderdinge entdeckt von dem verborgenen Schatz, der in menschlichen Seelen ruhet. — — — Der
eine unzählbare Menge (von Kräften) in meinen Körper führte
und jeder ihr Gebilde anwies, der meine Seele über sie setzte
und ihr ihre Kunstwerkstätte und an den Nerven die Bahn
anwies, dadurch sie alle jene Kräfte lenket: wird ihm im
grossen Zusammenhange der Natur ein Medium fehlen, sie
hinauszuführen? Und muss er es nicht thun, da er sie eben
so wunderbar, offenbar zu einer höheren Bildung, in dies organische Haus führte?"

---

[1]) Ideen zur Geschichte der Menschheit. Sämmtliche Werke, 1827.
Thl. 4, S. 244 u. 213.

VI.

Die Mutterliebe in der Natur.

Verfolgen wir mit Aufmerksamkeit den Haushalt der Natur, so muss unsere Bewunderung und unser Nachdenken erweckt werden über die Fülle des Lebens, welches bei allem Widerstreite der Kräfte und Thätigkeiten überall ausgeschüttet ist, über die Einheit des Zweckes bei aller Verschiedenartigkeit der Mittel, sowie über die feststehende Ordnung trotz der scheinbar grössten Verwirrung. Die Millionen Geschöpfe, welche die Oberfläche unserer Erde bewohnen, befinden sich in einem fortwährenden Kampfe auf Leben und Tod; überall werden die Schwächeren durch die Stärkeren verfolgt und Tausende von Thieren werden täglich eine Beute grausamer und blutgieriger Nebengeschöpfe, die nur auf diese Weise zu bestehen vermögen. Der Tod des einen Geschöpfes ist Bedingung für die Existenz eines anderen. Inmitten dieser endlosen Vernichtung bleibt aber dennoch das Ganze.

Wodurch erhält sich nun, bei diesem fortwährenden Morden und Zerstören, das sichere Gleichgewicht im grossen Haushalte der Natur? Warum vertilgen die Löwen, die Tiger, die Wölfe nicht die wehrlosen Thiere auf unserer Erde? Woher kommt es, dass durch die Adler, die Falken und die anderen Raubvögel das schwache und zahme Geflügel nicht ausgerottet wird, dass keine Entvölkerung der Flüsse durch die Kro-

11*

kodile, der Meere durch die Haifische herbeigeführt wird?
Durch welche Mittel werden die wehrlos geborenen Jungen gegen alle diese Feinde geschützt, und wodurch wird bei dem
hülfsbedürftigen Zustande fortwährend das Nöthige für sie
beschafft?

Der scheinbaren Unordnung, der allseitigen Verwüstung
wird durch die zweckmässigsten Vorkehrungen ein Ziel gesetzt. Die Grausamkeit der reissenden Thiere wird, wo es nöthig ist, in Schranken gehalten. Die Triebe der Thiere werden durch deren Bedürfnisse bestimmt. Den Abgang einer
vorausschauenden Vernunft und eines berechnenden Verstandes, um die Mittel zu eigener Vertheidigung und zum Schutze
der Jungen aufzufinden, ersetzte der Schöpfer durch hierauf
berechnete Begabungen: er liess aus ihrer Organisation Neigungen und Instincte hervorgehen, die der Lebensweise jedes
Thieres entsprechen, er dachte für die Thiere, er führte das
ganze Thierreich an unsichtbaren Zügeln mit einer Weisheit
und Vorsorge, die über alle menschliche Berechnung weit hinausgehen.

Die angeborenen Neigungen und Triebe sind Aeusserungen
eines höheren Willens in der Thierwelt, und dadurch sind sie
gleich vollkommen, als die Quelle, der sie entstammen; es ist
die Sprache, worin sich der Schöpfer in der Natur vernehmen
lässt. Das wahrhaft Schöne in der Natur tritt uns nicht entgegen in den glänzenden Farben der Blume, nicht in der Pracht
des Waldes bei Sonnenaufgang, nicht in der lieblichen Landschaft, sondern vielmehr in der Weisheit, die uns überall ent-
gegenstrahlt, in den Gedanken des Schöpfers selbst, die wir
in der Natur wie in einem aufgeschlagenen Buche lesen können, und worin sich die Weisheit und Grösse des Schöpfers
tausendfarbig und stets rein wiederspiegelt. In sprechendster
Weise offenbart sich das eigentliche wahre Schöne der Natur
in der liebevollen Muttersorge für die Nachkommenschaft, der
wir im gesammten Thierreiche begegnen. Diese soll hier durch
einige Beispiele erläutert werden.

Es ist eine allgemein anerkannte Wahrheit, dass Einheit

des Zweckes bei grosser Verschiedenartigkeit und unendlichem
Reichthume der Mittel für diesen Zweck stets in der Natur
verbunden sind. Nirgends in der ganzen Schöpfung tritt uns
ein solcher Zweck in schärferer Zeichnung vor Augen, als in
der Sorge für die ungestörte Erhaltung der verschiedenen Arten. Bei der ausserordentlichen Verschiedenartigkeit der Lebensweise und der Bedürfnisse, die bei den Tausenden von
Thieren auf unserer Erde obwalten, musste es auch gleich verschiedenartige Mittel geben, welche jenem Zwecke dienen.
Viele Thiere leben zu kurze Zeit, um für ihre Brut sorgen zu können; sie sind bereits gestorben, bevor noch die
Jungen die Eier verlassen haben. Aber auch diese werden
nicht vergessen; auch für sie wird mütterlich gesorgt.

Manche, wie die Fische, sind zu wenig an einen bestimmten Platz gebunden, weil sie Nahrung aufsuchen oder Gefahren
vermeiden müssen, und können deshalb ihre Jungen nicht aufziehen; aber auch für diese ist die Natur eine sorgsame Mutter. Nur bei den höheren Thieren, die vermöge ihrer Organisation und Lebensweise sich mehr dazu eignen, wurde das Aufziehen den Alten anvertraut. Bei jenen bleiben die Jungen
ihrem Schicksal überlassen und die Natur selbst vertritt gleichsam Mutterstelle; bei diesen hat die Natur diese Sorge zum
Theil an die Eltern abgetreten, indem sie ihnen die Mittel zur
Ernährung der Jungen und die Mutterliebe gewährte.

Um bei der Beschauung dieses reichen Naturgefildes eine
gewisse Ordnung einzuhalten, werde ich zuvörderst ein Paar
mehr allgemeine Bemerkungen vorausschicken über die Sorge,
welche in dieser Hinsicht in der gesammten Natur hervortritt,
um dann überzugehen auf einzelne Züge des Instincts und der
angeborenen Liebe, womit im ganzen Thierreiche, von den Insecten bis hinauf zum Menschen. für die Jungen gesorgt wird.

Eine erste Schwierigkeit, welche die Natur beim Aufziehen
der Jungen zu besiegen hatte, war die Beschaffung einer für die
zarte Organisation passenden Nahrung, die auch in ausrei-
chender Menge da sein musste. Diese Nahrung musste zudem
je nach der Verschiedenartigkeit der Thiere eine verschiedene

sein, und sie durfte auch nicht gleichartig sein mit dem, was die stärkeren Mägen der Alten aufzunehmen im Stande sind. Zu dem Ende wurden die Säugethiere mit Brüsten ausgestattet, wo die Jungen in der warmen Muttermilch eine für den zarten Magen berechnete Nahrung finden, die nur einer geringen Verarbeitung bedarf, um in Chylus und Blut umgewandelt zu werden. Manche Vögel, namentlich Körner fressende, sind mit einem Kropfe versehen, worin das den Jungen zu verabreichende Futter, um deren noch schwacher Verdauung zu Hülfe zu kommen, erweicht wird. Die Jungen der niedrigen Thierarten können alsbald nach der Geburt ihre Nahrung sich selbst aufsuchen, und diese finden sie vermöge besonderer Einrichtungen oder in Folge einer angeborenen Sorgfalt der Alten, wovon ich noch weiterhin reden werde, immer in überflüssiger Menge.

Eine andere vorzügliche Sorge der Natur giebt sich darin kund, dass die Thiere, bei uns wenigstens, nicht in allen Jahreszeiten geboren werden, sondern im Frühling: die wärmere Temperatur befördert das Wachsthum, die Jungen haben keine strenge Winterkälte durchzumachen, und in Ueberfluss ist passendes Futter vorhanden. Im Frühjahre sprossen die Pflanzen wieder hervor, das Gras oder die Blätter sind noch mild, saftreich, zart und dabei in Menge vorhanden: so finden die Jungen der Pflanzenfresser gleich überall ein leicht verdauliches Futter, bei dem sie üppig gedeihen. Die Raubthiere können dann eine reiche Ernte halten, weil andere junge Thiere in Ueberfluss vorhanden sind, deren leicht verdauliches Fleisch den schwachen Mägen ihrer eigenen Jungen gerade recht zusagt; letztere aber, deren Kräfte noch nicht ganz entwickelt sind, können sich im Fange anderer junger Thiere üben, die ihnen noch keinen vollständigen Widerstand entgegensetzen können. Hätten sie nur mit alten Thieren zu thun, so würden sie in der Regel unterliegen und zu Grunde gehen.

Aehnliches finden wir auch bei den Insecten und anderen niedrigen Thieren, sowohl bei den pflanzenfressenden Insecten, als bei denen, welche von anderen Insecten leben. Bei manchen hat die Natur wahrhaft wunderbare Vorkehrungen zur Erhaltung des Geschlechts getroffen. Die Blattlaus z. B., die in unseren Gärten so häufig vorkommt, bringt im Frühjahre und den ganzen Sommer über lebendige Junge, und zwar lauter Weibchen. Im Herbste, wenn die Blätter abfallen und die ganze Vegetation aufhört, würden diese Insecten aus Mangel an Nahrung oder wegen der eintretenden Winterkälte insgesammt zu Grunde gehen müssen: ein Nachtfrost würde hinreichen, diese Thierart aus der Reihe der lebenden Wesen auszustreichen. Die besondere Vorsorge der Natur hat es aber so geordnet, dass die Organisation der zuletzt erscheinenden Brut sich ändert, und nun auch Männchen ausschlüpfen, die sich paaren, worauf dann die Weibchen statt lebendiger Jungen Eier hervorbringen, welche die strengste Kälte überstehen. Aus diesen Eiern entwickelt sich im Frühjahre, sobald die Blätter treiben, ein neues Geschlecht von Blattläusen, welche nun wieder eben so, wie die Voreltern, lebendige Junge hervorbringen.

Eine dritte erspriessliche Sorge ist dahin getroffen, dass die Jungen gegen Gefahren geschützt werden. Bei den höheren Thieren übernehmen die Alten diese Sorge. Bei vielen niedrigen Thieren, einige Ausnahmen abgerechnet, kommt keine Vorsorge und keine Vertheidigung durch die Alten vor, weil diese dann meistens zu Grunde gegangen sind. So können andere Thiere die Jungen ungestraft verfolgen, und diese sind wehrlos jener Fressgier ausgesetzt. Neben mancherlei anderen Vorkehrungen gegen die gänzliche Ausrottung solcher Thiergeschlechter beurkundet sich darin die Vorsorge der Natur, dass die Thiere sich in um so grösseren Mengen fortpflanzen, je mehr Gefahren ihnen oder ihren Jungen drohen, und je mehr andere Thiere die Aesung an ihnen finden. Daher die starke Vermehrung der Insecten und einiger anderen niedrigen Thierarten. So kann eine Mottenart innerhalb eines Jahres 200000 Individuen hervorbringen. Ein Nachtfalter könnte in der dritten Generation bereits anderthalb Millionen

Eier produciren. Entgingen die Blattläuse während eines
Jahreslaufes der Vertilgung, so würde die Erde die gesammte
Nachkommenschaft kaum fassen können: die einzelne Blatt-
laus würde mit der fünften Generation schon 5000 Millionen
Junge bringen, und es entwickeln sich im Jahreslaufe wenigstens 20 Generationen. Wahrhaft wunderbar ist diese Fruchtbarkeit! Dadurch erhält sich aber auch die Thierart trotz
der mannigfachen Verfolgungen, die ihr drohen, und Hunderte
von Thieren, die davon leben, haben reichliche Nahrung.
Eine derartige Fruchtbarkeit treffen wir auch bei den
Fischen an. Der Hering legt 20- bis 50000 Eier; bei der
Schleihe zählte man 383000, beim Karpfen 621600 Eier, bei
einem Steinbutt reichlich eine Million, bei einem Kabeljau
3,444000. Eine grosse Anzahl dieser Eier wird von anderen
Thieren verzehrt, und manche werden auch wohl gar nicht
befruchtet; diesem Verluste wird durch die starke Vermehrung
Rechnung getragen, und es wird somit dem Untergange einzelner Arten vorgebeugt. Wären die grossen pflanzenfressenden Thiere gleich fruchtbar wie die kleinen, das Pflanzenreich
würde bald aufgezehrt sein; vermehrten sich die Raubthiere
gleich stark wie die Pflanzenfresser, die grossen Raubthiere
gleich stark wie die kleinen, so würden sie zu grosse Verhee-
rungen anrichten.

So ist Alles in der Natur berechnet, und das nöthige
Gleichgewicht und die Ordnung bleiben gesichert. In der
Hand der Natur sind die Raubthiere das Baummesser, womit
alle wilden Schösslinge abgeschnitten werden, und so erhält
sich überall lebendiges Wachsthum. Die Existenz der Raubthiere ist wieder vom Ueberfluss an Beute abhängig. Auf den
Pflanzen in Spitzbergen lebt fast kein einziges Insect, und
somit kommt auch kein von Insecten lebender Vogel dort vor.
In Grönland kennt man schon mehr denn 20 verschiedene Insecten, aber auch wenigstens zwei Vogelarten, die von Insecten
leben. In den wärmsten Strecken Amerika's, wo ungemein
viele Insectenarten leben, kennt man Hunderte von Vogelarten, die der mächtigen Ausbreitung der Insecten eine Schranke

setzen; denn sie leben von Insecten, werden aber selbst wieder die Beute anderer Vögel. So steht Alles in harmonischem Zusammenhange; die Fruchtbarkeit einer Thierart bedingt das Leben einer anderen.

Bei solcher Zerstörung und Verwüstung könnte man der Natur vielleicht Grausamkeit vorwerfen! Aber auch in der Beziehung ist Vorkehrung getroffen. Viele Thiere scheinen ihre Beute durch ein Gift sogleich unempfindlich zu machen und vor einem qualvollen Tode zu bewahren; bei den grösseren Raubthieren aber haben die Fangzähne eine solche Stellung, und der Instinct führt die Thiere so, dass meistens sogleich die grosse Gehirnschlagader durchbissen wird, wodurch in wenigen Augenblicken Bewusstlosigkeit entsteht und der Tod viel schmerzloser eintritt. Auf diesem Wege wird auch dem schmerzvollen Hungertode durch Nahrungsmangel und Alter vorgebeugt. dem die Thiere sonst nur nach langen Qualen zur Beute fallen würden.

Ich habe mir aber nicht die Aufgabe gestellt, nachzuweisen, wie das Gleichgewicht in der Natur hergestellt wird, sondern ich wollte durch einige Beispiele darthun, wie gründlich die Natur für die nachkommenden Geschlechter sorgt. Die glänzendsten Beweise dafür finden wir in den Instincten und Trieben der Thiere, wodurch dieselben zu so richtigen und zweckentsprechenden Handlungen bestimmt werden, und worin wir vor Allem die Weisheit des Schöpfers zu bewundern haben, der Alles so vollkommen machte.

Wo das Thier noch zu schwach und zart und zu wenig entwickelt ist, um sich selbst lenken und leiten zu können, da wurden ihm unwandelbare angeborene Neigungen zu Theil, womit die Ueberlegung und der Verstand ersetzt werden; wo es nicht selbst zu denken vermag. da übernimmt die Natur das Denken. „Sie dachte ihm vor,“ sagt Herder[1]), „da sie die Kräfte in solche und keine andere Organisation setzte, und

---

[1]) Ideen zur Geschichte der Menschheit. Sämmtliche Werke, 1827. Thl. 4, S. 122.

nöthigte das Geschöpf nun, in dieser Organisation zu sehen, zu begehren, zu handeln, wie sie ihm vorgedacht hatte." Durchlaufen wir von diesem Standpunkte aus das Thierreich vom Insecte bis zum Menschen, so tritt uns überall die Sorge der Mutter für die Nachkommenschaft in wunderbarer Weise entgegen.

Bei den Insecten kommt es vielfältig vor, dass die Jungen nicht für sich selbst zu sorgen vermögen, und doch sind die Alten bereits dahin, wenn das künftige Geschlecht zum Leben erwacht; ohne eine besondere Vorkehrung der Natur oder der Eltern müssten hier die Jungen zu Grunde gehen. Die Mutter sorgt hier für die Brut, ehe sie noch da ist, und sie sucht Futter für dieselbe, bevor sie noch ein Ei gelegt hat. Da nun aber auch hier, ähnlich wie bei den höheren Thierarten, die den Jungen dienliche Nahrung meistens eine ganz andere ist, als die der Alten, so richtet sich das Weibchen nicht nach dem eigenen Geschmacke und nach dem eigenen Bedürfnisse, sondern legt die Eier auf solche Pflanzen, an denen die Jungen die ihnen entsprechende Nahrung finden. Die Sandwespe gräbt Löcher in sandigen Boden und bringt eine Spinne oder ein Räupchen hinein, die sie nicht getödtet, sondern nur durch Einführen des Stachels nach einer bestimmten Stelle des Nervensystems betäubt und gelähmt hat, wodurch ihrer Fäulniss und Vermoderung vorgebeugt wird; dann aber legt sie in jedes solches Loch ein Ei und das daraus schlüpfende Junge findet sogleich seine Nahrung. Andere Wespen öffnen wieder von Zeit zu Zeit diese sorgfältig verschlossenen und Anderen unkenntlichen Gänge, sobald die Larven den eingebrachten Vorrath verzehrt haben, was die Alten genau zu wissen scheinen, bringen neuen Vorrath in das Nestchen und verschliessen es wieder sorgfältig, um alle Feinde abzuhalten. Die Holzwespe bringt neben das Eichen in der Zelle eine Art von Teig, den sie selbst zubereitet hat, und der für sie keine Nahrung ist, wohl aber der aus dem Ei kommenden Larve vortrefflich zusagt. Eine andere Wespe, die selbst von vegetabilischen Substanzen lebt, sammelt 11 bis 12 kleine grüne

Räupchen oder Maden und befestigt sie bei dem Ei, als wüsste sie, dass ihre eigene Nahrung den Jungen schädlich sein würde: die ausschlüpfende Made findet so hinlänglichen Vorrath einer für die jetzige Lebensperiode passenden Nahrung, bis sie weiterhin als vollkommenes Insect aus dem Pflanzenreiche sich ernähren kann. Nach Kirby und Spence[1]) lässt sich die Wespe in der Sammlung jener Maden durch deren Grösse bestimmen, von den grösseren nimmt sie nur 8 bis 9, von den kleineren 11 bis 12. Immer aber nimmt sie erwachsene Maden, als wüsste sie, dass nur solche ganz erwachsene Thierchen ohne Futter lange genug in dem kleinen Neste leben können, und dass jüngere noch im Wachsthum begriffene Maden wegen Futtermangel alsbald absterben und in Verwesung übergehen würden.

Der Ringelraupenschmetterling saugt Honig und Blumen. Wer lehrte ihn nun, was er ja niemals gesehen hat, dass die Jungen, die erst im nächsten Jahre aus den Eiern schlüpfen, keines Honigs bedürfen, sondern junger Blätter? Er legt seine Eier weder in eine Blume, noch auf die Blätter, die im Herbste abfallen, sondern vermittelst einer harzartigen, kein Wasser durchlassenden Substanz befestigt er sie an jungen Zweigelchen, als ahnte er, dass die liebliche Frühlingssonne die jungen Blätter hervorlockt, an denen das junge Räupchen beim Verlassen des Eies Nahrung finden wird.

Nicht minder merkwürdig ist es, dass die Jungen die Eier nicht eher verlassen, als bis die jungen Blätter zu treiben angefangen haben, was doch bei den verschiedenen Baumarten zu verschiedenen Zeiten eintritt. Die Eier der Blattläuse, die auf Birken und Eschen leben, zeigen keinerlei erkennbaren Unterschied; gleichwohl schlüpfen, obwohl die Temperatur und die klimatischen Verhältnisse ganz die nämlichen sind, die Jungen aus den Eiern der Birkenblattlaus mit dem Ausbruche der Blätter aus und zwar einen Monat früher, als die Jungen der Eschenblattlaus, weil die jungen Blätter der Esche um so

¹) Entomologie, Thl. 1, S. 382.

viel später hervorbrechen. Spence[1]) nahm einen kleinen Birkenzweig, woran Eier abgesetzt waren, mit nach Hause und setzte ihn in einem Kruge Wasser in sein geheiztes Zimmer: die Blätter brachen etwa einen Monat vor der gewöhnlichen Zeit hervor, und mit ihnen zugleich zeigten sich auch schon junge Blattläuse. Zeigt sich in diesem harmonischen Zusammentreffen nicht eine wahre mütterliche Sorge der Natur, selbst für die geringsten Geschöpfe, ohne welche diese meistens, wenn ihnen im ersten Saftgrün die Nahrung fehlte, zu Grunde gehen müssten? Jene Insecten, deren Junge noch im Verlaufe des Sommers auskriechen, legen ihre Eier auf die Blätter selbst, als wüssten sie, dass jene jetzt nicht um die Zweigelchen herumgelegt zu werden brauchen.

Vielfach bedarf es nicht bloss einer andern Nahrung, sondern auch eines andern Mediums. Die Larven der Florfliegen, der Eintagsfliege, sowie mancher Mückenarten und anderer Insecten leben in Wasser, worin die Alten nicht bestehen können; allein in der Sorge für ihre Brut überwinden diese die natürliche Scheu und legen ihre Eier ins Wasser, oftmals nicht ohne Lebensgefahr. Wo sollte ich aber aufhören, wollte ich die Vorrathskammern der Bienen, Wespen, Ameisen beschreiben, die schon an und für sich einer Betrachtung werth wären, deren Beschreibung aber hier zu weit führen würde.

Manche Insecten überwachen das Auskriechen ihrer Jungen, und diese erfreuen sich der elterlichen Sorge, die ihnen in keinem minderen Grade zu Theil wird, als den höheren Thieren. Manche Spinnen umhüllen ihre Eier mit einem Gespinnstsäckchen, das sie am Rücken befestigen und überall mit sich herum tragen. Wird dieses Säckchen vorsichtig der Mutter weggenommen, so befestigt sie einen langen Faden daran, zieht es, sobald es losgelassen wird, wieder an sich heran und entflicht damit. Bonnet[2]) setzte die Anhänglichkeit dieses Thierchens auf folgende Probe. Er trieb eine Spinne mit

[1]) Kirby und Spence. Entomologie Thl. 2, S. 485.
[2]) Kirby und Spence. Entomologie Thl. 1, S. 397.

ihrem Eiersäckchen in die Grube eines Ameisenlöwen, eines
sehr gefrässigen Thieres, das am Boden einer kegelförmigen
Höhle, die es in Sand gräbt, unglücklichen Thieren auflauert,
um sie als Beute zu erhaschen. Die Spinne suchte davon zu
rennen, war aber nicht schnell genug, um zu verhindern, dass
der Ameisenlöwe ihren Eiersack packte, den er unter den Sand
zu zerren suchte. Dagegen wehrte sich die Spinne mit allen
Kräften; aber das Säckchen riss ab. Da erfasste es die
Spinne wieder mit ihren Kiefern und verdoppelte ihre Anstrengungen. Doch vergebens! Der Ameisenlöwe war der Stärkere,
und er zog das Säckchen zugleich mit dem Vertheidiger in
den Sand hinein. Die unglückliche Mutter hätte ihr Leben
retten können, wenn sie die Eier fahren liess; aber sie liess
sich eher lebendig begraben, ehe sie sich von ihrer Brut
trennte. — Sind die jungen Spinnen aus diesem Säckchen,
das von der Mutter erst geöffnet werden muss, ausgebrochen,
dann setzen sie sich auf den Rücken der Mutter, die sie
noch eine Zeitlang mit sich herumträgt und für sie sorgt.

Selbst der so allgemein verabscheute Skorpion bietet uns
ein Beispiel der Mutterliebe. Sobald er Gefahr bemerkt, öffnet er den Mund, die kleinen und zarten Jungen kriechen
hinein, und er bringt dieselben in Sicherheit. Später öffnet
er dann den Mund wieder und lässt seine Lieblinge heraus.

Ich könnte diese Beispiele noch erheblich vermehren, sie
genügen aber, um uns die Ueberzeugung zu verschaffen, dass
auch bei den ganz verachteten und verkannten Geschöpfen, die
wir wohl dem sogenannten Ungeziefer zuzählen, die grössten
Wunder in der Natur auftreten. Sie liefern uns den Beweis,
dass für alles Geschaffene mit gleicher Liebe und Güte, mit
unendlicher Weisheit und Vollkommenheit gesorgt wird.

Die Fische überlassen zwar die Eier ihrem Schicksale,
allein die mütterliche Sorge ist dabei doch nicht ganz ausgeschlossen. Durch einen natürlichen Instinct angetrieben suchen
sie ihre Eier an Stellen abzulagern, wo sich zahlreiche Was-
serinsecten finden, die den künftigen Jungen reichliche Nahrung bieten können, und wo die Jungen auch den wenigsten

Gefahren ausgesetzt sind. Manche, wie die Salmen, schwimmen zu dem Ende flussaufwärts, und mit grosser Behendigkeit und Kraft vermögen sie selbst Wasserfälle zu überspringen, wie ich einmal bei einer Forelle mich selbst durch den Augenschein zu überzeugen Gelegenheit gehabt habe. Die Salmen machen dann eine Grube im Sande, legen die Eier hinein und decken die Grube wieder zu, um ein Wegschwemmen und Auseinandertreiben der Eier zu verhüten.

Im Sanct Lorenzstrom, oberhalb der Wasserfälle des Niagara, führen auch manche Fische am Strande kleine Dämme aus Steinchen auf, die sie mit dem Munde zusammen tragen, damit die dahinter abgesetzten Eier nicht durch den mächtigen Strom fortgeführt werden.

Manche Stichlingsarten (Gasterosteus) bauen selbst eine Art Nester, in denen die Eier abgesetzt werden. Nach Coste[1] baut das Männchen ein überdachtes Nest aus Pflanzenfasern und Grashalmen und verbindet dieselben fester durch einen dem eigenen Leibe entstammenden Schleim. Das Fundament wird zuerst dadurch befestigt, dass die Pflanzentheile durch Reibung immer enger zusammengedrängt werden. Wenn ein Stiel nicht zum Baue passt, so wird er weggeschafft und durch einen andern ersetzt. Nun bekommt das Nest ein Gewölbe, und es wird eine zweite Oeffnung durchgebohrt, so dass das Thierchen durchschwimmen kann. Ist es so weit, dann sucht sich das Männchen unter den in der Nähe befindlichen Weibchen eine Braut aus, die jetzt von der Natur mit einer ungewöhnlichen Färbung ausgestattet worden ist, und führt sie in sein Nestchen wie in ein Brautgemach, worin die Eier abgesetzt werden. Hiernach holt er ein zweites Weibchen, und so enthalten dann diese Nester nach Coste manchmal 1000 bis 2000 Eier.

Ganz im Gegensatze zu dem, was wir von anderen Thieren wissen, hält das Männchen allein Wache bei dem Neste, woran das Weibchen keinen ausschliesslichen Antheil hat. Ja diese

---

[1] Instructions pratiques pour la Pisciculture. 1853. p. 67 et 74.

Weibchen sind sogar seine gefährlichsten Feinde, die die Eier
zu verzehren suchen. Vier Wochen lang muss das Männchen
die Eier gegen die mehrfach wiederholten Angriffe dieser Räu-
ber unverdrossen vertheidigen; während dieser ganzen Zeit
verlässt es das kleine Nest nicht, und sorgt unablässig für Alles. Zunächst wird das Nest dadurch fester gemacht, dass die
eine Oeffnung wiederum verstopft und das Nest mit Steinchen
bedeckt wird, die manchmal halb so gross sind wie der eigene
Körper und mit Mühe aus der Umgebung herbeigeschleppt
werden. Nun ist bloss Eine Oeffnung zu bewachen, und vor
dieser fasst das Männchen anhaltend Posto, die Vorderflossen
fortwährend bewegend, so dass die Eier immer einen Strom
frischen Wassers bekommen; denn ohne diese Strömung würden die Eier sich mit Schimmel bedecken und nicht ausgebrütet werden. Jeder andere Fisch oder jedes Weibchen, das
dem Neste zu nahe kommt, wird vertrieben. Vermehrt sich die
Anzahl der Feinde, so kommt wohl eine List in Anwendung;
das kleine Thier macht Bewegungen, als stürze es auf eine
Beute und entfernt sich ein Paar Augenblicke vom Neste, die
Feinde folgen ihm begierig, um an der ungesehenen Beute sich
zu betheiligen, und sind sie auf diese Weise weggelockt, so
kehrt das Männchen bald an den geliebten Platz zurück. Gelingt es, durch diese unnachlässigen Bemühungen den Schatz
zu hüten, und sind die Jungen dem Ausschlüpfen nahe, so ver-
doppelt das Männchen seine Anstrengungen: die herbeige-
schafften Steinchen werden entfernt, es werden mehrere Oeff-
nungen am Neste angebracht, die anhaltende Wasserströmung
wird verstärkt, und die Eier werden bald an die Seite, bald in
die Mitte des Nestes geschafft. Sind nun nach 10 bis 12 Tagen die jungen Fischchen da, so müssen sie doch noch längere
Zeit gegen Feinde geschützt werden. Zuerst sind sie noch
schwer beweglich, weil der schwere Dottersack an ihnen hängt.
Das Männchen duldet aber nicht, dass sie über die Ränder des
Nestes hinausgehen, jeder Flüchtling wird im Munde wieder ins
Nest zurückgetragen. Giebt es mehrere solche Ausreisser, so
werden auch wohl mehrere auf einmal gefasst, ohne ihnen

Schaden zuzufügen. Die grössere Familie bedarf aber freilich auch eines grösseren Raumes, und das Männchen lässt dann die jungen Fischchen in der Nähe des Nestes herumschwimmen. Allein nach Art eines Schäferhundes schwimmt das Männchen um die junge Brut herum und sucht seine Heerde zusammen zu halten, bis sie nach etwa 20 Tagen sich selbst überlassen werden können. Wie gefrässig der kleine Fisch auch sonst ist, während dieser ganzen Zeit hat er keine Nahrung zu sich genommen. Kann sich die mütterliche Sorge der Natur wohl sprechender erweisen, als bei diesem Thierchen?

Auch bei den Amphibien, die zwar meistentheils die Jungen ihrem Schicksale überlassen müssen, fehlt diese mütterliche Sorge der Natur nicht. Bei den Krokodilen geht sie weiter als bei manchen anderen. Sie suchen nach v. Humbodt[1]) die am Ufer unter Sand versteckten Eier gegen die Zeit auf, wo die Jungen auskriechen, rufen die Jungen, die auch antworten, führen sie zum Flusse und schützen sie. Dessen ist die Schildkröte nicht fähig, die in ihrem Schilde zwar Mittel zum eigenen Schutze besitzt, dagegen mit keinerlei Waffen von der Natur ausgestattet ist. Die Natur lässt es gleichwohl nicht am Schutze der Jungen fehlen. Die Seeschildkröte macht auch ein Loch in den Sand am Ufer, um die Eier hineinzulegen, und deckt sie dann wieder zu, dass sie durch die Sonnenstrahlen gebrütet werden: den auskriechenden Jungen lauern aber Schaaren von Vögeln und andere Thiere auf. Wunderbarer Weise eilen nun die jungen Schildkröten, vermöge eines angeborenen Triebes, unmittelbar nach dem Auskriechen der See zu und entgehen so ihren Feinden. Hemmt man sie auf dieser Bahn und sucht man ihnen eine andere Richtung zu geben, indem man sie umdreht, so wenden sie sich doch sogleich wieder nach der See um, die sie noch niemals gesehen haben. Wer belehrte sie über diesen Weg und wer beschenkte sie mit einem Compass? Muss man nicht erstaunen über den un-

---

[1]) Reise in die Aequinoctialgegenden. Stuttgart 1815. Thl. 3, S. 427.

begreiflichen Instinct der Natur, der diese Thiere blindlings antreibt, für ihre Erhaltung zu sorgen? Die stärksten Züge von Liebe und Sorgfalt für die Jungen finden wir aber bei den Vögeln, wo die Alten in fortwährender Pflege nur ihnen zu leben scheinen. Der bei den Vögeln waltende Instinct zeigt sich in einer edleren Form und es verbindet sich damit noch ein Verhältniss, das bei den niedrigeren Thieren nicht in gleicher Weise angetroffen zu werden pflegt, nämlich eine Art Ehegenossenschaft. Wer kennt nicht in dieser Beziehung unsere Tauben, namentlich die Turteltauben, die von den Dichtern so viel als Muster treuer Liebe besungen worden sind? Die besondere Sorge der Natur giebt sich hierbei wieder darin zu erkennen, dass nach einer ziemlich durchgreifenden Regel die gemeinsame Betheiligung von Männchen und Weibchen bei jenen Arten vorkommt, wo die Jungen in der ersten Zeit wirklich der gemeinschaftlichen Hülfe bedürfen. Wo die Jungen sogleich überflüssige Nahrung finden, wie bei unseren Enten und Hühnern, da war so etwas nicht nöthig; wo dagegen die Nahrung herbeigeschafft werden muss und wo die unvollkommenen Jungen der mütterlichen Erwärmung nicht lange entbehren können, da mussten sich beide Alten an der Besorgung der Jungen betheiligen, und hier hat auch die Natur selbst eine solche Verbindung oder Ehe eingerichtet.

Eine solche eheliche Genossenschaft besteht bei manchen Thieren so lange, als die gemeinschaftliche Sorge für die Jungen es nöthig macht, und erreicht erst ihr Ende, wenn diese erwachsen sind. Unter den Säugethieren finden wir dies z. B. bei den Fledermäusen, den Ratten, den Kaninchen. Von den Vögeln gehören hierher viele Raub- und Singvögel, desgleichen die Raben. Zur Zeit der Auswanderung trennen sich die Paare, im nächsten Jahre scheinen sie aber wieder zusammen zu kommen. Bei Adlern und Tauben, unter den Säugethieren bei Füchsen und Rehen, bleibt die Verbindung für das ganze Leben bestehen. Einen recht auffallenden Beweis lieferte ein Storch, dessen Weibchen einer Verwundung wegen die Reise

nicht mit antreten konnte: drei Jahre hintereinander suchte er
im Frühjahr das Weibchen wieder auf, und dann blieb er auch
während des Winters bei demselben[1]). Sehr innig ist diese
Verbindung bei den Papageien, namentlich bei den sogenannten
Inseparabeln. Nachdem Bonnet[2]) ein solches Paar vier Jahre
lang ernährt hatte, verfiel das Weibchen in Altersschwäche und
konnte nicht mehr zum Futtertroge kommen, wurde aber von
dem Männchen gefüttert; als es schwächer wurde und nicht
mehr auf die Sprosse kommen konnte, suchte das Männchen
mit Anstrengung aller Kräfte es heraufzuziehen; als es endlich starb, lief das Männchen mit grosser Unruhe hin und her,
versuchte ihm Nahrung beizubringen, blickte es zuweilen still
an, gab ein klägliches Geschrei von sich, und starb nach einigen Monaten.

Die Natur stattet auch manche Vögel zur Paarungszeit mit
einer ungewöhnlichen Pracht der Federn aus, als wollte sie dadurch die eheliche Liebe noch steigern. Andere verkünden ihr
Glück in lauten Tönen: die Turteltaube girrt, die Lerche erhebt
sich unter Gesang hoch in die Lüfte, das Nachtigallmännchen
flötet seinen lieblichen Gesang, während das Weibchen brütet.
Sobald indessen die Jungen ausgekrochen sind, schweigt die
Nachtigall, als fürchte sie die Nähe des Nestes zu verrathen,
und hilft die Jungen mit füttern. Bei diesem Futterzutragen
benehmen sich die Thiere aber auch ganz vorsichtig: sie fliegen nicht ohne Weiteres zum Neste, sondern verstecken sich
in einiger Entfernung davon im Gebüsche, um unvermerkt zur
Brut kommen zu können, und gleich umsichtig benehmen sie
sich beim Verlassen des Nestes.

Manche Vögel schaffen auch ihre Jungen fort, wenn sie
dieselben entdeckt wissen. Nimmt man einer Nachteule ein
Junges aus dem Neste, so schafft sie die übrigen Jungen in der
folgenden Nacht fort. Aehnliches kann man wohl bei Hunden

---

[1]) W. Vrolik, Het leven en maaksel der dieren. I. p. 58.
[2]) Betrachtungen über die Natur, übers. von Titius 1803, 5. Aufl.,
Thl. 2, S. 207.

und Katzen beobachten. Die Thiere wenden auch merkwürdige Listen an, um die Feinde von den Nestern abwendig zu machen. Kommt ein Mensch oder ein Hund in die Nähe eines Rebhuhnnestes, so fliegt das Männchen mit ängstlichem Geschrei auf und warnt das Weibchen, dann aber lässt es sich mit hängendem Flügel auf den Boden nieder, als könnte es nicht fliegen oder wäre es verletzt, um so den Feind, der eine leichte Beute zu gewinnen hofft, vom Neste wegzulocken; das benutzt aber das Weibchen, um mit den Jungen zu entfliehen. Aehnliches beobachtet man auch bei anderen Vögeln. So erzählt Coste[1]), wie er selbst durch die List einer Lerche sich habe täuschen lassen. Er sah das Thier auf einmal vor sich und nur langsam bewegte es sich fort, als fehlte ihm die Kraft dazu. Coste bückte sich, um es zu fassen; wenn er es aber zu fassen vermeinte, da entfernte es sich, anscheinend mit grosser Anstrengung, weiter. So wurde Coste auf einen benachbarten Acker gelockt, und jetzt erhob sich die Lerche, nachdem der Verfolger weit genug vom Neste weggekommen zu sein schien, mit fröhlichem Gesang hoch in die Lüfte.

Nach Bonnet[2]) flogen Schwalben in brennende Häuser, um ihre Jungen zu retten, oder mit ihnen unterzugehen.

Vor Allem aus bewährt sich aber die Muttersorge der Vögel im Bau der Nester, die sie mit grossem Fleisse in Betracht ihrer geringen Hülfsmittel auch mit grosser Kunstfertigkeit herzurichten wissen. Gleich allen Kunstproducten, welche aus einem eingebornen Triebe hervorgehen, sind die Vogelnester in ihrer Art ganz vollkommen, ja es sind wahre Meisterstücke. Wo die Natur Lehrerin ist und der unentwickelte Verstand den Thieren zu Hülfe kommt, da ist Alles gleich schön und zweckmässig, würdig der Natur und über jeden Tadel erhaben. Ich will mich auf ein paar allgemeine Bemerkungen und auf einige Beispiele beschränken.

Die Vogelnester sind immer auf die Zahl und Grösse der

---

[1]) Instructions pratiques pour la Pisciculture. 1853, p. 78.
[2]) Beobachtungen u. s. w. Thl. 2, S. 229.

Jungen berechnet, und darin wird sich kein Vogel irren. Kleine Eier erkalten leichter und verlangen eine mehr andauernde Wärme; deshalb bauen die kleinen Vögel tiefere Nester, und ihre Eier liegen auf einem weicheren und besser erwärmten Bette, so dass sie beim Ausfliegen des Vogels nicht so rasch erkalten können. Das Nest der Lerche ist viel tiefer und die Eier darin liegen wärmer, als beim Storche oder bei der Gans. Die Nester werden aber mit Dingen ausgefüttert, die zu den schlechten Wärmeleitern zählen, mit Stroh, Moos, Haaren, Flaumfedern oder sonstigen Federn. Sehr beachtenswerth ist auch in dieser Hinsicht das Verfahren des Nordischen Kreuzschnabels (Loxia curvirostra). Dieser Vogel legt im Januar, wenn es regnet und schneit, seine Eier, weil jetzt, und nicht im Frühjahr, die Samen des Tannenbaums, womit die Jungen gefüttert werden, in Menge vorhanden sind. Das Nest würde aber durch die fortwährende Feuchtigkeit sich erweichen und das Brüten bei der hierdurch verursachten Kälte unmöglich fallen, hätte die Natur den Vogel nicht angewiesen, sein Nest mit Harz zu bestreichen, als wüsste er, dass Schnee und Wasser dann nicht mehr eindringen können.

Aber nicht blos für die Wärme, sondern ganz besonders auch für den Schutz der Eier wie der Jungen sorgt der Vogel beim Bau seines Nestes durch kunstreiche Einrichtungen, die um so complicirter und um so schirmender sind, je mehr Gefahren drohen. Ja es richtet sich die Bauweise ganz nach den Feinden, die zu befürchten sind. Unsere Singvögel bringen ihre Nester meistens in dichtes Laub oder in einen hohlen Baum, wo sie von Raubvögeln nicht gesehen oder auch nicht erreicht werden können. Die Vögel in heissen Ländern würden dadurch noch keinen Schutz gegen Affen und Schlangen haben, die ihnen überall nachstellen; deshalb bringen viele ihre Nester an die zumeist nach aussen reichenden, über Wasser befindlichen Aeste, wohin die Feinde nicht kommen können. Der Bengalische Kreuzschnabel ist damit noch nicht zufrieden und macht aus Pflanzenfasern und dürren Grashalmen ein ellenlanges Seil, das er am äussersten Ende eines Baumastes über

Wasser befestigt und woran er dann das Nest anhängt, so dass dieses vom Winde hin und her geschleudert wird, aber allen Feinden unerreichbar ist.

Manche Nester haben die Oeffnung seitlich, ja bei anderen ist sie selbst auf der unteren dem Wasser zugekehrten Seite angebracht und ein Seitengang führt zu den Jungen. Der sogenannte Schneidervogel (Orthotomus) heftet drei Blätter eines Baumes durch Baumwollenfäden mit seinem Schnabel zusammen, und am Ende der Fäden bringt er einen Knopf an, um das Durchgleiten zu verhüten. Dieses Nest ist von anderen Blättern des Baumes fast nicht zu unterscheiden.

In Abyssinien regnet es manchmal viele Monate hindurch ohne Unterbrechung, wobei der Wind aus Westen geht. Die Loxia abyssinica nun baut ihr Nest stets in der Weise, dass die Oeffnung nach Osten gekehrt ist, und dabei werden die Eier durch einen undurchdringlichen Deckel von oben gegen Regen geschützt. Unsere Schwalbe erreicht den nämlichen Zweck dadurch, dass sie ihr künstliches Nest an den Balken der Wohnungen anklebt. In Ostindien formt eine Schwalbenart die bekannten essbaren Vogelnester aus Speichel, und diese werden an beinahe unzugänglichen Felsen befestigt.

Auch auf die Lebensweise und auf die Nahrung der Vögel wird beim Nesterbau Rücksicht genommen; wenigstens kommen die Nester vielfach dahin, wo die Nahrung am leichtesten zu beschaffen ist. Die Adler und andere Raubvögel bringen die Nester auf hohe Felsen und Bäume, wo sie eine grosse Fernsicht haben und leicht von fern das kleine Wild erspähen können. Der Kiebitz und andere wählen sich zum Nestbau einen weichen Boden aus, worin sie leicht die nöthigen Würmer finden, und am liebsten benutzen sie den Rand einer Senkung oder eines Grabens, wo sie das Nest unbemerkt verlassen können. Die Wasservögel legen ihr Nest am Ufer an, oder sie haben auch schwimmende Nester, denen beim höheren Wasserstande keine Gefahr droht.

Gleich sorgsam sind die Vögel im Schutze ihrer Eier und ihrer Jungen. Es kümmert sie nicht, dass sie keine Waffen haben, und sie führen die Vertheidigung manchmal mit Lebensgefahr. Der kleine Kolibri, der selbst einer gewissen Spinnenart zur Beute wird, vertheidigt seine Eier mit solcher Wuth, dass er dem sich Nahenden ins Gesicht stürzt. Bei vielen Raubvögeln liegt diese Vertheidigung den Weibchen ob, und diese sind dann grösser und stärker als die Männchen. Sie brüten um so nachhaltiger, je näher dem Auskriechen die Jungen sind, als wüssten sie, dass diesen eine Erkaltung jetzt weit gefährlicher ist. Die wilden Enten, sonst so furchtsam, lassen sich manchmal mit der Hand auf dem Neste fassen. Manche Vögel, namentlich jene, die weisse Eier legen, wie z. B. Enten, bedecken das Nest, wenn sie es verlassen, mit Heu oder mit Blättern, um die Eier vor Erkaltung zu schützen und sie zugleich den Feinden zu verbergen. Der Kiebitz thut das nicht; seine schwarzgrünen Eier sehen wie Gras und Erde aus und fallen so weniger in die Augen.

Im Ferneren zeigt sich auch die mütterliche Sorge der Natur in der ungleichartigen Entwickelung der Jungen beim Auskriechen. Die Jungen solcher Vögel, die ihre Nester am Boden haben, wie unsere Hühner, Enten, Kiebitze, haben beim Auskriechen stark entwickelte Beine und sie verlassen das Nest sogleich: die jungen Enten gehen alsbald ins Wasser und suchen sich schon Nahrung; die anderen halten sich an die Mutter, die ihnen Nahrung vorlegt und sie durch eigenthümliche Töne zum Verzehren auffordert, oder sie vor Gefahren warnt. Die Jungen solcher Vögel, die auf Felsen oder hohen Bäumen nisten, würden, falls sie das Nest sogleich verliessen, herabstürzen und zerschmettert werden. Dem wird aber dadurch vorgebeugt, dass die Jungen hier weit unvollkommener herauskommen: die Eier sind weit kleiner, die Jungen daher auch weniger ausgebildet beim Verlassen des Eies, und sie werden nicht nur ziemlich nackt und blind geboren, sondern auch mit so schwachen Beinen, dass sie nicht laufen können, bevor sie zu fliegen im Stande sind. Nach 14 Tagen bis 3 Wochen können die Sing- und Raubvögel fliegen. Die jungen Hühnchen und Wasservögel können zwar bald Futter suchen

und sich drohenden Gefahren entziehen, aber das Fliegen geht
erst nach 2 bis 3 Monaten. Bei jenen sind die Flügel mehr
entwickelt als die Beine; bei letzteren verhält es sich umgekehrt. So ist denn auch bei den Hühnern und bei anderen
die Sorge der beiden Alten weniger erforderlich, und dieselbe
ist meistens den Weibchen allein überlassen; bei manchen
verlässt sogar das Männchen sein Weibchen während des Brü-
tens und kehrt erst im Herbste wieder zu ihm zurück.

Bei den Sing- und Raubvögeln brütet das Männchen so
gut wie das Weibchen, und sie sorgen wechselseitig für ihre
zarten Jungen, zumal wenn die Nahrung schwerer zu erlangen ist und vielleicht aus grösserer Entfernung herbeigeschafft
werden muss. Bei Spechten und Eulen hat man sogar beobachtet, dass das Männchen die Jungen allein aufzog, wenn
das Weibchen in Gefangenschaft gerathen war. So accommo-
dirt sich sogar dieser schöne angeborene Instinct der Natur
zufälligen und ungewöhnlichen Umständen.

Bei den Tauchern und Wasserhühnern hilft das Männchen
brüten, es kümmert sich aber nicht um die Jungen, die unter
Leitung der Mutter überall hinreichend Nahrung finden. Bei
den meisten gepaarten Raub- und Singvögeln und beim Fisch-
reiher brütet das Männchen nicht mit, es holt aber Futter für
die Jungen, weil die Mutter das Nest zu lange verlassen
müsste, wenn sie auch dafür sorgen wollte. Bei den Singvögeln bleiben die Alten noch längere Zeit in der Nähe des Nestes, auch wenn die Jungen ihrer Sorge nicht mehr bedürftig
sind. Eine Bachstelze hatte einen jungen Kuckuck in einer
hohlen Eiche ausgebrütet, dieser konnte aber nicht durch die
enge Oeffnung herauskommen; da gab die Bachstelze ihre
Herbstreise auf und fütterte den Kuckuck noch bis in den Winter hinein. So modificirt sich der Instinct überall nach den
Bedürfnissen und nach der Lebensweise der Thiere.

Sind die Jungen aus dem Eie gekrochen, so schafft die
Mutter vor allem die Eierschalen aus dem Neste, die den Jungen leicht Schaden bringen könnten, und dann erst sorgt sie
für deren Fütterung. Die Insectenfressenden zerkleinern die

Insecten und füttern ihre Jungen damit. Die Raubvögel erweichen das Fleisch erst im Kropfe, so dass es leicht zu ver-
dauen ist; weiterhin bringen sie ihrer Brut junge getödtete
Thiere, dann solche, die nur mehr oder weniger verwundet
sind, zuletzt aber kleine lebendige Thiere, so dass sie ihre
Kräfte im Fangen üben können. Die von Gesäme Lebenden,
z. B. unsere Tauben, erweichen das Futter erst im Kropfe und
geben es dann den Jungen in den Schnabel. Unsere Sper-
linge und andere füttern die Jungen zuerst mit Insecten, als
wüssten sie, dass die Sämereien, wovon sie selbst leben, von
den schwachen Mägen noch nicht verdaut werden können.
So verzehrte nach Bradley's Beobachtungen ein Sperlings-
paar zur Zeit, wo es die Jungen fütterte, innerhalb einer Woche 3360 Raupen. Das Füttern erfolgt nach einer strengen
Reihenfolge, so dass kein Junges vergessen oder auf Kosten
der anderen zweimal gefüttert wird; es kommt eins nach dem
andern an die Reihe.

Mit allen diesen Vorkehrungen, die auf Erhaltung der Art
berechnet sind, ist aber der Natur noch nicht genügt. Für
den Fall, dass die Jungen durch Raubvögel vertilgt werden,
sind die Alten mit der wunderbaren Eigenschaft ausgestattet,
dass sie aufs Neue Eier legen können, was sie sonst nicht
thun. Mit unermüdlichem Fleisse wird ein neues Nest gebaut
und nochmals gebrütet, um den erlittenen Verlust auszu-
gleichen.

Ich komme jetzt zu den Säugethieren, an deren Spitze der
Mensch steht, der Endpunkt der sichtbaren Schöpfung: auch
hier begegnen wir gleich starken Zügen von mütterlicher Sorge.
Das ehemässige Zusammenleben kommt hier so wenig, wie
bei den Vögeln, als allgemein verbreitete Einrichtung vor.
Die jungen Säugethiere bedürfen auch nicht alle der Sorge
beider Eltern; denn mit der Muttermilch wird das erste Bedürfniss befriedigt. Die Pflanzenfressenden finden im Frühling hinreichend Nahrung, und die Jungen sind bald im Stande,
für sich selbst zu sorgen und bei drohender Gefahr sich unter
den Schutz der Mutter zu begeben. Die Jungen der Raub-

thiere sind durch ihre anfängliche Blindheit und durch ihre
schwachen Gliedmaassen eine Zeit lang an das Nest gebunden,
gleich den Jungen der Raubvögel. Hätte die Mutter hier für
sich selbst und für die Jungen das nöthige Futter herbeischaf-
fen, so müsste sie anhaltend das Nest verlassen, und die Jungen wären dann gefährdet. Hier tritt das Männchen wieder
helfend ein, seine Tigerwuth vertauschend mit Zuthätigkeit
zum Weibchen und zur Brut: eins von den Alten beschirmt
die Jungen, das andere geht auf Raub aus und führt immer
wieder Futter zu.

Ihr Nest oder Lager verlegen die Säugethiere, gleichwie
die Vögel, an ganz verborgene Stellen. Der Löwe verwischt
die Spur zu seinen Jungen dadurch, dass er mehrfach dahin
und dorthin läuft; oder er vertilgt auch mit dem Schweife
die Spuren seiner Fährte. Der männliche Fuchs schleppt immer für das Weibchen und für die Jungen Nahrung in den
Bau, er lässt aber keine Knochen liegen, und er raubt auch
nicht in der Nähe seines Nestes. Der Marder entledigt sich
der Losung fern von seinem Baue und auch die der Jungen
schafft er fort, damit das Nest nicht durch den Geruch verrathen wird.

Die Biber führen kunstvolle Bauten aus, worin sie Vorräthe von Lebensmitteln aufstapeln. Bevor die Jungen zur
Welt kommen, füllen sie ihre Magazine, die von beiden Alten
benutzt werden. Sobald indessen die Jungen geboren sind,
überlässt das Männchen den Vorrath dem Weibchen und sucht
sich sein Futter anderwärts. Indessen bleibt es nicht ganz getrennt vom Weibchen, sondern besucht letzteres zwischendurch.

Ganz sorgsame Vorkehrungen hat die Natur bei den Beu-
telthieren getroffen, deren Jungen sehr frühzeitig in einem
unentwickelten Zustande geboren werden, so dass diese Thiere
zweimal im Jahre sich paaren können. Die Jungen finden in
einem hinten am Unterleibe angebrachten Beutel, gleichwie
in einem Vogelneste, Unterkommen; der Beutel gewährt ihnen
die nöthige Erwärmung und Beschirmung und sie finden darin

die Muttermilch. Sind dann die Jungen so weit, dass sie den Beutel verlassen können, so begeben sie sich bei drohender Gefahr auf den Rücken der Mutter, halten sich mit den Schwänzen am Schwanze der Mutter fest, und diese flieht nun mit ihren Lieblingen davon.

Bei den höher gestellten Thieren treten immer mehr die Leidenschaften und Neigungen zu Tage, und so gewahren wir bei den Säugethieren auch schon deutlicher Andeutungen kindlicher Gegenliebe zu den Alten. Das junge Wallross verlässt die Mutter nicht, wenn diese auch getödtet wurde. Ich beobachtete einmal, dass ein Lamm nach dem Tode seiner Mutter sich in grosser Unruhe befand: es kratzte immer mit den Pfoten daran, als sollte sie dadurch erweckt und ins Leben gerufen werden, und durch Blöcken und andere Bewegungen verrieth es deutlich genug seine Verlegenheit, seinen Schmerz und seine Unruhe. Man erzählt auch von einer alten blinden Ratte, ihre Jungen hätten sie nach ein paar Brodtkrümeln hingelockt und sie alsbald wieder in Sicherheit gebracht, als ein Geräusch näher kam.

Die Andauer dieser Kindesliebe unterliegt übrigens einem grossen Wechsel. Die Trennung der Mutter und der Jungen erfolgt bei den Vögeln, wenn die Jungen fliegen können, bei den Säugethieren, wenn das Säugen der Jungen aufhört. Bei den Tauchern bleiben die Jungen bis zur Herbstreise bei der Mutter, und die Männchen treten die Reise allein an. Bei den Pflanzenfressern, denen es nicht an Nahrung gebricht, dauert die Verbindung länger als bei den Raubthieren. Die grossen Raubvögel treiben ihre Jungen frühzeitig fort, dass sie sich ein Jagdgebiet suchen. Bei den in der Wildniss lebenden Vögeln oder Raubthieren hört die Verbindung im Herbst oder Winter auf, wenn die Nahrung abnimmt. So waltet und ordnet die Natur überall und in vernehmlicher Sprache verkündet sie uns ihre mütterliche Sorge.

Die Zeit gestattet mir nicht, noch viele Beispiele von mütterlicher Liebe und Sorgsamkeit aus der Reihe der Thiere vorzuführen, die oftmals so rührend ist, dass manche Menschen dadurch beschämt werden könnten. Nur ein Paar davon will ich noch auswählen.

Bei einem meiner Freunde hatte eine Katze ihr Wochenbett in einer Kinderwiege aufgeschlagen. Man schaffte die Jungen fort, und die Wiege wurde in einen Teich gestellt, um sie zu reinigen. Alsbald war die alte Katze verschwunden, und als man nach einiger Zeit die Wiege wieder aus dem Wasser zog, fand sich die Katze darin ertrunken. Das Thier hatte seinen natürlichen Widerwillen gegen das Wasser überwunden, war nach der Wiege geschwommen, aus der es die Jungen zu erretten hoffte und ging dabei selbst zu Grunde. Würde man solche Mutterliebe beim Menschen nicht eines Standbildes würdig erachten?

Allgemein bekannt ist die Mutterliebe der Affen; davon berichtet uns Pöppig[1]) einen recht charakteristischen Zug: „Was man von der ausserordentlich grossen Liebe der Affen erzählt, ist wirklich wahr, und ich selbst bin Zeuge von einem Beweise gewesen, der mir auf geraume Zeit die Lust zu dieser Jagd benahm. Um einen jungen Coaita-Affen zur Auferziehung zu erhalten, hatte ich in einer der dichten durch die Baumkronen nur langsam fortziehenden Heerden ein Weibchen zum Ziel erlesen, welches ein ziemlich grosses Junges an sich gedrückt trug. Es war lange unmöglich, dem listigen Thiere beizukommen, von dem alle anderen, gleichsam die Gefahr ahnend, entflohen. Der erste Schuss verwundete es in den Hinterfüssen und zwang es zu langsamen Bewegungen. Der zweite traf edlere Theile, ohne jedoch zu tödten; allein höchst unangenehm war die Empfindung, als durch den langsam weichenden Pulverdampf auf einem wankenden Zweige das Thier sichtbar wurde, welches im Augenblicke des Zielens die Gefahr für das Junge erkennend sich über dasselbe zusammengerollt hatte, und also den ganzen Schuss empfing. Der Todeskampf trat bald ein, aber anstatt nach Art der getroffenen Männchen sich

---

[1]) Reise in Chili, Peru und auf dem Amazonenstrome. Bd. 2, S. 236.

mit dem langen Schwanze aufzuhängen, und so das Junge der
Gefahr eines heftigen Sturzes nach eingetretener Erstarrung
auszusetzen, glitt die Sterbende an einer Schlingflanze nach
einem breiteren Aste hinab, legte dort behutsam ihre Bürde
hin, und stürzte gleich darauf todt zu meinen Füssen nieder.
Ich habe nach jener Zeit nie mehr vermocht auf weibliche Affen zu schiessen."

Blicken wir nun noch einmal auf das bisher Mitgetheilte
zurück, so tritt uns die Natur unverkennbar als eine sorgsame
Mutter entgegen, die alle ihre Kinder mit gleicher Liebe umfasst.
Bei den meisten Insecten ist die Fortpflanzung das Endziel
ihres Lebens und sterbend überlassen sie der Natur ihre Nachkommenschaft; aber keines wird vergessen, für alle wird mütterlich gesorgt, und das zarte Räupchen findet bei der Geburt
ebenso gut junge Blätter, die es ernähren, als das neugeborne
Kind die Mutterbrust. Die höheren Thiere sorgen selbst für
ihre Brut, werden aber dabei blos durch angeborne Neigungen bestimmt: ihre Bösartigkeit wandelt sich in Liebe, ihre
Furchtsamkeit in Muth um, und sie sind Kinder am Gängelbande der Natur. Einzig und allein der höher gestellte
Mensch konnte diese Leitung missen: nur der Mensch konnte
sich selbst beherrschen, die Nachkommenschaft behüten und
zu höherer Sittlichkeit heraufbilden.

Sollte denn aber allein der Mensch, der als schwaches,
hülfloses und durchaus unkundiges Kind in die Welt eintritt,
ohne andere angeborene Triebe als die für seine thierische
Existenz berechneten, und der dabei mit einer höheren Anlage
ausgestattet ist, so stiefmütterlich angesehen worden sein?
Nein, auch beim Menschen, wo Alles nach einem anderen und
höheren Plane angelegt ist, treten uns in deutlichen Zügen die
wohlthätigen und liebreichen, aber höheren Absichten des
Schöpfers entgegen.

Bei den niedrigen Thieren, haben wir gesehen, sorgt die
Natur allein als treue vorherschende Mutter, bei den höheren
Thieren wurde die Sorge für das Ernähren und Aufziehen der
Jungen den Alten anvertraut, die Natur aber behielt sich vor,

die Triebe, die Neigungen, die geistigen Richtungen und Gedanken zu lenken, die der Schöpfer jedem Thiere gemäss seinen Bedürfnissen eingepflanzt hat; nur beim Menschen hat der Schöpfer die Entwickelung und Erziehung des Körpers ebensowohl, als die des Geistes, den Aeltern überlassen. Dem Kinde wurde nur die Fähigkeit und die Anlage zu Theil; die Eltern besitzen die erworbene Kenntniss und den Verstand, die durch die Kindesliebe gehoben, durch das angeborene sittliche Gefühl und das Bewusstsein eines höheren Ursprungs veredelt werden. Der Mensch, nicht aber das Thier, muss sich selbst bilden, er muss zu einer höheren Stufe der Humanität und des sittlichen Werthes aufsteigen, er muss sich zur Tugend und Gottesfurcht, ja selbst zur Unsterblichkeit vervollkommnen. Seine Geisteskräfte durften nicht in die Fesseln des Instincts geschlagen sein, und zu dem Ende wurde er zwar ohne eingeborene Kenntnisse, aber auch frei geboren, um sich zu einem selbstständigen frei denkenden Wesen zu entwickeln, um durch eigene Kraft und Uebung, durch Kampf in Liebe und Leid, zur Gewinnung eines höheren Standpunktes sich vorzubereiten. Deshalb verlängerte die Natur seine Jugend und seine Lehrzeit, wie bei keinem anderen Thiere, weil er Alles lernen muss bis auf die eigene Sprache, die jedem Thiere seinem Bedürfnisse entsprechend angeboren ist. Er soll nicht mehr der geborene Knecht oder der folgsame Sclav sein am Leitbande der Natur, sondern der geliebte freie Sohn im Hause des Vaters, dessen Bild er, und nur er allein, im Busen trägt. Damit hält auch die Mutterliebe des Menschen gleichen Schritt, sie ist edeler, höher und weiter reichend, da sie sich nicht blos ein körperliches Aufziehen, sondern auch die sittliche und verständige Entwickelung des Geistes zum Ziele setzt; sie streut bei ihren geliebten Kindern die Saat der Kenntniss, der Tugend, der Gottesfurcht und Liebe aus, sie erweckt im Menschen das Gefühl fürs Wahre, Gute und Schöne, ja ihre Blicke schweifen noch jenseits des Grabes.

Wer diese erhabene Sprache des Schöpfers, die mit lauter Stimme in der Natur zu uns redet, versteht und begreift

der kann nicht fragen, ob auch in der Natur die reine und
hohe Moral und die echte Humanität gepredigt wird? Wer
nachforscht und nachdenkt, kann nicht daran zweifeln, dass
eine Bibel der Natur vorhanden ist, die der Schöpfer selbst
geschrieben hat, und deren Grundtext er noch ebenso rein
und unverfälscht erhält und bewahrt, wie er einstmals aus seiner Hand gekommen ist!

Soll aber gerade diesen letzten erhabenen Ansichten im
Buche der Natur ein verfälschter Text zu Grunde liegen?
Sollen wir in dem angeborenen Gefühle der höheren sittlichen
Anlage des Menschen, die hier nimmer zur vollkommenen Reife
gedeihen kann, eine Lüge erkennen? Hätte uns der Schöpfer
ein trügerisches Scheinbild eingepflanzt, welches nach höheren
Stätten sittlicher Vollendung hinweist, die gar nicht existiren?
Hätte er uns hier den Becher der Unsterblichkeit und der
Vollendung hingehalten, um denselben, wenn wir ihn mit den
Lippen berühren und zu geniessen wünschen, für immer weg-
zuziehen? Nein! wo die Natur also spricht, da kann keine
Lüge Platz greifen.

Sehr richtig sagt Herder[1]): „Entweder irrte sich also
der Schöpfer mit dem Ziel, das er uns vorsteckte, und mit
der Organisation, die er zu Erreichung desselben so künstlich zusammen geleitet hat: oder dieser Zweck geht über unser Dasein hinaus, und die Erde ist nur ein Uebungsplatz,
eine Vorbereitungsstätte.“

Ganz nachdrucksvoll singt Tollens:

> Und wenn der andachtsvollen Erde
> Der Herr sich nahte, dass ihm dort
> Ein ird'sches Bild gezeiget werde,
> Worin Er treu sich spiegle fort,
> Sie spräch: schau hier in Wonn' und Lust
> Den Säugling an der Mutter Brust.

So schön das auch gesagt ist, das schönste und erhabenste
Bild einer Mutter kann ich nicht in dem finden, was ihr mit

---

[1]) Ideen z. Gesch. der Menschheit. Sämmtliche Werke, 1827, Thl. 4.
S. 231.

den Thieren gemein ist. Gar oft habe ich als stiller unbemerkter Zeuge das erhabene und entzückende Schauspiel genossen, eine vortreffliche Mutter zu schauen, die im Kreise ihrer Kinder, welche Auge und Ohr ihren Worten zuwandten, den Samen der Kenntniss, der Tugend und Gottesfurcht ausstreute, das sittliche Gefühl höher auszubilden bemüht war, und die Kinder Ihm näher zu bringen suchte, von dem Alles kommt.

Und das sollte ein falsches untergeschobenes Blatt im Buche der Natur sein? Die rührenden und vertrauensvollen Worte auf dem Grabsteine einer Mutter: „Vater! hier bin ich mit jenen, die Du mir gegeben, Dir bringe ich sie dankend zurück‚" sollten Unwahrheit enthalten? Gott sollte ein so unbarmherziges Gaukelspiel treiben mit der erhabenen Mutterliebe, die er selbst eingepflanzt hat?

Nein, ihr Mütter! erkennet darin eure höhere Stellung und den erhabenen Beruf auf Erden. Die Erziehung des Thierreichs nahm der Schöpfer selbst an sich und er vollführte das Werk mit liebevoller Sorge, indem er die Thiere mit angeborenen Neigungen und Vorstellungen, die ihren irdischen Bedürfnissen entsprechend sind, ausstattete. Die Zügel zur sittlichen Ausbildung des Menschen legte er dagegen in die sanfte, liebreiche Mutterhand; unter deren Führung sollte die höhere himmlische Blüthe entsprossen und wachsen. Mütter! Ihr steht hier an der Stelle des Höchsten: die höhere sittliche Entwickelung, die menschliche Ausbildung überliess Er dem treuen Mutterherzen, das zu Liebe und Gottesverehrung erschaffen ist. Hier ist euer erhabenster Wirkungskreis, hier seid ihr Boten und Engel des Höchsten, Schutzgeister der Menschheit, um zu echter Humanität und höherer Erziehung zu führen, das Gefühl für das Wahre, Gute und Schöne zu erwecken, zur Tugend, Gottesfurcht und Liebe heranzubilden und damit zu der höheren Stätte zu geleiten, von wo die Tugenden zur Menschheit herabstiegen.

Ist dies die Sprache, die wir im Buche der Natur lesen, wo uns Alles in hoher Liebe und Wahrheit, in Vollendung

und Ordnung entgegentritt, so staunen wir, die nur die äussere
Rinde der Natur zu durchforschen im Stande sind, voll ehr-
furchtsvoller Bewunderung die Weisheit, Liebe und Grösse
des erhabenen Schöpfers an, der Alles durch das Machtwort
„es werde" hervorgerufen hat.